창조적 예배

창
조
적
예
배

김문환

동연

창조적 예배

2013년 8월 9일 초판 1쇄 인쇄
2013년 8월 16일 초판 1쇄 발행

지은이   김문환
펴낸이   김영호
펴낸곳   도서출판 동연
기 획   정진용   편 집   강민호
표지디자인 이도윤   관 리   전영수
본문디자인 글빛

등 록   제2-1383호(1992. 6. 12)
주 소   서울시 마포구 월드컵로 163-3 (망원동) 2층
전 화   (02) 335-2630
팩 스   (02) 335-2640
이메일   yh4321@gmail.com

Copyright ⓒ 동연 2013

ISBN 978-89-6447-209-5 93230

머리말

이 책은 개신교회 집안에서 태어나 손자 세대까지 5대째에 이르는 기독교인으로서, 오랫동안 개신교의 여러 교단을 거쳐 지금은 성공회 교인이 된 내 자신의 신앙적 모색을 문화라는 관점에서 엮은 것이다. 그러나 이 책이 만족스럽지 못한 상태로 출판된 기왕의 졸고인 『문화선교와 교회갱신』(서울, 엠마오, 1995)과 비록 유사한 주제를 다루기는 했지만, 거기에 게재된 해설적 성격의 논문을 제외하면 새로이 출간되는 이 책에는 중복된 글이 한 편도 없다.

1부는 문화선교라는 문제의식에 더 많이 접근한 성격의 글이다. 이곳저곳에서 필요에 따라 발표했던 것들이 대부분이라 체계를 기대하지는 못하지만, '오랜 새 길'을 헤쳐 나갈 하나의 지도그리기 작업쯤으로 여겨질 수 있다면 다행이다. 전반적으로, 특히 마지막 즈음에 실린 "선교신학의 기본 이해"는 창의적 내용이기보다는 나 자신의 이해를 정리하기 위해 선학(先學)들을 나름대로 요약한 것임을 밝혀둔다.

2부는 이와 같은 기본적 이해를 바탕으로, '창조적 예배'가 가능하다면 그것은 과연 어떤 모습일지를 다양하게 모색해 본 시도들이다. 그 가운데 상당 부분은 이미 실천되어 나름대로 적극적인 반응을 불러일으켰다.

부록은 일종의 신앙고백으로 독자들의 이해를 돕기 위한 의도에서 덧붙여둔다.

원래 성공회 예전에 대한 이해와 관계된 또 한 부의 글 모음을 구상하였으나, 아직 때가 익지 않았다고 생각되어 여기에 묶지 않았다. 이는 성공회의 가장 뚜렷한 특징이면서도 예컨대『성공회 예전 안내서』(대한선교교육원, 1998)가 "왜" 보다는 "어떻게"에 치중하고 있어, 성공회 공동체가 "늘 참된 예배를 신실하게 드리고자 하는 욕구 때문에 여러 차례에 걸쳐 공동기도서를 개정했고, 이에 따라 예배를 갱신해 왔다"(존 H. 웨스터호프)는 정신을 실감하기에는 충분하지 못하다는 사실과 무관하지 않다. 그러나 평생에 걸쳐 미학을 전공하면서, 교회갱신과 문화선교에 나름대로 관심을 가져온 나에게 그 목표 자체는 공감을 불러일으킨다. 서울교구 김근상 주교의 배려로 현재 예전위원회에 속해 있으면서 감사성찬례의 개정을 비롯한 여러 작업에 말석이나마 참여하고 있기에, 이 위원회 작업이 일단락 될 때까지 성공회와 연관된 글 모음은 유보하기로 한다. 말하자면 이 책은, 같은 관심주제를 에큐메니컬한 관점에서 우회적으로 풀어본 글 모음이다. 굳이 비중을 둔다면 1부는 2부를 위한 이론적 접근으로서, 나는 독자들이 2부에 대해 더 많은 관심을 보여주었으면 한다.

1부의 대부분의 글들은 비록 제대로는 아닐망정 논문 형식으로 꾸며졌다. 독자들이 읽기에 불편할 것 같아 면구스럽다. 다만 실천적 과제에 관심이 있는 독자라면 2부만으로도 이 책의 취지를 그런대로 파악할 수 있지 않을까 생각한다. 그 후 1장으로 되돌아가 읽어도 무방할 것이다.

굳이 순서를 따지자면, 이 작업에 앞서 성공회대학교 신학전문대학원 신학박사 학위논문인 「비판이론의 신학적 의의」를 먼저 손질했어야 맞다. 그러나 그런 정리를 위한 준비로서 의미가 없지 않다는 생각에, 여전히 부족하지만 이 책을 하나의 선행 작업으로 삼고자 한다. 독자 제현의 넓은 아량을 바랄뿐이다.

책의 출판이 가능하도록 힘써 준 여러분들, 특히 동연출판사의 김영호 사장을 비롯한 실무진 여러분께 감사한다. 아울러 이 책을 칠순을 맞이하는 저자의 출판기념회의 선물로 여겨주신 여러 선배, 동료 그리고 친족들에게 감사한다.

2012년 8월
강화 然如齋에서
김문환

차례

문화신학의 기본 이해

문화·영성에 대한 올바른 이해와 실천[1]

들어가며

한국 기독교교회협의회(이하 교회협)가 새롭게 문화·영성위원회를 설치하고, 에큐메니컬 운동이 지향하는 영성을 토대로 한국교회의 문화적 지평을 넓히기 위한 모색의 일환으로 '전통적 관점에서 본 기독교문화와 에큐메니컬 영성의 이해와 실천'을 내용으로 토론회를 갖기로 한 것에 대해 평소 이에 관심을 가져왔던 사람으로서 충심으로 기쁘게 생각한다. 더군다나 기조강연(김경재 목사)에 이은 발제 중 하나를 맡게 되어 한편 영광스럽고, 다른 한편 부담스럽기까지 하다.

문화·영성위원회의 중점을 어떻게 이해하느냐에 따라 논의의 방향이 엇갈릴 수 있겠으나, 주최 측은 교회협이 오랫동안 에큐메니컬 운동의 근거로 일치와 협력, 정의와 평화, 생명존중의 영성을 위해 노력해왔음

---

[1] 이 글은 한국 기독교교회협의회 문화·영성위원회 창립기념 심포지엄에서 발표된 것이다(2007년 5월 31일, 기독교회관 강당).

을 전제로 하면서, 문화·영성위원회의 방향과 역할을 모색하고자 하는 것이 이번 토론회의 취지임을 알려왔다.

이처럼 '창조질서의 존중'을 비롯한 이제까지의 활동들이 모두 영성을 기초로 한다는 것을 일단 인정하면서 여기에 '문화'를 추가적으로 주목하고자 한다면, 이때의 문화는 마치 신문 등에서 사용되는 통념처럼 정치·경제·사회면과는 구별되는 문화면으로서의 성격을 가지면서 주로 예술과의 연계를 연상하게도 한다. 그러나 요즈음 교계에서 자주 운위되는 '영성'이라는 표현은 어느 정도 황홀경과 연계되는 신비체험과 같은 어감을 지니고 있는 것으로 안다. 그런가 하면 불교의 참선이나 가톨릭의 '관상'을 연상시키는 침묵을 통한 성찰을 떠올리는 사람들도 없지 않을 것이다.

이처럼 넓은 진폭을 가진 까닭에 빚어질 수 있는 혼란에서 벗어나고자 할 때, 우리로서는 다시 원천으로 돌아가서 '영성'이란 무엇이고, 오늘의 한국이라는 구체적인 상황에서 강조되어야 할 초점이 무엇인지를 물어야 할 것이다. 기조강연의 내용이 이와 연관됨 직한데 그 내용을 알지 못한 상태이기 때문에 여기에서는 일단 역사적 접근을 통한 '영성' 이해를 간략하게나마 살펴보고 이를 바탕으로 더욱 구체적이고 실천적인 과제들을 예시해보는 방향을 취하기로 한다.

역사적 접근을 앞세우는 것은, 무릇 모든 개념이 그러하듯 영성에 대한 이해도 결코 어느 특정한 시대나 문화에 고착된 것이 아니라 시대와 장소에 따라, 그리고 이를 발휘하는 인간에 따라 변화하게 마련이기 때문이다. 그러므로 영성이 역사를 통해 어떻게 파악될 수 있겠는지를 외면하고는 본격적인 논의가 불가능해질 수도 있다. 따라서 여기에서는 일단 이를 "인간의 역사를 이끌어가는 하나님, 그리고 이끌어주시는 분께 자신을 맡겨드렸던 선조들의 영성적 삶을 이해하려는 것"[2]이라는 이해를 출발점으로 삼기로 한다. 그러나 우리는 이와 같은 전제가 '인간의 역사 안에 축적된, 하나님께 대한 신앙인들의 영성적 체험에 대한 사색 작업(신학화)'이 그 안에 담겨진 진술들을 '우리의 삶에 비추어 새롭게 이해하려는 체현화 작업'으로 이어져야 한다는 이해와 연결되어 있음에 주목해야 한다.

1. 영성에 대한 역사적 접근

영성에 대한 역사적 접근은 시대구분 방법과 밀접하게 연관된다. 예컨대 가톨릭에서는 대체로 초대교회, 즉 사도 후 시대(2-3세기), 교부시대(4-7세기), 중세시대(8-13세기), 중세개혁시대(14-17세기), 계몽과 복고시대(18-19세기), 그리고 교회 정신의 회복기(20세기)로 구분한다.[3] 이와 같은 분류에 따른다면, 예컨대 근자에 개신교회들 사이에서도 관심의 대상이 되고 있는 사막 영성은 교부시대의 수도(원)생활과 밀접한 연관

---

[2] 방효익,『영성사』, (서울, 바오로딸, 1996). 저자는 이 책이 Daniel de Dablo Maroto, *Histoira de la Espiritualilad Cristiana* (EDE, Madrid, 1990)에 많이 의존했다고 밝히고 있다.

[3] 참조. 아우구스트 프란츠,『교회사』(분도출판사, 1982)/ 김경재,『그리스도교 신앙과 영성』(한신대출판부, 1997), pp. 73-160. 후자의 경우에도 '신앙의 역동성과 신학의 전통들'이라는 주제 아래 1) 초대 그리스도교의 발생과 원형적 교회 모습, 2) 헬라 교부시대의 그리스도교 신학의 형성, 3) 중세 가톨릭 신학과 수도원 운동의 발달, 4) 종교개혁의 정신과 그 신학원리, 5) 근대 그리스도교 교회운동, 6) 19~20세기의 그리스도교 교회와 신학운동을 차례로 다루고 있다.

이 있는 것으로 이해된다. 따라서 이 시대와 문화에 대한 이해 없이 그것이 지향했던 '완덕을 위한 수덕적 노력'의 외양만을 흉내 내고자 할 때에는 불가피하게 일종의 시대착오가 발생하게 마련이다. 중세에 태어난 '탁발수도회'의 경우도 마찬가지이다. 같은 맥락에서 초월로 향한 희망과 완덕에 이르는 여정에 미학적·수사학적 경향을 끌어들이려는 노력들이 피어난 15세기의 인본주의적 경향은, 논리주의적 문학과 스콜라 학자들의 차가움, 위대한 중세 신학자들만의 전문 언어인 기능적이고 딱딱한 라틴어, 수사학적 요소가 전혀 없는 13~14세기의 문화를 전제로 하지 않고서는 제대로 이해될 수 없다는 기술은 설득력이 있다.

에라스무스(Desderius Erasmus, 1467-1536)가 문예부흥과 인본주의를 이해하기 위한 열쇠 같은 존재로 간주되는 것은 바로 이러한 맥락에서이다. 순수한 성서신학에 입각한 복음주의 내지 성서주의로 요약되는 그의 사고가 교회전통 가운데 무익한 것들은 폐지되어야 한다는 주장으로 연장되면서, 그는 일생동안 매우 이상하게 여겨질 정도로 교회의 전통적 전례를 벗어난 미사를 봉헌한 것으로 알려져 있다. 바로 이러한 순화된 신심과 개혁 정신이 새로운 영성적 바람을 일으키면서, 문예부흥주의자들에게 종교개혁의 새로운 분위기를 조성하고 정신집중을 가능케 했던 것이다. 복음주의, 내면화주의, 박학한 신심 등의 주장들이 바로 에라스무스가 고민 끝에 만들어낸 '새로워진 그리스도인'을 말한다는 해석은 이렇게 해서 성립된다. 외적인 예절과 전례를 부정하면서 기도의 중요성을 부각시키고, 스콜라 철학과 신학적인 배경을 지니고 있는 설화를 무시하거나 성지순례를 하는 신심과 서원 등, 당시 이루어지던 대중적 신심행위를 기복적이고 운명론적 행위라는 이유로 신심

깊고 문화 수준이 있는 사람들의 품위에 맞지 않는다고 질타했던 에라스무스적 기질을, "마르틴 루터(Martin Luther, 1483-1546)가 불을 댕긴 종교개혁의 전날 밤에 울려 퍼진, 개혁의 선봉에 서도록 깨우던 닭 울음소리였다"[4]고 표현한 것은 참으로 절묘하다.

제2차 바티칸 공의회(1962)가 말하는 '갈라진 형제들'(hermanos separdos)을 대표하는 마르틴 루터가 외친 3개의 '오로지'(solus), 즉 '신앙으로만'(sola fide), '은총으로만'(sola gratia), 그리고 '성서로만'(sola scriptura)은 에라스무스적 기질에서 보이는 내면화주의를 극단으로까지 몰아간 것이라고 말해도 좋을 것이다. 그는『로마서주해』의 서론에서 다음과 같이 역설하고 있다.

신앙은 우리 안에서 이루어지는 거룩한 행위로서 우리를 변화시키고, 옛 아담이 죽인 인간을 하나님의 것으로 새롭게 태어나게 하는 것이며, 우리를 온전하게 새로운 인간으로 회개시키며, 성령께로 다가가게 한다. 오! 신앙은 끊임없이 선을 행하도록 이끄는 생생한 것이며, 활동적이고, 능동적이고, 가능성을 제공해준다. 신앙은 선행을 해야 하느냐고 묻지 않는다. 오히려 묻기 전에 신앙은 항상 활동 안에 머물며 이미 선행들을 지니고 있다.[5]

루터가 시도한 바울 서신에 대한 해석은 대중으로 하여금 고통과 불

---

[4] 『영성사』, p. 227.

[5] Daniel de Dablo Maroto, *Histoira de la Espiritualilad Cristiana*, p. 26. 방효익, 앞 책 p. 302에서 재인용.

안으로부터 해방되어 자유를 느끼게 해줌으로써 대단한 성공을 거두었다. 이는 '루터가 없었다면 바흐도 없었다'라는 표현에서 보듯, 개신교회 안에서 음악의 비중이 조형 예술에 비해 훨씬 높아지는 것과도 무관하지 않다. 그러나 이와 같은 내면화주의는 "늘 구원에 대한 불안감을 조성하고, 인간의 노력 없이 구원받았다는 확신을 얻기에만 집착하게 하는 동기를 제공한다"[6]는 비판에 직면하게 된다. 아울러 이러한 내면화주의는 후일 낭만주의적 기질과 결합되면서 유아론(唯我論)적 성향을 강화하게 된다.

이처럼 역사적인 관점에서 신비체험과 영성의 다양한 모습들을 조감(鳥瞰)하면서, 그중에서도 특히 사막 교부들의 금욕적 영성, 영혼의 빛을 찾는 관상(觀想)적 영성, 중세 수도원적 청빈영성, 독일 신비주의 영성, 근대 스페인의 예수회 영성, 경건주의자들과 오순절 교회의 원초적 영성, 제자직과 해방신학의 영성 등에 주목하는 시각도 없지 않다.[7]

이와 같이 영적 체험들은 모두 시대와 문화와 연결되면서 그리스도교 신앙의 표준인 성서와 교회전통을 나름대로 이해하려는 노력을 대표한다고 할 수 있을 것이다. 그러나 그 각각은 때로 "공동체적 영성을 결여한 채 영육이원론에 빠져들거나, 영성이 반드시 갖추어야 할 지성, 감성, 덕성이 통전된, 높고 깊은 비판적 성찰능력을 결여하거나 하는 한계"(김경재)를 지니기도 하므로 오늘, 여기에서 추구되어야 할 올바른 영성 이해를 위해서는 더욱 균형 잡힌 노력이 기울여지지 않으면 안 된다. 이와 같은 맥락에서 그리스도교 영성의 특징을 "성령 안에서의 자

---

[6] 방효익, 앞 책, p. 303.
[7] 참조. 김경재, 『그리스도교 신앙과 영성』, pp. 197-205.

유와 사랑의 영성", "성육신적 영성", "순례자적 영성", "말씀의 영성", "우주적 그리스도의 몸 형성"이라고 보면서, 오늘날에도 "일하는 영성"이나 영적 체험을 위한 "상보성 원리", "반대 일치의 역설"의 중요성이 강조되기도 한다.[8]

2. 현대적 이해

20세기에 들어서서 개신교회의 경우, 적지 않은 보수교회들이 개인구원을 강조하면서 결과적으로 타계주의와 기복주의를 기묘하게 결합시킨 대중주의를 마치 선교의 핵심인 양 선전하는가 하면, 이른바 진보를 표방하는 교회들이 사회구원을 강조하면서 마치 정치참여가 신앙 활동의 전부인 양 선동하는 혼란을 겪는 동안, 다행히도 '오늘·여기'에서 모든 것이 새롭게 되기를 갈망하면서 영성에 대해 새롭게 이해하려는 관심이 높아지고 있다. 이는 가톨릭에서 "기쁨과 희망, 슬픔과 번뇌, 특히 현대의 가난한 사람과 고통에 신음하는 모든 사람들의 그것은 바로 그리스도를 따르는 신도들의 기쁨과 희망이며 슬픔과 번뇌이다"[9]라고 고백하기에 이른 것(제2차 바티칸공의회)과 어떤 점에서 평행을 이룬다. 여기에서는 신앙생활은 물론 비 그리스도교적 문화에 대한 새로운 이해

---

[8] 김경재, 『문화신학담론』, pp. 238-242. 그는 앞 책 『그리스도교 신앙과 영성』에서 그리스도교 영성의 특징을 하나님 중심의 영성, 말씀 중심의 영성, 영과 진리 안에서 예배하는 영성, 십자가의 영성, 성육신적 영성, 그리고 종말론적 순례자의 영성으로 달리 요약하기도 했다.

[9] 방효익, 앞 책, p. 373에서 재인용.

와 교회의 현대화를 위한 역량 제고의 필요성이 읽혀진다. 나로서는 개신교회의 경우에도 민중신학과 문화신학을 아우르는 토착화신학이 이와 같은 새로운 방향 모색에서 가장 참고할 만한 자산이 된다고 보는 견해에 동의하지만, 이는 이 자리에서 다루기에 너무나도 거창한 주제이다. 여기에서는 단지 앞서 시도한 역사적 접근을 바탕으로 한국적 맥락에서 영성에 대해 체계적으로 접근하려는 시도를 요약해보는 것으로 만족할 수밖에 없다.

『포스트모던 시대와 열린 영성』에서 김경재는 "인간의 영성이란 지성, 감성, 덕성에 덧붙여 추가되는 제4의 기능이 아니라 그러한 기능들을 통하여, 그러한 기능들을 넘어가면서 발화되고 표현되는 인간 생명의 자기초월능력"[10]이라고 규정한다. 이러한 규정은 폴 틸리히의 궁극적 관심이라는 종교이해('넓은 의미에서의 종교')와 상통한다. 나아가 김경재는 그것을, 인간을 넘어서면서도 존재론적으로 감싸고 있는 "초월적 신비'와의 접촉 감응을 통하여 끊임없이 스스로를 자기 초월함으로써 자유로움과 새로움을 경험하려는 창조적 생명운동"이라고도 풀이한다. 이는 위르겐 몰트만이『생명의 영』에서 '총체적 성령론'의 핵심을 "인간의 경험 안에 있는 하나님의 '내재'와 하나님 안에 있는 인간의 '초월'에 있다"[11]라고 한 주장과 같은 맥락이다. 김지하 식으로 말하자면 여기에서 말하는 생명이란 단순한 생물학적인 삶이 아니라 사회정치적 맥락에서 벌어지고 있는 '죽임'에 대항하는 '되살림'과 더 많이 연관된다. 우

---

[10] 김경재,『문화신학담론』(서울, 대한기독교서회, 1997), p. 221.

[11] 위르겐 몰트만, 김균진 옮김,『생명의 영』, (서울, 대한기독교서회, 1992) p. 21. 김경재는『성령론적 창조신학연구』pp. 255-294에서 몰트만의『창조 안에 계신 하느님』(김균진 역, 한국신학연구소, 1989)을 열 가지 테제로 정리한 바 있다.

리는 이것을 "인간의 영성이 죽어버린 곳에서는 기계적인 합리성, 능률성, 실용성이 증폭되고, 인간성은 진정한 자기초월적 자유로움, 숭고함, 신바람 나는 신명, 지루하지 않은 삶의 새로움에 대한 감득 능력을 상실하며, 인간사회는 욕망과 본능 충족의 메커니즘만이 지배하는 거대한 동물적 사회로 전락하고 만다"[12]는 표현을 통해 감지할 수 있다. 같은 맥락에서 김경재는 한국 종교계에서 일어난 영성회복운동이 성공적이지 못하고 결과적으로 도리어 영성 왜곡 현상으로 진행되는 이유를 몇 가지로 지적한다.

첫째, 한국 종교의 영성회복운동은 현대문명의 전환기적 시대의식이 없다. 즉, 현실세계를 이탈한 피안적, 몰역사적, 세상 도피적 영성훈련을 신앙이라는 이름으로 반복하고 있다. 둘째, 한국 종교, 특히 그리스도교의 영성운동은 인간의 영성에 대한 본래적인 이해, 곧 총체적 전인적 인격체로서의 인간의 자기 초월적 생명현상을 망각하고 특수한 종교 기능적 개념으로 변질시키고 있다. 즉, 영성을 예언, 신유, 신통, 투시 등 특수한 종교 체험들, 특히 종교심리적 특수 체험으로 유폐시키는 왜곡을 범하고 있다는 것이다. 셋째, 한국 종교 자체가 현대 사회의 거대한 물질주의와 상업주의, 물량주의 등의 세속적 가치관을 극복하지 못하고, 오히려 그것에 편승하여 인간의 탐욕을 정화하는 기능을 상실하고 있다. 이런 관점에서 그는 "인류 문화를 구원하는 새로운 영성운동이 종교계가 아닌 다른 영역, 즉 예술, 문학, 과학운동 속에서 일어나고 있는 형편이다"[13]라고까지 지적한다.

---

[12] 김경재, 앞 책, pp. 222-223.
[13] 김경재, 앞 책, p. 227.

이렇게 오늘날 한국에서 영성운동이 왜곡되어 있다면 이제 과연 그 대안은 무엇인가? 그는 "미래 종교는 자기 전통의 깊은 샘에서 생수를 마시되, 역사적 종교로서의 제약성과 상대성을 겸허하게 인지하는 성숙한 '해석학적 눈뜸'을 요하고 있다"[14]고 말한다. 내 식으로 말한다면, 그것은 '거듭남'(중생)이나 '되살림'(부활)이라고 요약될 수 있는 기독교적 복음에 의한 전통문화의 새로운 이해와 실천이라 할 만하다. 김경재는 한국인의 영성을 생명의 현재성을 중요시하는 생명 지향적 공동체 영성, 신바람, 곧 신명성을 그 핵으로 하는 역동적 영성, 그리고 축적된 분노, 억울함, 슬픔, 절망감, 원망, 복수심, 오기, 저항, 반항 감정 등의 심리적 원질료들을 정치적, 사회적, 혁명적으로 변형시키고, 예술적 창조, 종교적 숭고로 승화시켜 극복하는 에너지로서의 영성으로 지적한다. 그러면서 그는 침묵, 명상, 정관을 영성수련의 기본으로 단순화하여 정관, 시간에 맞춰 성서읽기, 기도하기를 양분으로 취하고, 공기 마시듯 할 것을 권한다. 나아가 생활습관을 가능한 한 단순하고도 단아한 품위를 지닐 수 있도록 가볍게 살아갈 것, 그리고 몸의 훈련과 육체노동, 자연과 사물의 바닥을 경험해볼 것을 권면한다. 요컨대 종교적 영성의 궁극의 목적은 '지금, 여기'에서 영생의 삶을 살아가는 자리에 들어가는 것이므로, 모든 일이 위대하고 아름다우며 또한 평범하고 자연스러운 것임을 깨닫는 자리로 들어갈 수 있도록 스스로를 훈련하는 것을 구체적인 영적 수련의 방법들로 제시한다.

이와 같은 방법들이 그 자체로서는 물론, 많은 여타의 영성체험을 위

---

[14] 김경재, 앞 책, p. 234.

한 기초로서도 중차대한 의의를 지닌다는 것을 부정할 수 없다. 예컨대 그는 예배의식이나 성서의 문자, 예술적 표현의 기법과 형태 및 사회법이나 자연의 법칙 등이 성령의 역동적 활동과 예술가의 샘솟는 영감, 민중의 곤고함, 한(恨)과 희망, 자연의 놀라운 다양성에 대한 인식을 가로막거나 억압하는 역기능을 할 수 있다고 보는 한편, 역으로 모든 예배순서 의식이나 언어를 버린 절대침묵의 예배, 일체의 형식을 부정한 혼돈의 예술, 무정부주의, 자연의 카오스 또한 악마적이라고 할 때, 또는 성숙한 영혼을 지닌 자가 역설적 차원의 최고 상태를 '성속일여'로 본다고 말할 때, 자신이 제시하는 영성훈련의 적용범위는 더욱 넓어질 수 있다. 그럼에도 불구하고, 문화와 영성을 묶어서 생각하고자 할 때, 특히 이론적인 차원에서만이 아니라 실천적인 차원에서도 구체적인 행동계획을 계획하고자 할 때, 문화신학을 "문화이념에 대한 신학적 비평, 그리스도교 신앙의 토착화론, 그리스도교 신앙의 문화예술적 표현과 상징 문제, 그리고 다양한 종교 간의 대화와 협동 문제를 내포한다"[15]고 보는 그의 입장이, 특히 개인적인 차원을 넘어서는 공동체적 차원에서 더욱 구체적인 과제 추출로 이어지지 않은 것을 아쉽게 느끼게 되는 것 또한 사실이다. 그런 점에서 필자는 자신의 제안을 하나의 보충으로서 제시해보고자 한다.

---

[15] 김경재,『문화신학과 문화선교』, 앞 책, pp. 25-36 중 p. 25.

3. 시안적 제안

첫째, 우리가 영성을 문화와 연결해서 이해하고자 할 때에는 무엇보다도 성서에 대한 올바른 이해를 공동으로 도모해야 한다. 특히 이때에는 성서에 대한 문자주의적 태도를 경계해야 한다. 물론 성서는 하나님의 계시에 의해 씌어진, 신앙을 위한 표준적 문서이다. 그러나 그것은 구체적인 시대와 문화 속에서 집필되었다는 한계를 지닐 수밖에 없다. 따라서 거기에 등장하는 수많은 표현들은 사실에 대한 기술(記述)이 아니라 한계를 지닌 인간들이 초월적인 세계를 만나 얻게 된 나름대로의 경험을 상징의 방식으로 술회한 것이라고 보아야 한다. 문제는 그것이 '오늘·여기'에 살고 있는 우리에게 들려주는 의미가 무엇인지를 알아내고자 하는 공동적인 노력과 이에 입각한 새로운 상징 창조의 필연성을 소홀히 여겨서는 안 된다는 것이다.

둘째, 역사적 교회가 우리의 성서이해와 마찬가지로 여러 가지 제약을 지니고 있으면서도 예배와 교육, 봉사와 친교를 위한 공동체로 기능해온 만큼, 오늘의 교회를 살피기 위해서는 교회사적 이해가 성서연구와 함께 필수적이다. 여기에서도 전통의 창조적 계승은 필수적인데, 이는 과거 전통에 대한 선택적 접근과도 밀접하게 연관된다. 특히 예배와 교육에서 관행을 존중하는 것만큼이나 특히 자라나는 세대의 필요와 욕구를 보살피려는 노력이 절실히 요구된다. 그렇지 않은 경우, 우리는 떡을 달라는 아이들의 입을 돌로 틀어막는 어리석음을 반복하게 될 것이다.

셋째, 그런 맥락에서 축제에 대한 연구와 실천이 요구된다. 그러나 이는 결코 선교를 교인 숫자 늘리기 정도로 축소시키면서 대중주의와 영합하는 태도를 북돋기 위함이 아니다. 그보다는 오히려 인간적인 가치 구현을 위해 가장 철저하게 노력해온 예술적 경지가 구현된 '몸으로 드리는 산 제사'가 목표여야 한다. 예컨대 단순한 성서봉독을 대신하는 '몸으로 읽는 성서'와 같은 성서극(Biblio-drama)적 접근이 격려됨 직하다.[16] 최근 보수적인 교회들에서 오히려 성행하는 이른바 CCM이나 복음성가가 지닌 유용성을 완전히 무시할 수는 없지만, 그것이 신앙고백을 구실 삼은 단순한 감상(感傷)주의로 흘러가는 것을 방치할 수는 없다. 아울러 개신교회가 루터 이후로 소홀히 해온 조형 예술에 대한 이해와 영화와 사진을 이어가는 뉴 미디어에 대한 이해도 필수적이다. 그러나 예술에 대한 이해가 단순히 예술을 신앙생활을 위해 '써먹고자' 하는 수준에 머물러서는 안 된다. '한 손에 성서를, 다른 손에 신문을' 들 것을 권면한 칼뱅의 의도만큼이나 우리는 오감을 통한 인간 이해라는 차원에서 예술, 특히 현대예술과의 대화를 시도해야 할 것이다.

넷째, 예술적 표현을 포함하여 문화적 접근은 결국 그 속에서 살아온 인간들의 역사와 병행해서 시도되어야 한다. 이런 까닭에 우리는 역사를 통해 파악되는 한국문화의 개성을 살려내려는 노력을 기울여야 한다. 기독교회가 단순히 서양교회의 복제품이라면, 이는 이미 생명을 잃어버린 흉내에 불과하게 될 것이다. 교회건축으로부터 시작해서 각종 예식서들에 이르기까지 단순한 서양 문물의 복제가 아니라, 하나님의

---

[16] Gehard Marcel Martin, *Sachbuch Bibliodrama:Prsxis und Theorie* (Berlin: Kohlhammrt, 1995). 이 책은 한글로 번역되었다. 손성현 옮김,『몸으로 읽는 성서』(서울, 라피스, 2010).

부르심에 대한 창조적인 응답이 되도록 꼼꼼히 살펴야 한다. 이는 각종 절기에 대한 이해와도 밀접하게 연관되어 있다. 그리스도의 탄생을 비롯하여 수난과 부활, 그리고 성령의 역사로 구성되어 있는 교회력에는 성서적 이해와 함께 이른바 세시 풍속이 밀접하게 연관되어 있다. 이는 우리식으로 말하자면, 동지로 표현되는 〈아기 해〉(박두진)에 대한 기원으로부터 제비가 돌아오는 삼진날이나 단오절, 그리고 추석 등으로 요약되는 농경 시대적 생활 주기와 비교될 만하다. 그렇다면 추수감사절을 추석과 연계하는 노력이나 성탄축제를 동지 팥죽을 함께 나누는 풍속과 연결하려는 노력이 있음직하지 않은가? 그것이야말로 '거듭남' 원리의 구체적인 표현이 아닌가?

이와 같은 작업을 위해서는 한국문화에 대한 심층적 연구가 불가피한데, 이런 맥락에서 한국문화를 형성해온 '좁은 의미의 종교', 즉 무교, 불교, 유교 등등에 대한 이해와 대화를 외면할 수 없을 것이다. 이를 통해 우리는 예컨대 원불교가 왜 예배의식 속에 30분 이상의 침묵시간을 포함시키고 있는지를 알게 되고, 경우에 따라서는 이를 종종 통성기도에 매달리는 개신교회적 예배의식의 갱신을 위해 참고할 수도 있을 것이다.

나가며

그러나 한국적 개성을 되살린다는 것이 배타적 국수주의로 빠져들지 않도록 경계해야 한다. 왜냐하면 한국문화는 당연히 자신만의 개성을 지니고 있지만 실상은 헤아릴 수 없는 외래적 요소들과 끊임없이 교섭한 결과물이기도 하고, 이는 앞으로도 마찬가지일 것이기 때문이다. 특히 다문화 사회적 특징이 점점 더 가시화되는 현실을 감안할 때, 예컨대 외국인 노동자들이 한국에 들어올 때 함께 가지고 온 문화요소들을 긍정적으로 수용함으로써 저들의 문화적 인권을 존중하는 한편, 우리의 문화를 더욱 융성하게 만들고자 하는 노력이 절실하게 요청된다. 저들의 형편상 의료선교로 대표되는 자선적 접근이 불가피하겠으나, 그것은 어디까지나 필요조건일 뿐 충분조건은 아니다. 저들이 자긍심을 살려나갈 수 있는 문화적 접근이 결여된다면 그것은 결국 베푸는 쪽의 자기만족과 받는 쪽의 자괴감만을 더해주고 말 것이다. 이는 비단 외국인에게만 해당하는 것이 아니라 노숙인을 비롯한 우리 자신의 소외계층에게도 마찬가지이다.

이 모든 노력들은 결국 신학교육으로 수렴되어야 한다. 신학교육의 대상은 물론 일반신도를 포함하지만, 한 교회의 수준은 결국 목회자의 수준을 넘지 못한다는 통념에 입각해서 예비목회자를 위한 목회 훈련이 중요영역이 아닐 수 없다. 새 술을 담기 위한 새 부대가 하루아침에 만들어질 수 없다. 특히 연합운동의 차원에서 문화·영성과 연관된 작업을 추진하고자 할 때, 걸핏하면 대형 행사의 기획을 연상하기 쉬운데, 설혹 그와 같은 대규모적 행사가 필요하다 할지라도, 이를 위해 협력할 수 있는 일꾼들은 단순한 동원이나 하물며 금전적 보상 등으로 얻어질 수 있는 것이 아니다. 이는 작은 단위의 연구와 실천을 바탕으로 한 체험, 다시 말해, 일상을 축제로 승화시킨다는 의미에서의 영성체험이 축적되지 않고는 불가능하다. 그런 의미에서 개체 교회를 비롯한 개체 단위의 현장에서 실감되고 이를 통해 또 다른 창의력을 촉발할 수 있는 기획이 구상, 실천, 평가되어야 한다. 그리고 그 결과는 반드시 각종 출판의 형태로 가시화되어야 한다. 이 책의 제2부는 그와 같은 관심을 요약적으로 대변한다.

(2장)

기독교 문화예술: 창작공연을 중심으로

들어가며

「기독교 문화예술: 창작공연을 중심으로」[17]라는 발제는 다소간 난감한 느낌이 없지 않다. 특히 창작공연이라는 부제가 그러하다. 공연이라 함은 문학이나 조형 예술(건축, 조각, 그리고 회화)과 구별되는 음악, 무용, 그리고 연극을 가리키는 분류 방식이 보편적인데, 최근에는 영화와 각종 영상예술도 이에 귀속시키는 것이 하나의 흐름이기도 하다. 작은 지면에 이 모두를 아우른다는, 것은 설혹 내가 그럴만한 능력이 있다 해도, 불가능에 가깝다. 이에 이 글에서는 객관적인 서술을 시도하기보다는 주제에 관련된 다분히 주관적인 견해를 피력하는 만용을 감행하고자 한다.

이 글을 쓰게 된 직접적인 계기가 1907년 평양 장대현교회에서 비롯된 대부흥운동인 만큼 일단 당시의 상황, 특히 그 중심에 섰던 길선주

---

[17] 이 글은 2004년 5월 26일, 한국 기독교 성령100주년 제1차 심포지엄에서 발제의 일환으로 발표되었다.

목사와 연관된 부분으로부터 실마리를 풀어나가기로 한다.

1. 한국교회의 초기 상황

그레이엄 리 선교사는 당시 상황을 기록으로 남겨 놓았는데, 그중 한 대목이 우리의 눈길을 끈다. 1907년 1월 6일 주일 오후예배 때의 일이다.

> 길선주 장로가 설교했는데, 그는 아주 생생한 연극으로 설교를 끝냈습니다. 그는 줄로 자신의 허리를 동여맨 후에 교회 임원 중 한 사람에게 줄을 붙잡으라고 했습니다. 그리고 강단 저 편에서 오라고 손짓하는 매큔(G.S. McCune) 선교사에게로 가려고 했습니다. 그런 자세로 길선주는 죄에 매인 죄인이 그 죄를 끊고 하나님께로 가려고 노력하는 모습이 이렇다고 설명했습니다. 그러고 나서 그는 마치 자신의 죄를 깨달은 사람이 그러하듯이, 자기 몸을 움직이려고 애쓰고 몸부림쳤습니다. 마침내 줄이 끊어지고 그는 강단을 향해 돌진하여 매큔 선교사와 서로 두 팔을 벌려 끌어안았습니다.[18]

리 선교사 자신은 지방 사경회를 인도하러 가서 그 예배에 참석하지 못했지만, 매큔 선교사로부터 후에 "길선주 장로가 줄을 끊으려고 몸부림치자 전 회중이 숨을 죽이고 있다가 줄이 끊어지고 길선주와 자신이

---

[18] G. Lee, "How the Spirit Came to PyengYang", *The Korea Mission Field*, (Mar. 1907). 이덕주 옮김,『평양 장대현교회 예배당』(한국 기독교역사박물관, 2007) p. 30.

서로 끌어안자 그 효과는 말로 설명할 수 없을 정도가 되었다"는 이야기를 듣고 이를 회고한 것이다. 이에 수많은 남자 성도들이 자신의 죄를 고백하고자 자리에서 일어나 소리쳤고, 다른 이들도 극심한 고통의 눈물을 흘리면서 마룻바닥에 몸을 내던지자 길선주 장로는 교인들에게 집으로 돌아가 사람들에게 자신의 죄를 고백하고 저녁집회 때에 다시 오라고 했다는 것이다.

길선주의 이와 같은 모습은 결코 돌출적이지 않다. 그는 서화, 무용, 풍악에 일가견을 가지고 있었고, 단소는 명인의 수준이었다고 전해진다. 차남 길진경 목사에게는 조선 전래의 시와 가무를 배우게 했고, 삼남 진섭은 일본 동경 우에노 미술학교에 유학시켜 저명한 미술가로 대성케 했다. 나아가 그는 게으름을 피하여 부지런히 신앙생활에 매진하라는『해타론』(1904)이라는 소설을 저술했는데, 이는 영국의 존 번연이 써서 당시 조선에서도 많이 읽히던『천로역정』과 유사했다고 한다. 그에 대해 그야말로 "문무예를 겸비한 한국적 영성의 일가를 이룬 인물"이라는 평가(안준배)가 있을 정도이다. 그가 장대현교회를 담당했을 때 평양장로회신학교 교수와 학생들을 모두 초청하여 연회를 베푼 적이 있었는데, 그는 어전에서 꼽추 춤을 춘 허덕신과 당시에 이름을 날리던 남녀 명창 여럿, 그리고 고수 김인호를 비롯한 악사들을 초청하여 아악 연주, 북춤, 꼽추춤, 그리고 창극을 보여주었다고 한다. 나아가 1909년에는 국악을 교회 찬송으로 도입하기 위해, 사비를 들여 당시의 저명한 악사 한 사람을 초빙해 자신의 집에 거주시키면서 교회 의식에 맞는 가락과 성경구절을 선택하여 연구하게 하고, 교회 절기와 명절, 특별행사 등에는 전통음악을 연주하게 하였다고 한다. 그는 한국 최초의 피아니

스트 김영환이 동경음악학교를 휴학하고 왔을 때 전통음악에 맞는 찬
송가 편곡을 의뢰하기도 했으나 뜻을 이루지는 못하였다. 길선주는 서
도(西都) 사람답게 평안도 '수심가' 가락에 맞추어 〈추풍석음가〉를 개사
하여 서도창으로 부르기도 하였다.

> 어화, 세월 빠르구나. / 청년 장부 이내 몸이 / 인간사업 성취 전에 속
> 절없이 늙었으며 / 강장한 걸음발이 주의 복음 전파 전에 천국 길이 가
> 까웠네.
> 어화, 세월 빠르구나. / 복음진리 못 전하고 나발소리 나고 보면 / 무
> 궁영광 보좌 앞에 부끄러움 누가 볼까? / 사랑하는 형제들아, 의의 띠
> 를 졸라 묶고 걸음발을 빨리하여 / 구세주의 복음으로 가련 동포 구원
> 하세.
> 빠르구나. 빠르구나. 어화, 세월 빠르구나. / 아껴 보세. 아껴 보세. 귀
> 한 광음 아껴보세.

(『예수교회보』, 1912.10.02 〈추풍석음가〉)

그는 장대현교회 안에 조선식 건물로 청년회관을 세워 낙성식을 거
행하면서, '내일의 일꾼에게'라는 제목으로 다음과 같이 말할 정도로 문
화적 표현에 깊은 관심을 가지고 있었다.

> 우리 민족의 반만년 역사는 우리 문화의 주머니이고, 문화의 사진첩
> 이다. 그 주머니를 열 때 우리의 예술이 나오고, 그 사진첩을 열 때
> 우리의 문화 양상이 나타나는 것이다. 그것에서 새 것을 발견하고,

또 그것을 아름답게 시대화하는 것이 새 문화 창조요, 민족 각자의
의무인 것이다. 우리 자체가 백의민족의 문화적 존재이다.[19]

그러나 어찌하여 그가 갖고 있던 문화의식, 즉 "우리는 다른 민족이
될 수 없다. 다른 민족의 옷을 입어도 아니 되는 것이다. 우리는 백의민
족이며 우리 자체가 백의민족의 문화적 존재임을 잊어서는 안 된다"는
신념이 그 자신을 포함하여 오늘날까지 이어지지 못하게 된 것일까? 여
러 가지 요인들을 나열할 수 있겠지만, 여기에서는 그 중 미국 선교사
들의 문화·예술에 대한 태도에 주목하고자 한다.[20]

2. 빅토리아 주의의 폐단

단도직입적으로 말해, 당시 한국에 온 선교사들은 대체로 문화에 영향
을 끼치려고 노력하기보다는 문화를 피해 퇴각한 근본주의와 복음주의
경건주의자들로, 악을 삶의 특정한 부분과 동일시했다. 그러므로 그들
은 술, 섹스, 모더니즘, 공산주의, 자유주의 그리고 고급과 저급을 막론

---

[19] 안준배, "한국교회의 정체성: 성령의 역사를 문화선교로 토착화하자", 「월간목회」, 2008
년 7월호, p. 96에서 재인용. 안준배는 그를 다룬 〈오페레타 길선주〉를 통해 "그가 독립
선언서 첫 서명자인 독립 운동가이자 계몽 가였을 뿐만 아니라, 새벽기도회 창시자, 평
양신학교 제1회 졸업생, 한국인 최초의 칠인 목사 중 한 분, 말세론의 대가, 토착신학의
대가, 교회행정 집대성자, 순회부흥사, 한마디로 해서 한국교회의 위대한 스승이자 영적
선구자임인 동시에 문화신학의 개척자에 틀림없다"고 소개했다.
[20] 참조, 윌리엄 D. 로마노스프키 지음, 신국원 옮김, 『대중문화전쟁』(서울, 예영, 2001).
특히 제2장 종교와 '세상적' 오락 및 제3장 고급문화와 저급문화 전쟁, pp. 46-103.

하고 모든 문화를 영적이지 않은 것, 즉 악으로 취급하며 철저히 배격했다.

이러한 태도는 19세기와 20세기 초반 미국의 문화적 엘리트였던 부유한 토착 개신교도들, 이른바 빅토리아시대의 사람들에게 공통된다. 빅토리아 문화의 특징은 앵글로-색슨적이자 개신교적인 것이라 할 수 있다. 이것이 1837년부터 1901년까지 영국을 통치한 빅토리아 여왕의 이름을 땄다는 사실은 영국과 미국 사이의 깊은 연관성을 보여준다. 그러나 빅토리아주의가 귀족과 동일시되었던 영국과는 달리 미국에서는 귀족적인 모습이 약했다. 미국의 빅토리아주의는 사회, 경제, 정치와 통신기관을 지배하는 도시 중산층의 문화로, 1800년에서 남북전쟁 사이의 제2차 대각성운동 기간 동안 나라를 휩쓴 대규모 복음주의적 개신교의 부흥운동으로 형성되었다.

일반적으로 빅토리아인은 사람들이 끊임없는 노동을 통해 삶을 향상시키는 데 전념하면, 의무감과 덕, 도덕적 의무와 사회적 책임감 등이 자연히 계발될 것이라고 생각했다. 그들은 시간엄수와 근면성, 질서, 자제와 만족을 내일로 미루는 것 등을 대규모 산업생산을 위한 필수적 가치로 배웠으며, 변화하는 세계 속에서 개인들이 이러한 내적 특질을 각자의 내면에 계발하는 것을 목표로 삼았다. 나아가 빅토리아인들은 그러한 가치들에 헌신하게 되면 개인과 사회의 인격적 발전과 궁극적 완성이 올 것이라고 믿었다.

일과 자기계발에 얽매인 빅토리아인은 육체보다 영혼을, 정열보다 이성을 높였었고, 감각적 정서는 천박하고 진부한 것으로 여겼으며, 로맨스의 이상도 외면했다. 이들은 성적 유혹이 노동을 방해하거나 자기

계발의 과정을 방해하는 것으로 믿었다. 따라서 이들이 성적 유혹으로 이끌릴 수 있다고 간주한 행동과 활동의 참여를 말린 것은 전혀 놀라운 일이 아니다. 빅토리아인들은 일과 진보에 헌신하는 사회를 방해하는 것으로 육욕과 음주, 오락을 모두 금했다. 이와 관련된 인간적 요구가 있다는 사실은 부정할 수 없었으나, 빅토리아인들은 위선적이 되는 한이 있더라도 그것을 억압하거나 통제하려고만 했다. 그들은 매음굴과 술집을 선별적으로 허가했으면서도 이러한 죄악들과 모든 젊은 남녀가 자유롭게 어울리는 이민자들의 축제나 춤을 거의 구분하지 않았고, 이둘 모두가 사회적이고 성적인 무정부상태를 상징한다고 보았다. 최근 우리나라에서도 상연된 〈풋루스〉라는 뮤지컬은 바로 이런 태도를 비판적으로 조준하고 있다.

빅토리아인들의 문화적 우월의식은 다른 사람을 자신의 생활양식으로 바꾸려는 적극적인 노력에서 잘 드러난다. 그들은 그 접근방식에 있어서도 노골적으로 훈계하듯 했다. 따라서 독자나 관객을 가르치고 취향을 고양하는 것만이 문학이나 다른 예술의 유일한 목적이자 최우선적 목적이라고 보았다. 그들은 학교와 인쇄매체, 그리고 전신과 전화 같은 주된 미디어에 대한 통제를 통해 자신들의 문화전통을 전수할 수 있다고 믿었다. 이런 맥락에서 복음주의자들은 대중예술의 내용은 비난하면서도 전도나 예배처럼 더 높은 '성스러운' 목적에 사용한다는 이유를 들어 연예 미디어와 그 형식의 사용을 정당화했다.[21]

역설적인 것은 오늘날 보수적 복음주의자들이 현대 대중문화와 그 미디어들을 '전통적 가치관'에 대한 공격이라고 비난하는 한편, 현대 유행 음악과 텔레비전 프로그램은 유용한 표현양식으로 받아들임으로써

'찬양과 경배'의 예배에서 그동안 지켜져 온 교회 전통의 일면들을 배척하고 있다는 점이다. 대중문화를 비난하는 일부 복음주의자들은 고급문화가 우월하다고 생각할지 모른다. 그러나 대개는 그들이 대중문화들을 채용하는 것에서 증명되듯이, 그들 역시도 대중매체의 중요성을 인식하고 있으며, 나름의 기준을 가지고 그것을 도덕적으로 영적으로 정화할 것을 원하고 있다. 하지만 개혁을 위한 이들의 비판과 노력은 여전히 고급문화와 저급문화의 분리로 나타나는 예술과 연예에 대한 가정들에 뿌리박고 있다.

로마노프스키가 묘사한 이와 같은 미국교회의 모습은 일일이 대조할 필요도 없이 그대로 한국교회에도 해당된다. 미국문화가 한국사회에 미친 순기능을 부정할 수 없지만, 역기능 역시 만만치 않다. 특히 이로 인해 예배와 교회생활 전반에서 성가대로 대표되는 음악을 제외한 여타 예술 분야들이 극도로 제한을 받아왔고, 그 성가대가 부르는 찬양마저 대부분이 미국이나 유럽에서 만들어지거나 그것을 모범으로 삼고 있다는 점이 두드러진다.[22] 연극적 표현은 성탄 극을 빼놓고는 극도로

---

[21] 빌리 선데이(Billy Sunday)의 감각적 설교와 부흥회 스타일은, 그가 대중연예를 비판했음에도 불구하고, 분명히 대중연예의 산물이다. 전도자 찰스 D. 풀러(Charles D. Fuller)는 1940년대에 복음을 전파하기 위해 전국 라디오 방송망을 사용했다. 1950년대와 1960년대에 빌리 그레이엄(Billy Graham)은 같은 목적으로 텔레비전과 영화를 채용했다. 그레이엄과 과거의 부흥사들은 집회에서 대중음악을 사용했으며, 1960년대 말과 1970년대 초반에 젊은 전도자들은 잃어버린 젊은이들을 구하기 위해 종교적 가사를 담아 세속적 록 음악을 기독교화했다. 1980년대에 이르자 현대기독교음악(CCM, Contemporary Christian Music)산업이 예배와 복음 전도를 연예와 결합시켜 수억 달러대의 산업이 되었다. 같은 시기에 텔레비전 전도자인 펫 로버트슨(Pat Robertson)은 기독교 복음을 온 세계에 쏘아 보낼 목적으로 위성방송 기독교방송네트워크(CBN, Christian Broadcasting Network)를 설립했다.

[22] 나운영 같이 한국적 찬송가를 위해 헌신한 인물이 전혀 없었다는 것은 아니다.

제한되었고, 여성이 중심이 되어온 무용은 엄격히 제한되었다. 극장이나 영화관을 출입한다는 것은 곧 죄악에 눈뜨는 첩경인 듯 사갈시하고, 조형 예술은 우상숭배 배척과 연결되면서 교회당 안팎에는—실례되는 표현이지만—십자가들을 마치 부적처럼 덕지덕지 널어놓았다. 날이 저문 후에 높은 곳에서 내려다보면 서울이 마치 거대한 공동묘지처럼 보인다는 야유 섞인 말은 결코 과장이 아니다.

3. 현대적 모색

그런 중에 비록 교회 밖에서나마 기독교 문화예술을 피워내고자 꾸준하게 노력해 온 선구자적 인물들이 있었으니, 연극 분야에서는 이보라, 주태익, 그리고 이와 깊은 연관 속에서 활동한 박동진 등이 그 예가 된다. 국악선교회(회장 황대익 목사)가 최근 보급하고 있는 박동진의 성경 판소리 〈예수의 탄생, 고난과 부활〉은 방송작가로 널리 알려진 주태익이 작사한 것이다.

이토록 척박한 풍토에도 불구하고 교회 안에서 문화적인 차원의 교회갱신운동을 본격적으로 전개한 공로는 아무래도 강원용 목사와 그가 시무했던 경동교회에 돌리지 않을 수 없다. 경동교회는 개 교회 차원뿐 아니라 크리스챤 아카데미를 중심으로 한 연합운동의 차원에서도 가위(可謂) 획기적인 사건들이라고 할 만한 행동들을 속출해 내면서, 교계는 물론 세속의 이목을 한 데 모았던 것이다. 경동교회는 교회를 딴따라장으로 만든다는 교계의 비난에도 아랑곳하지 않고 대중가수인 조영남을 초청하여 공연하였고, 1974년부터는 절기행사들을 중심으로 문화를 통한 교회갱신에 박차를 가했다. 그 해의 고난절에 공연된 뮤지컬 〈살았다〉(휴 마독스 작, 김문환 각색, 김정자 연출, 이정희 안무, 황철익 음악)는 억압의 시대였던 70년대를 살아가는 젊은이들에게 문화적 소명을 주었다. 또한 부활절에는 〈도마의 증언〉, 추수감사절에는 한국교회의 당시 역사를 재현한 〈씨 뿌려 90년〉, 교회창립주일에는 〈드고아에서 온 사람〉을 통해 교회의 존재이유를 제시하기도 하였다.

잘 알려져 있다시피 경동교회는 청교도들이 메이플라워호를 타고 미국으로 건너와 고난 속에서 거둔 첫 수확을 감사하던 미국교회의 풍습을 따르는 한국교회의 관행을 거부하고, 전통적인 추수감사절인 추석에서 가장 가까운 주일을 택해 전통적인 표현양식의 축제예배를 드리는 새로운 전통을 만들었다. 이듬해 1975년 추수감사절에는 특히 해방 30년을 맞이하여 〈해방과 감사〉(김문환 구성)라는 탈춤을 응용한 축제예배를 꾸며 토착화신학에 대한 하나의 응답을 제시했다. 이 작품은 후에 세계개혁교회 총회를 위한 축제예배를 위해서도 활용되어 세계적인 공감을 불러 일으켰다. 이와 같은 작업은 교회 안에서뿐만 아니라 특히 청년세대를 겨냥하는 선교작업의 일환으로도 실험되었으니, 이화여대가 창립 80주년을 맞이하면서 공연한 〈복음의 축제〉(원제: 가스펠, 기획/번역 김문환)는 실질적으로 그 연장선상에 놓여있다. 이 작품은 마태복음을 바탕으로 유니온 신학교 졸업생들이 꾸민 것으로, 그 공연을 통해 전달할 메시지의 내용은 복음주의자들과는 전혀 달랐다. 그리하여 유신체제 아래 고뇌하던 한국의 청년세대들에게 대단한 호응을 불러 일으켰고, 급기야는 당국으로부터 기획자의 이름을 삭제하고 가사들을

찬송가로 개사하도록 강요당하는 수난을 겪기도 했다.[23]

이런 노력은 1985년에 거행된 기독교 100주년 기념 축제 〈빛과 하나 되어〉(기획, 김문환, 6월 11일~14일)에서 정점을 이루었다.[24] 강원용 목사가 축제위원회를 대표하는 중에 공연된 〈빛과 하나 되어〉는 형식적인 차원에서 이른바 총체예술을 지향하면서 한국교회의 역사를 이스라엘 민족의 수난과 비교했다. 예술적인 목적을 위해 건립된 공간이 아닌 잠실체육관에서 100분간 이루어진 이 공연은, 여러 가지 사정으로 인해 녹음에 의존하는 플레이백 기법을 활용할 수밖에 없다는 약점을 무용과 6백여 명을 헤아리는 연합합창, 관중합창, 연기, 조명 등으로 극복했다. 또한 이를 통해 희랍극이나 중세극과 같은 대규모 공연을 위한 양식창출의 가능성까지 찾아내기에 이르렀다. 전 세계를 감동시킨 서울 올림픽 개폐회식에는 사실상 이때 협력한 많은 스텝들이 그대로 옮겨져 주축을 이루었다.

그 공연의 기본적인 약속 중 하나는, 한국 기독교 100년이 곧 한국 근대문화 100년임을 염두에 두면서 당시의 시점에서 가능한 한국적인 색감을 가급적 자연스럽게 풀어내자는 것이었다. 특히 음악과 안무에서 이 점을 고심했지만, 극본 자체도 이를 위해 오랫동안 숙의를 거쳐 이루어졌다. 100주년기념대회에 참여한 개신교의 20여 개를 헤아리는 각종 교단과 24개의 기독교 기관들이 가진 제각각의 특색에서 어떤 공

---

[23] 김문환, 「젊은 놈들의 광대 예수」, 『한국연극의 위상』(서울대출판부, 2002), pp. 424-434. 이 글은 1974년 당시 「기독교사상」에 게재된 것을 재록한 것이다.

[24] 약 15개월간의 준비기간을 가진 이 기념공연에는 표재순(연출), 이반/이강백(극작), 이건용(음악), 문일지(무용), 신일수/윤정섭(무대미술), 그리고 기독교인 연기자들 30여 명을 비롯한 각종 예술가들의 역량이 동원되었다.

통된 신앙고백을 추출해 낸다는 것은 거의 불가능한 일로 생각되었지만, 복음의 주체적인 수용, 고난을 바탕으로 한 예술적인 축제, 100년 역사에 대한 반성과 선교, 21세기에 대한 전망이 핵심적인 공통의 문제의식이 되면서 온갖 난관을 극복해내었던 것이다. '온몸으로 정성을 다해 기쁨으로 드리는 예배'로서 해석된 '총체예술축제'는 결국 단순한 기독교 선전이 아니라 예술적인 감동까지 가능할 것을 조준했는데, 하용조 전도사가 중심이 되어 이끌던 연예인교회는 그 목표가 좀 더 대중전도에 가까웠던 것으로 파악된다. 이는 "한국교회가 대중적 인기와 인지도를 갖고 있는 크리스천 연예인들을 교회로 초청하여 간증과 찬양을 듣기를 원하였다"는 정황과 맞물리는데, "그들의 초기 사역은 불신자 전도에도 효과가 있었다"는 평가를 얻어내기도 한다.[25]

이후 〈빛과 하나 되어〉 축제의 아류 형태들이 여러 형식으로 양산되면서, 그것들 대부분이 자칫 기독교 선전이나 감상주의, 또는 인기영합주의에 빠져 결과적으로는 '거듭남'을 목표로 하는 축제의 본래적 의의를 무색케 만들기도 했다. 다행히도 무용 〈지저스 크라이스트 수퍼스타〉(육완순)와 〈삼손과 데릴라〉(조승미), 합창오페라 〈솔로몬과 술라미〉(김문환 극본, 이건용 작곡), 뮤지컬 〈마리아 마리아〉, 연극 〈흔적〉(원제: 카운터 포인트: 소현세자, 흔적과 표적; 이반 작, 표재순 연출)과 〈하늘과 바람과 별과 시〉(조한신 작, 표재순 연출), 〈오페레타 길선주〉(안준배 극본, 천봉화 작곡) 등이 또 하나의 모범이 되어, 표류하는 기독교 공연예술의 지표들이 되

---

[25] 안준배, "대중 연예인들의 신앙고백", 「기독교신문」 2008년 9월 7일자. p. 15. 이들은 〈빛과 하나 되어〉와 같은 해 1985년에 전작 〈새롭게 하소서〉(1976년)에 이어 길선주목사를 소재로 한 〈타오르게 하소서〉(전야 구성, 최성찬 작곡)을 공연했다.

고 있다. 연극에서는 〈빈 방 있습니까?〉(최종률 작/연출)와 〈소년공화국〉
(이반 작, 김유태 연출)과 경동교회에서 공연된 이강백의 여러 작품들(〈도
마의 증언〉 등)과 그의 우화적인 작품들이 추가됨 직하다.[26]

나가며

이와 같은 관점에서 우리는 한국의 모든 교회가 성경의 권위와 교회의
전통을 중시하면서도, 이것들이 넓은 의미의 이성과 조화를 이루어 오
늘 여기에서 살아 움직이도록 노력해야 한다고 강조하고자 한다. 문화
또는 범위를 좁혀 예술 역시도 이와 같은 관점에서 고찰될 때만 비로소
특유의 감동을 살려낼 수 있게 된다. 그런 의미에서 신학교육과 교회생
활 전반에서 예술에 대한 이해를 높이려는 노력이 기울여져야 한다. 그
러나 예술을 통한 성령의 감화는 예술이 예술답게 되기 위한 노력이 있
을 때에만 임하는 것으로, 일시적인 만족을 추구하는 교인들을 현혹하
는 값싼 은혜와는 거리가 멀다. 미국의 대중교회와 이를 본받은 한국의
몇몇 대형교회들이 구사하는 대중문화 전략은 그런 의미에서 심각한
신학적 검토의 대상이 아닐 수 없다.

---

[26] 그중 〈솔로몬과 술람미〉는 〈아가〉를 춘향전의 구조로 다시 구성한 것이고, 〈흔적〉은 청
국에서 아담 샬을 만나 기독교를 전수받은 소현세자를 그려냈는가 하면, 〈하늘과 바람
과 별과 시〉는 윤동주의 생애를, 〈소년공화국〉은 황광은 목사의 생애를 펼쳐보였다. 〈길
선주〉는 성령100주년 기념공연으로서, 각각 내용과 형식면에서 높은 질적 수준을 보여
주었다는 평가를 얻어냈다.

(3장)

생명을 살리시는 성령[27]

들어가며

교회력으로 우리는 이제 부활절을 넘기고 오순절, 곧 성령강림절을 기다리고 있다. 오순절은 원래 유월절 주간의 안식일로부터 50일째 되는 날에 지키는 유대인의 3대 명절 중 하나이다. 처음 익은 보리 곡식 단을 제단에 드린 날로부터 시작하여 밀 추수로 끝나는 49일(7주)간의 추수 기간 다음 날이기 때문에 칠칠절이라고도 하고, 처음 수확된 밀을 가지고 떡을 만들어 제사 드리는 절기이므로 맥추절이라고도 한다. 오순절은 1세기경부터 '시내 산에서 율법을 받은 날'로 의미가 확장되었는데, 신약시대로 접어들면서 그 의미가 더욱 심화된 것이다.

초대교회를 가능케 한 이 오순절 사건에 대해서는 누구나 다 잘 알고 있을 것이므로 언급하기가 새삼스러운 기분마저 들지만, 성령에 대한

---

[27] 이 글은 2005년 4월 24일(일) 미국장로회 소속 유타한인교회에서 행한 신앙 강좌의 내용을 손질한 것이다.

바른 이해를 위해서도 이 사건의 의미를 옳게 새겨야 하겠기에 여기에서 그 본문 말씀을 다시 한 번 상고해 보고자 한다. 사도행전 2장 전문을 펴서 함께 읽어 보자.

〈본문〉

1. 오순절 날이 이미 이르매 그들이 다 같이 한 곳에 모였더니
2. 홀연히 하늘로부터 급하고 강한 바람 같은 소리가 있어 그들이 앉은 온 집에 가득하며
3. 마치 불의 혀처럼 갈라지는 것들이 그들에게 보여 각 사람 위에 하나씩 임하여 있더니
4. 그들이 다 성령의 충만함을 받고 성령이 말하게 하심을 따라 다른 언어들로 말하기를 시작하니라.
5. 그 때에 경건한 유대인들이 천하 각국으로부터 와서 예루살렘에 머물러 있더니
6. 이 소리가 나매 큰 무리가 모여 각각 자기의 방언으로 제자들이 말하는 것을 듣고 소동하여
7. 다 놀라 신기하게 여겨 이르되, 보라 이 말하는 사람들이 다 갈릴리 사람이 아니냐?
8. 우리가 우리 각 사람이 난 곳 방언으로 듣게 되는 것이 어찌 됨이냐?
9. 우리는 바대인과 메대인과 엘람인과 또 메소보다미아, 유대와 갑바도기아, 본도와 아시아,

10. 브루기아와 밤빌리아, 애굽 및 구레네에 가까운 리비야 여러 지방에 사는 사람들과 로마로부터 온 나그네 곧 유대인과 유대교에 들어온 사람들과

11. 그레데인과 아라비아인들이라. 우리가 다 우리의 각 언어로 하나님의 큰일을 말함을 듣는도다 하고

12. 다 놀라며 당황하여 서로 이르되 이 어찌 된 일이냐 하며

13. 또 어떤 이들은 조롱하여 이르되 그들이 새 술에 취하였다 하더라.

14. 베드로가 열한 사도와 함께 서서 소리를 높여 이르되 유대인들과 예루살렘에 사는 모든 사람들아 이 일을 너희로 알게 할 것이니 내 말에 귀를 기울이라.

15. 때가 제 삼 시니 너희 생각과 같이 이 사람들이 취한 것이 아니라,

16. 이는 곧 선지자 요엘을 통하여 말씀하신 것이니 일렀으되

17. 하나님이 말씀하시기를 말세에 내가 내 영을 모든 육체에 부어 주리니 너희의 자녀들은 예언할 것이요 너희의 젊은이들은 환상을 보고 너희의 늙은이들은 꿈을 꾸리라.

18. 그 때에 내가 내 영을 내 남종과 여종들에게 부어 주리니 그들이 예언할 것이요,

19. 또 내가 위로 하늘에서는 기사를, 아래로 땅에서는 징조를 베풀리니 곧 피와 불과 연기로다.

20. 주의 크고 영화로운 날이 이르기 전에 해가 변하여 어두워지고 달이 변하여 피가 되리라.

21. 누구든지 주의 이름을 부르는 자는 구원을 받으리라 하였느니라.

22. 이스라엘 사람들아 이 말을 들으라. 너희도 아는 바와 같이 하나님

께서 나사렛 예수로 큰 권능과 기사와 표적을 너희 가운데서 베푸
사 너희 앞에서 그를 증언하셨느니라.

23. 그가 하나님께서 정하신 뜻과 미리 아신 대로 내준 바 되었거늘 너
희가 법 없는 자들의 손을 빌려 못 박아 죽였으나,

24. 하나님께서 그를 사망의 고통에서 풀어 살리셨으니, 이는 그가 사
망에 매여 있을 수 없었음이라.

25. 다윗이 그를 가리켜 이르되 내가 항상 내 앞에 계신 주를 뵈었음이
여, 나로 요동하지 않게 하기 위하여 그가 내 우편에 계시도다.

26. 그러므로 내 마음이 기뻐하였고 내 혀도 즐거워하였으며 육체도
희망에 거하리니,

27. 이는 내 영혼을 음부에 버리지 아니하시며 주의 거룩한 자로 썩음
을 당하지 않게 하실 것임이로다.

28. 주께서 생명의 길을 내게 보이셨으니 주 앞에서 내게 기쁨이 충만
하게 하시리로다 하였으므로

29. 형제들아 내가 조상 다윗에 대하여 담대히 말할 수 있노니 다윗이
죽어 장사되어 그 묘가 오늘까지 우리 중에 있도다.

30. 그는 선지자라. 하나님이 이미 맹세하사 그 자손 중에서 한 사람을
그 위에 앉게 하리라 하심을 알고

31. 미리 본 고로 그리스도의 부활을 말하되 그가 음부에 버림이 되지
않고 그의 육신이 썩음을 당하지 아니하시리라 하더니

32. 이 예수를 하나님이 살리신지라. 우리가 다 이 일에 증인이로다.

33. 하나님이 오른 손으로 예수를 높이시매 그가 약속하신 성령을 아
버지께 받아서 너희가 보고 듣는 이것을 부어 주셨느니라.

34. 다윗은 하늘에 올라가지 못하였으나 친히 말하여 이르되 주께서
    내 주에게 말씀하시기를,

35. 내가 네 원수로 네 발등상이 되게 하기까지 너는 내 우편에 앉아
    있으라 하셨도다 하였으니

36. 그런즉 이스라엘 온 집은 확실히 알지니 너희가 십자가에 못 박은
    이 예수를 하나님이 주와 그리스도가 되게 하셨느니라 하니라.

37. 그들이 이 말을 듣고 마음에 찔려 베드로와 다른 사도들에게 물어
    이르되 형제들아 우리가 어찌할꼬 하거늘,

38. 베드로가 이르되 너희가 회개하여 각각 예수 그리스도의 이름으로
    세례를 받고 죄 사함을 받으라. 그리하면 성령의 선물을 받으리니

39. 이 약속은 너희와 너희 자녀와 모든 먼 데 사람 곧 주 우리 하나님
    이 얼마든지 부르시는 자들에게 하신 것이라 하고

40. 또 여러 말로 확증하며 권하여 이르되 너희가 이 패역한 세대에서
    구원을 받으라 하니

41. 그 말을 받은 사람들은 세례를 받으매 이 날에 신도의 수가 삼천이
    나 더하더라.

42. 그들이 사도의 가르침을 받아 서로 교제하고 떡을 떼며 오로지 기
    도하기를 힘쓰니라.

43. 사람마다 두려워하는데 사도들로 말미암아 기사와 표적이 많이 나
    타나니

44. 믿는 사람이 다 함께 있어 모든 물건을 서로 통용하고

45. 또 재산과 소유를 팔아 각 사람의 필요를 따라 나눠 주며

46. 날마다 마음을 같이하여 성전에 모이기를 힘쓰고 집에서 떡을 떼

며 기쁨과 순전한 마음으로 음식을 먹고

47. 하나님을 찬미하며 또 온 백성에게 칭송을 받으니 주께서 구원 받
는 사람을 날마다 더하게 하시니라.

1. 소통

참으로 장엄한 한 편의 서사시가 아닐 수 없다. 선지자 요엘의 예언이 이루어졌음을 선포하는 이 기록에서, 특히 "말세에 내가 내 영으로 모든 육체에게 부어 주리니, 너희의 자녀들은 예언할 것이요, 너희의 젊은 이들은 환상을 보고 너희의 늙은이들은 꿈을 꾸리라"는 대목은 마치 하루살이와도 같은 오늘날의 우리 삶을 되돌아보게 한다. 하나님의 영은 이처럼 우리 모두를 거듭나게 하심을 믿으시기 바란다.

나는 오랫동안 특히 방언에 대해 관심을 갖게 되었다. 내 어머님께서는 만 아흔둘에 고인이 되셨다. 전도사의 따님으로 태어나 장로님 댁 며느리로 시집와서 6남매를 두었으나, 6·25때 아버지가 납치당하신 후 60여년을 홀로 사신 어머님을 살리신 것은 오로지 신앙의 힘이었을 것이다. 그 기도 덕분에 자손들 중에 목사도 나고, 장로와 권사도 나고, 나와 같은 늦깎이 신학박사도 나왔다고 믿고 계신다. 그런데 어느 날 이 어머님께서 "나도 방언의 은사를 받고 싶다"고 하셨다. 다니시던 교회에 당신보다 젊고 교회 경력도 짧은 사람들이 방언의 은사를 받아 교회가 이상열기에 휩싸였던 모양이다. 그날부터 나는 방언에 대해 골똘하게 생각하게 되었고, 이 사도행전의 기사를 곰곰이 생각하지 않을 수 없었다.

이 기사에 따르자면 오순절에 성령이 "급하고 강한 바람 같은 소리가

있어" 온 집에 가득하면서 "불의 혀 같이 갈라지는 것이 저희에게 보여 각 사람 위에" 임하였다고 되어있다. 후에 다시 말하겠지만, 성령은 여러 모양으로 임재하신다. 어원적으로 보면 영(프뉴이)과 바람(프토에)은 깊은 연관이 있다. 절대적인 존재, 우리의 생각과 감각을 넘어서는 세계가 우리를 사로잡음으로 인해 우리가 우리의 유한성을 극복하게 될 때, 이는 우리가 느끼고 생각할 수 있는 모습으로 임재하신다. 그렇지 않고서야 유한한 존재자들이 어찌 무한한 세계를 알고 느낄 수 있겠는가? 그런데 그와 같이 성령이 임재하신 결과가 무엇인가? 그것이 바로 방언이라는 것이다. 그래서 방언은 곧잘 성령을 받은 증거로 내세워진다. 그런데 여기에 우리가 아주 주의 깊게 살피지 않으면 안 되는 성령의 역사가 숨어 있다. 그것은 곧 방언이 무엇을 위해 주어졌는지를 바로 알아야 할 이유를 밝혀준다. 천하각국으로부터 온 경건한 유대인들이 제자들이 각각 자기의 방언으로 말하는 것을 듣고 "우리가 다 우리의 각 방언으로 하나님의 큰일을 말함을 듣는도다"하며 놀란 것이다.

방언의 은사는 이처럼 "알아듣게 됨"에 있다. 이제 바벨탑 건축으로 인해 달라졌던 언어들이 하나로 회복된 것이다. 물론 그렇게 알아듣고도 정말로 "들을 귀 있는 자"가 못 되는 사람들은 아직 제3시, 곧 아침 9시에도 불구하고 고작 "저희가 새 술에 취하였다"고 조롱하고 마는 경우가 없지 않을 것이다. 그러기에 베드로의 강론이 필요했고, 그래서 그는 요엘 선지자와 시편의 다윗 예언을 들어 예수 그리스도가 바로 예언의 성취임을 선포한 것이다. 문맥상으로 보아 베드로는 방언으로 이를 증거 한 것으로 보아야 할 것이지만, 그것은 별로 중요하지 않다. 정말로 중요한 것은 무리들이 베드로의 말을 듣고 마음에 찔려 "형제들아,

우리가 어찌할꼬?" 하고 물었다는 데 있다. 이에 베드로는 "너희가 회개하여 각각 예수 그리스도의 이름으로 세례를 받고 죄 사함을 받으라. 그리하면 성령을 선물로 받으리라"고 권고했고, 그 말을 들은 사람들이 세례를 받으니 이 날에 제자의 수가 삼천이나 더했다는 것이다. 이 숫자가 그 이후에 세례 받은 사람들을 모두 합한 것이라는 해석도 없지 않지만, 그것은 그리 중요하지 않다. 중요한 것은 그들이 사도의 가르침을 받아 서로 교제하여 떡을 떼며 기도하기를 힘썼다는, 다시 말해, "모든 물건을 서로 통용하고 또 재산과 소유를 팔아 각 사람의 필요를 따라 나눠주고 날마다 마음을 같이하여 성전에 모이기를 힘썼다"는 변화이다.

방언은 바로 이와 같은 공동생활을 위한 은사였다. 그러기에 사도 바울도 "긱중 방언을 발함"과 "방언을 통역함"을 다른 은사들과 함께 성령의 은사로 인정했던 것이다(고전 12:10). 우리말 성경에 방언이라고 번역되어 있는 원어는 모두 일곱 가지로서, 그 의미가 각기 조금씩 다르다. 그러나 그것들의 차이에 대한 언급은 너무 전문적이므로 간단히 말하자면, 대체로는 각기 다른 민족들이 사용하는 언어뿐만 아니라, 사람들이 어떤 종교적 흥분상태에 이르렀을 때 이해할 수 없는 말을 하는 것까지도 포함된다. 그런데 문제는 모든 성령의 은사가 공동체의 이익을 위해 내려진 것이라는 사실이다. 그러기에 사도 바울은 곧 이어 "내가 사람의 방언과 천사의 말을 할지라도 사랑이 없으면 소리 나는 구리와 울리는 꽹과리가 되고"(고전 13:1)라는 말을 통해 이를 경계한다. 방언 자체가 중요한 것이 아니라 단절되어 죽을 수밖에 없는 존재자들을 방언 행위를 통해 살려 내고자 하는 사랑이 더욱 중요한 핵심이라는 가르침이 아닐 수 없다. 모든 사람들보다 방언을 더 잘 말할 수 있음을 하나님께 감사드릴 정도로, 사도 바울 자신이 방언의 은사를 받았다. 그러나 그는 "교회에서 네가 남을 가르치기 위하여 깨달은 마음으로 다섯 마디 말을 하는 것이 일만 마디 방언으로 말하는 것보다 나으니라"고 엄중히 주의를 환기하고 있다(고전 14:19). 다시 말해, 방언의 목적은 듣는 이로 하여금 말씀의 핵심을 알아듣게 하고, 신앙공동체, 또는 주님의 피와 살을 중심으로 한 밥상공동체의 일원으로 충실히 살아갈 수 있도록 하기 위한 것이다. 방언을 "믿는 자들을 위하지 아니하고 믿지 아니하는 자들을 위하는 표적"(고전 14:22)이라고 정의한 것은, 그것이 듣는 사람들의 불신앙을 고쳐 주지 못하고 그냥 믿지 않는 자들로 남아 있도록 할 뿐이라는 뜻에서라고 새기는 경우도 없지 않지만, 어느 경우에나 소통을 중시한다는 점에서는 차이가 없다. 사도 바울이 방언을 비롯해 모든 은사는 오직 "교회에서 덕을 세우기 위하여 하라"고 한 것이나, "만일 통역하는 자가 없거든 교회에서는 잠잠하라"고 한 것은 모두 같은 취지의 당부이다. 이때의 덕이 교회공동체를 위한 덕이어야 함은 두말할 여지가 없다. 그때에만 "자기의 덕을 세우고"(고전 14:4) 방언이 비로소 그 한계를 벗어나게 된다. 이런 맥락에서 본다면, 오늘날 하나님과 단절되어 있고, 인간들과 단절되어 있고, 살아 있는 모든 존재들과 단절되어 죽음에 처해 있는 존재자들을 되살리기 위해서는 우리 역시 성령의 은사를 갈구해야만 한다는 것은 너무나도 분명하다. 방언도 그러한 은사들 중 하나임에는 틀림없으나, 주객이 전도되어 마치 자신이 특별한 은사를 받았음을 과시하기 위한 증거로 이를 내세울 경우 단절과 소외는 더욱 깊어지고, 결국은 그로 인해 만물은 소생할 기회를 잃고 말게 될 것임을 스스로 경계해야 한다. 바로 이런 맥락에서 우리는 신·구약 성경을 통해 성령의 역사가 어떻게 그려지고 있는지를 더욱 분명하게 알아야 할 필요에 직면해 있다.

2. 성령의 열매

사도 바울은 우리가 가지고 있는 성경에서 제일 먼저 쓰인 갈라디아서에서 성령의 열매를 다음과 같이 열거하고 있다:

> 오직 성령의 열매는 사랑과 희락과 화평과 오래 참음과 자비와 양선과 충성과 온유와 절제니 이 같은 것을 금지할 법이 없느니라(갈 5:22-23).

그러나 이는 어디까지나 예시에 불과할 뿐, 성령의 역사 체험에 대해 신·구약 성경은 여러 의미로 가르치고 있다. 현대를 대표하는 독일 신학자들 중 하나인 위르겐 몰트만은 성령의 경험을 묘사하는 은유들을 분석·종합하는 작업을 "총체적 성령론"이라는 부제를 단『생명의 영』(*Der Geist des Lebens: Eine ganzheitliche Pneumatologie*)[28]이라는 저서에서 네 가지로 분석·종합하는 작업을 시도하였다.

- 인격적 은유들: 주님으로서, 어머니로서, 심판자로서의 성령.
- 형성적(formative) 은유들: 에너지로서, 공간으로서, 형태로서의

---

[28] J.몰트만 지음, 김균진 옮김,『생명의 영: 총체적 성령론』(대한기독교서회, 2006, 초판6쇄).

성령.

- 활동의 은유: 폭풍으로서, 불로서, 사랑으로서의 성령.
- 신비적 은유들: 빛의 원천으로서, 물로서, 풍요성으로서의 성령.

몰트만은 이 은유들에 대한 설명에 이어 그 안에 있는 내적 관계들, 곧 주체와 힘의 관계, 원천과 에너지장(場)의 관계, 힘과 공간의 관계, 현존과 대칭의 관계를 드러내고자 한다. 이때 그는 공기, 빛, 물, 불, 그 밖에 여기에서 사용되는 상들이 오늘날 "손상된 삶으로부터 오는 상들이라는 것을 심각하게 고려해야 할 것"이라고 강조하였다. 그러나 우리는 창조적이며, 보존하며, 생동케 하는 성령의 활동을 이 상들로 받아들일 때, 그것은 낭만적 의미를 가진 것이 아니라 비판적이며 치유적인 의미를 가진다는 것에 유의하지 않으면 안 된다. 즉 그것들은 "원초적 경험들, 그리고 영원의 현재가 그 속에서 우리에게 일어나는 신빙성 있고 특유한 삶의 경험들에 대한 추구의 표현"이라는 것이다. 이제 볼트만의 설명을 요약해 보긔로 한다.

Ⅰ. 인격적 은유들: 주님 — 어머니 — 심판자

주(主)님이라는 성령 경험은 해방(또는 자유)의 경험과 새로운 삶의 경험이 결합되면서 서로를 보완한다. 죄의 강요와 죽음의 폭력에서 해방하는 부활의 영 속에서 신자들은 하나님에 이르는 직접적이고 파괴될 수 없는 길을 발견하며, 하나님과 함께 하나님 안에서 살기 시작한다. 이처럼 주를 해방의 경험과 자유로운 삶에 대한 이름으로 이해한다면, 우리가 그를 남성적 지배의 틀 속에서 이해하는 것은 잘못이다. 그러기에 이 이름을 생명을 주고 생동하게 하는 것의 이름으로 보완하는 것이 좋다. 그것이 바로 요한이 증언하는, 어머니가 위로하듯 위로하며 신자들이 그로부터 '새로 태어나는'(요 3:3-6) 위로자이다. 생명의 어머니라는 여성적 은유는 자유를 보완하는 새로운 삶을 나타내는 바, "새로운 삶 없는 자유는 공허하며, 자유 없는 삶은 죽은 것"이기 때문이다.

그러나 살아 움직이는 자유와 자유로운 삶은, 오직 정의 가운데서만 존속할 수 있다는 점에서, 심판자 은유와 연결된다. 즉, 정의 가운데서 인간의 자유는 삶을 위하여, 또한 모든 살아 있는 존재들의 공동적 삶을 위하여 봉사하게 된다는 것이다. 이때 불가피하게 죄가 드러날 수밖에 없는데, 이때의 죄는 주로 현실의 은폐와 다른 사람들에 대한 기만인 동시에 자기기만을 말하는 거짓을 뜻한다. 그러나 심판은 동시에 죄의 용서를 확신하게 하기 위한 행위이다. 즉, 구원하는 정의라는 뜻에서 하나님의 영은 구원자라고 불리는 것이다.

II. 형성적 은유들: 에너지—공간—형태

주님—어머니—심판자라는 이름은 단지 기능을 의미하는 것일 뿐 인격적 이름들이 아니듯이, 자연 속에서 관찰될 수 있는 작용에 빗댄 이 형성적 은유들도 성령 체험의 또 다른 면들을 표현하면서 서로 보완적인 관계에 있다고 볼 수 있다.

삶의 힘과 에너지로서의 성령 체험은 동양의 기(氣)에 대한 설명을 연상시키면서 모든 살아있는 것을 하나의 커다란 삶의 공동체 속으로 가져온다. 형식 없는 물질이 존재하지 않는다면, 성령을 경험하는 사람들을 생동케 하는 삶의 에너지는 영혼에서 영혼으로 일어날 뿐 아니라, 빛나는 얼굴, 빛나는 눈, 말하는 입, 관심을 나타내는 몸짓과 동작처럼 신체적으로도 일어난다. 나아가 하늘과 땅, 공기와 흙과 물처럼 다양한 생물들의 외적인 면과 범위나 활동 영역들이 곧 삶의 공간들이 되듯이, 소유하지 않고 오히려 자유하게 하고자 하는 사랑은 각자를 완전히 전개시킬 수 있는 가능성을 위한 자유로운 공간을 전제로 한다. 이때 우리는 "인격적 자유를 보장하지만 아무런 자유로운 공간도 마련하지 않는 단순한 경쟁사회 속에서 그 인격적 자유가 '늑대들의 자유'와 '실업자들과 실향민들의 자유'로 타락한다"는 것에 유념해야 한다. 그것이 곧 주관적 자유에 유의하면서도 사회적으로 자유로운 공간들에는 유의하지 않는, '자유세계'의 불행을 낳는 원인이 된다. 그러므로 약속의 땅 없이는 해방도 없다는 것이 출애굽과 함께 하시는 하나님 경험의 요약이다. 이는 곧 "그 속에서 그가 숨 쉬고 자기를 전개시킬 수 있는 성령의 넓은 공간"이라는 은유가 된다. 아울러 그 궁극적 표현은 "우리 안에서 그리스도가 형태화되심"(Gestaltwerdung Christi in uns)이 될 것이다. 요컨대 삶의 힘으로서, 삶의 공간으로서, 삶의 형태로서의 성령에 대한 은유들은 모든 삶의 사귐에 함께 속하면서, 함께 합하여 삶, 피조된 삶, 생동케 만드는 삶, 거룩한 삶의 비밀을 알려준다.

III. 활동의 은유들: 세찬 바람―불―사랑

'세찬 바람'과 '불길'의 은유는 만물을 생동하게 만드는 하나님의 숨결 또는 바람과 물의 세찬 소리라는 구약의 은유와 상통한다. 또한 인간의 사랑은 영원한 사랑에 대한 실제적 상징이 되면서, 불은 하나님의 분노 속에 숨어 있는 사랑의 정열을 나타내기도 한다.

IV. 신비적 은유들: 빛―물―생육

이 은유들은 태양의 빛과 땅의 수분으로부터 잎과 뿌리를 얻어 생명을 얻고 생식하게 되는 식물을 연상시키는데, 그 중 가장 오래된 것은 신적 존재에 대한 빛의 은유일 것이다. "주의 빛 안에서 우리가 빛을 보리이다"(시 36:9)라는 표현에서 보듯이 그것은 인식의 대상인 동시에 원천이 된다. 그리하여 우리는 그 속에 있고, 그는 우리 안에 있게 된다. 그리고 빛은 모든 피조물들을 비춘다. 물의 은유는 땅으로부터 일어나는 성령의 활동을 묘사하는데, 이는 세계를 상징적으로 나타내기도 하면서 빛과 결합하여 생명을 위해 필수적인 것이 된다. 이처럼 풍성한 생육(Furchtbarkeit)으로 연계되는 이 은유들에서 신적인 것과 인간적인 것은 순환적 침투를 통해 하나의 유기체적 관련 속에 있게 된다. 즉 "너희가 내 안에 ― 내가 너희 안에" 있는 포괄적 현존이 된다.

이상으로 우리는 몰트만에 따라 성령 체험의 비밀을 대표적인 은유들을 통해 살펴보았다. 이때 우리는 은유들이 언제나 경험들을 이러한 방법으로 경험하는 것들로 소급시킴으로써 생성된다는 것에 유의해야 한다. 즉 우리는 인간에게 선사되는 새로운 삶의 경험으로부터 새로운 삶을 가능케 하는 삶의 품, 혹은 원천으로 소급한다는 것이다. 그러나 이렇게 얻는 인식은 언제나 경험적이요, 그것이 출발하는 경험들에 묶여 있다. 즉 자기 자신 안에 존속하는 성령의 본질 자체가 무엇인지는 인식할 수 없다. 여기에서 몰트만은 "성령의 본질은 그의 본질과 동일한 삼위일체의 인격들에 대한 그의 관계들 속에서 비로소 인지될 수 있다"는 자신의 조직신학적 주장으로 되돌아간다. 다소간 전문적인 논의이기 때문에 상론은 피하지만 "성령의 내재삼위일체적(inner-trinitarische) 인격성"에 접근하는 그의 논리의 핵심은, 종래 서방교회의 삼위일체론과 동방교회의 삼위일체론을 하나님의 역사 안에서 일어나는 여러 가지 활동들과 관련시킴으로써 그것들이 교리사를 통해 받아들인 경직성을 극복하고자 하는 데 있다.

몰트만의『생명의 영』이 제시하는 문제의식과 이를 위한 논리 전개를 요약해 본다면, 그의 출발점은 곤경에 처해있는 인류와 자연의 구원에 있다. 그는 이를 근원적으로 해결하기 위해 성령 체험의 은유들을 분석하는 동시에 이를 바탕으로 주로 서방교회에서 발전해온 군주론적 삼위일체를 비판적으로 고찰하면서 순환적 사귐 속에 있는 삼위일체가 '함께' 그리고 '동시에' 찬미되어야 한다는 결론에 이르고 있음을 살펴보았다. 그의 총체적 삼위일체론이 단순히 신앙을 체계적으로 이해하기 위한 신학적 성찰이 아니라 인류가 처한 문제의 해결을 위한 충정으로부터 비롯된 것임을 알고 있는 우리로서는, 그것이 적어도 두 가지 점에서 우리의 사고 발전을 위해 시사 하는 바가 적지 않다고 말할 수 있을 것이다. 첫째는, 우리의 성령 체험이 은유를 통해 생생하게 드러날 수 있다는 것을 지적함으로써 종교 체험과 넓은 의미에서의 예술 체험의 접점을 마련할 수 있는 근거가 생겨났다는 것이다. 둘째는, 그가 말하는 삼위일체적 찬미가 황홀경적 체험과 연결되어 있다는 점에서, 단순한 정치신학의 차원을 넘어서는 신학의 발전을 위해 상당히 중요한 시사점을 보여 주었다는 것이다. 그 자신이 '놀이신학'이라고 할 만한 영역을 개척하기도 했지만, 이는 비단 그에게서만 보이는 사고유형은 아니다. 이에 대한 이해는 더 많은 논의를 필요로 하기에 이 자리에서는 생략할 수밖에 없지만, 그 모든 것이 "생명을 살리시는 성령"에 대한 바른 이해를 위한 것임은 두말할 여지가 없다.

나가며

핵전쟁의 위협과 생태계 파괴의 공포 속에 살고 있는 현대인들로서는 이와 같은 비인간적인 세계 속에서나마 삶을 포기하지 않게 할뿐더러 이 삶을 생동적으로 만들어줄 힘을 추구하지 않으면 안 된다. 말을 바꾸면, 삶을 참으로 긍정하는 사람이라면 전쟁을 부인할 수밖에 없고, 삶을 참으로 사랑하는 사람이라면 빈곤을 거부할 수밖에 없으며, 삶을 참으로 긍정하고 사랑하는 사람이라면 폭력과 불의에 대해 저항할 수밖에 없다. 만약 그들이 폭력과 불의에 익숙할 수 없고, 자기를 이에 적응시킬 수 없어 오히려 저항한다는 발언이 합당하다면, 전통적인 삼위일체론, 그 중에서 특히 서방교회의 성령 이해가 과연 이와 같이 위협당하는 삶을 다시 태어나게 하고 회복케 하는 힘의 원천을 설명할 설득력을 보유하고 있는지, 다시 말해, 포괄적인 생명경외의 종교로서의 기독교적 신학은 어떠해야 하는지를 묻지 않을 수 없다.

적어도 제도교회로 정착된 이래 기독교는 형식적인 차원에서 한 번도 삼위일체론을 부정해 본 적이 없다. 그러면서도 근대에 이르러서는 새로운 자유의 정신, 곧 신앙의 자유, 종교의 자유, 양심의 자유, 자발적 교회들의 정신을 거부하고, 은혜를 중재하는 제도교회와 성직자의 선포와 결합되어 있는 영만이 거룩하다고 내세웠다. 삼위일체론에 대한 기독교의 이러한 이중적 태도는, 사람들이 개인적으로 그들 자신의 믿음의 결단과 믿음의 세례와 그들의 마음을 따뜻하게 하는 내적 신앙의 경험(John Wesley의 경우), 또는 그들 자신의 카리스마적 은사에서 경험하는 영을 거룩하지 않은, 광신주의적인 것으로 배척해 온 것이 숨김없는 사실이기 때문에 질문을 야기하는 것이다. 그러나 성령이 외적으로 교회에서 이루어지는 사귐 속에서만 영원할 뿐 아니라, 자신의 경험 속에서도 "우리에게 주신 성령으로 말미암아 하나님의 사랑이 우리 마음에 부은 바"(롬 5:5) 되었다는 고백에 많은 사람들이 내적으로 깊이 공감한다. 만일 하나님의 영이 교회, 교회의 말씀, 성례전, 권위 있는 기관들, 그리고 성직자들과만 결합되어야 한다고 주장한다면, 이는 오히려 교회공동체를 빈곤하게 만들어 버릴 것이다. 그런데 실제로 그와 같은 일들이 지금 벌어지고 있다. 그러기에 언어들 속에 나타날 뿐 아니라, 말로 표현할 수 없는 감각적 현실 자체만큼이나 매우 다양하게 다가오는 성령의 경험, 우리 안에 있는 의식의 계층보다 더 깊은 성령의 내주하심을 긍정하고, 모든 감각들을 깨우며, 무의식적인 것과 육체 속에 꿰뚫고 들어가며, 육체를 생동케 하는 성령, 삶을 위한 새 에너지를 줄 수 있는 성령에 대한 새로운 인식과 긍정을 가능케 하는 신학이 요청되고 있다. 우리의 습관적인 예배를 더욱 살아 있는, 문자 그대로, "몸으로 드리는 산제사"가 되도록 새롭게 다듬는 노력은 그 구체적인 표현이 될 것이다. 특히 청년들을 위한 예배나 특별 절기예배들을 예술적인 표현을 통해 더욱 감동적이면서도 성숙하게 준비하는 일이 절실하게 요청된다.

여기에는 인간에 대한 하나님의 계시나 인간의 하나님 경험이 근본적으로 양자택일의 문제가 아니라는 관점이 작용한다. 즉 경험에 대한 현대의 인식론적이며 과학적인 이해를 간단히 받아들이기보다는 인간이 결코 경험할 수 없는, 죽음의 한계 저편에 영원한 삶으로 놓여 있는 삶을 계시하는 '전혀 다른 것'에의 기다림을 결코 소홀히 하지 않으려는 결의마저 엿보인다. 그러기에 인간의 경험 안에 있는 하나님의 내재와 하나님 안에 있는 인간의 초월 간의 대립은 몰트만의 '희망의 신학' 안에서, 하나님 영의 역사적 경험에 대한 기다림의 지평 속에서 지양된다. 이는 곧 인간이 새로운 삶을 향해 다시 태어나기 시작한다는 믿음이기도 하다. 바로 여기에서 근대적 자기의식과의 관계를 포기하고, 자기 경험 속에서만이 아니라 모든 경험 속에서 발견되어야 하는 '내재적 초월'이라는 개념이 등장한다. 그것은 모든 것들 안에서 하나님을 인식하고, 하나님 안에서 모든 것을 인식할 수 있다는 가능성과 상통한다.

이와 같은 믿음은 삶의 멸시, 육체에 대한 적대성, 세계로부터의 분리, 영혼의 내적 경험 선포로서의 영성 추구와는 구별된다. 다시 말해, 이는 영혼이 고통스러운 이 세계와 연약한 육신의 껍질을 벗어나서 복된 하늘로 올라가 구원받는다는 식의 표상, 즉 영지주의적 표상과 구별되지 않으면 안 된다. 말하자면, 하나님 영의 우주적 차원에서의 발견이 몰트만의 '총체적 성령론'의 목표라 할 수 있다. 몰트만은 이 총체적(ganzheitlich)이라는 말이 첫째, 비감각적이며 인간의 내부를 지향하는, 그리고 신체에 대해 적대적이며 세계로부터 등을 돌린 영성이 아니라 삶을 향한 사랑의 활력(Vitalität)으로서, 영혼과 신체, 의식과 무의식, 인격과 공동체, 공동체와 사회기관들을 포괄하는 인간의 전체성과 관련하며, 둘째, 모든 다른 피조물을 포함하여 인간과 땅의 창조, 공동체의 전체성과 관련하여 말해질 수 있다고 부연한다. 즉 이 총체적 관점은 인간 안에, 인간과 인간 사이에, 인간과 자연 사이에 존재하는 분열들과 관련될 때 치유의 효과를 가질 수 있으며, 결코 낭만적 환상을 말하는 것이 아니라는 주장이다.

"나는 꿈을 가지고 있다"는 마르틴 루터 킹의 외침이 결코 교회라는 편안한 종교적 방석 위에 앉아서 꾸는 몽상(Träumerei)의 긍정과 동일시되어서는 안 된다. 그것은 오히려 다음과 같은 결론으로 우리를 이끈다.

억압과 박해 속에서 사람들이 더 이상 말할 수 없게 될 때, 사람들의 희망을 유지하는 것은 기도뿐이며, 이리하여 사람들은 자기를 포기하지 않게 된다. … 우리가 우리의 고통 속에서 소리를 내지 못하게 되었을 때, '말할 수 없는 신음'(롬 8:26)과 함께 우리를 대변하는 성령이 현존한다. 한걸음 더 나아가 우리는 이렇게 말할 수 있다. 성령의 함께 하심에 대한 부르짖음은 이미 성령의 부르짖음이다. 노예상태에 있는 피조물의 신음은 그 속에 거하시는 성령의 신음에 의해 수납되고 하나님 앞에 전달된다. 하나님을 향한 부르짖음은 그 자체가 신적인 것이다.

하나님을 향한 인간의 동경 속에는 인간을 이끄는 하나님의 힘이 숨어 있다.

우리가 진정으로 기독교인이고자 한다면, 인간의 곤경을 결코 외면하지 않으시고 '육신이 되신 말씀'을 닮으려고 해야 한다. 그러기에 우리는 그 분과의 만남을 통해 나만이 느낀 기쁨 속에 안주하거나 이를 자랑거리로만 내세우지 말고 그리스도가 살아가신 삶을 나도 살아가고자 하는 결의의 기초로 삼아야 한다. 찬송가 499장은 우리에게 많은 깨우침을 준다. 특히 3절 가사는 우리에게 큰 은혜를 줄 것이다.

1. 저 장미꽃 위에 이슬 아직 맺혀 있는 그 때에
   귀에 은은히 소리 들리니 주 음성 분명하다.

2. 그 청아한 주의 음성 울던 새도 잠잠케 한다.
   내게 들리던 주의 음성이 늘 귀에 쟁쟁하다.

3. 밤 깊도록 동산 안에 주와 함께 있으려 하나
   괴론 세상에 할 일 많아 날 가라 명하신다.

(후렴)

주가 나와 동행을 하면서 나를 친구 삼으셨네.
우리 서로 받은 그 기쁨은 알 사람이 없도다.

4장

성령운동의 문화적 의의

들어가며

주재용은 성령에 대한 설명이 성서에 수 없이 많지만, 우리는 성령이 바람과 같아서 어디서 와서 어디로 가는지 알 수가 없다(요3:8)고 하면서도, 1907년의 성령운동을 이해하기 위해서는 그 역사적 배경(그 운동의 삶의 자리)을 먼저 살펴보아야 한다고 지적했다.[29] 하나님은 당신의 창조와 구원의 뜻에 따라 때와 장소에 가장 적절하게 역사하시기 때문에 생명력이 있는 성령의 활동은 매우 다양하고, 성령운동의 유형도 때와 장소, 그리고 상황에 따라서 달라질 수 있다고 보기 때문이다. 즉 하나님은 결코 상황을 떠나 역사하시지 않으며, 따라서 성령의 역사를 어느 한 유형으로 획일화할 수 없다는 것이다. 그의 주장을 요약한다면, 대체로 다음과 같다.

---

[29] 참조. 2006년 5월 11일 명성교회에서 개최된 한국 기독교성령100주년대회 제2차 신학 심포지엄 자료. 당시. 전체주제는 "1907년 성령운동과 오늘의 한국교회"였다.

1907년에 한국은 네덜란드 헤이그에서 열린 만국평화회의에 이준 등을 밀사로 보내어 을사조약(1905년)의 무효를 호소했으나 무위로 돌아갔고, 소위 '한일신협약'(정미칠조약)으로 군대가 해산 당하고 고종이 강제로 퇴위되면서 일본의 통감통치를 받게 된다. 그렇게 절망이 온 누리에 가득 차있던 바로 그 해에 대부흥운동이 터진 것이다.

1907년, 더 분명히 말하자면 1903년부터 1907년까지 한국교회에 임한 성령의 역사는 무엇보다도 죄를 회개하는 운동이었다. 이것이 바로 이 운동의 기본 성격이다. 회개의 울부짖는 소리와 성령 체험을 간구하는 기도 소리가 온 교회 안에 진동하였다. 하나님께서는 통회하는 한국인들의 울음소리 가운데 임하셨으니, 기도가 응답되지 않았을 때 하나님의 축복을 받지 못하는 이유가 하나님께 있지 않고 언제나 자신에게 있음을 잘 알고 있기 때문에, 기독교인들은 먼저 자기를 반성했던 것이다.

이와 같은 회개는 외형적으로 보면 개인적인 차원이라고 이해될 수도 있겠으나, 하나님이 개인을 역사 현실에서 단절된 개체로 보지 않고 역사 속에서 회개하도록 부르신다는 것을 믿는다면, 1907년의 회개운동은 역사와의 함수관계에서 일어났다고 보아야 한다. 이는 1907년 회개운동의 중심에 있던 길선주의 이후 삶이 민족의 독립운동과 밀접한 관계 속에서 계속되었다는 점에서도 분명하다. 길선주는 1919년 3·1운동 독립선언서에 기독교인 16명 중 하나로 서명하였고, 한국교회 최초로 새벽기도회를 인도하면서 개인적인 죄의 회개는 물론 고난의 민족사를 걱정했던 바, 그에게 있어 개인과 나라의 운명은 하나로 생각되었던 것이다.

요컨대 이 운동은 교인의 신앙훈련 운동이자 회개운동으로서, 이 운동에서 훈련받아 새 활력을 얻은 한국의 기독교인들은 더욱 강화된 일본의 식민지 억압 속에서도 줄기차게 민족사의 과제를 선교의 과제로 삼고 한국교회의 신앙적 형태를 구조(構造)해 나갔던 것이다. 1919년 3·1운동에서 그 절정에 오르게 된 이 운동은 이승훈, 이상재, 서재필, 안창호, 조만식, 유관순 등의 독립운동의 영적 에너지가 되었다.

물론 한국교회의 나라 사랑이 1907년의 성령운동으로부터 비로소 시작된 것은 아니다. 기독교는 처음부터 한국민족에게 새 희망과 힘의 종교로 수용되었으니, 이렇게 수용된 한국의 기독교는 개화와 민족독립에 초점을 맞추면서 동시에 하나님 나라를 동트게 하고자 하는 운동으로 전개되었다. 여기에서 신앙과 역사현실의 함수관계, 즉 역사종교로서의 한국 기독교의 특성이 드러난다.

그러나 이런 입장과는 다르게, 1907년을 전후한 시기의 대부흥운동이 한국 민족의 시대적인 아픔과 분노를 성령운동이라는 종교적 카타르시스를 통해 희석시킨 몰역사적 성격을 전혀 갖고 있지 않았다고 부인할 수 없다는 해석(이만열)도 없지 않다. 즉, 당시의 외국 선교사들이 한국 기독교의 정치 신학적 운동을 염려한 나머지 한국교회의 부흥 열기를 정교분리 정책을 통한 탈정치화로 유도했던 것도 어느 정도 사실이라는 것이다. 또한 이로 인해 그 이후 타계지향적인 정향이 한국교회의 한 축을 이루었다는 것 또한 숨김없는 사실이다. 그러기에 1907년의 성령운동을 통해 나타난 하나님의 깊은 구속사적 섭리를 오늘의 관점에서 통찰하고자 하는 노력이 오히려 절실하다고 볼 수 있다.

주재용 역시 윗글에서 "성령을 통해서 물량적이고 기복적 신앙에 집착하고 있는 우리의 신앙양태, 비성서적 비 신앙적 개교회주의, 성직자의 바리새주의적 권위주의, 비복음적이고 적그리스도적인 교회분쟁과 분열 등을 회개하여야 할 것이며, 이와 같은 회개운동을 통하여 거듭난 한국교회가 사회의 부정, 불의 등 사회문제를 개혁하는 역할을 감당하는 동시에 오늘의 민족사적 과제인 민족의 평화운동을 선교적 과제로 삼아야 할 것"이라고 했고, 앞에서 언급한 심포지엄 토론자 일동의 이름으로 발표된 〈한국 기독교 성령백주년대회 취지문〉에서도 1907년 성령운동의 가장 중요한 특징은 "철저한 죄의 자각과 더불어 나타나는 회개"라고 규정한 바 있다.

이와 같은 맥락에서 한국교회가 담당해야 할 문화적 사명은 과연 무엇인지를 생각해보고자 하는 이 작업이 너무 단순화되지 않으려면 우리는 일난 종교와 문화 간의 상호관계에 대해 심도 있게 고찰해보지 않으면 안 된다. 막스 베버의 연구가 이와 같은 고찰에 큰 도움을 준다.

1. 종교와 예술

막스 베버는 서구 합리주의와 자본주의의 특성을 이해하고, 그 발생에서 프로테스탄티즘이 담당한 역할을 해명하기 위해 세계 모든 종교들 ―유대교, 인도의 힌두교 및 불교, 중국의 유교 및 도교― 의 경제윤리에 대한 일련의 연구에 착수했다. 특히 그는 중세 후기의 인도와 중국이 서구보다 자본주의 발달에 더 유리한 구조적 조건(도시화의 정도, 화폐의 사용, 통신체계)들을 분명히 갖추고 있었음에도 불구하고 어떻게 서구에서 일어난 것과 같은 본격적인 근대 자본주의의 발달과는 대조적인 생활과 행동양식을 체계화하게 되었는지를 밝히려고 했다. 그런 연구들은 그의 사후에 출판된『경제와 사회』(1922)에서 행동양식들이 사회, 경제, 정치, 문화적 조건에 의해 어떻게 체계적으로 형성되었는지에 대한 광범위한 분석으로 발전하면서, 합리화를 저해하거나 촉진한 요인들과, 각기 다른 사회적 문화적 배경 속에서 취해진 합리화 과정의 다양한 형태에 특별히 초점을 맞추었다.

이런 맥락에서 베버는 예술사회학의 문제에 대한 성찰도 피력했다. 그는 원시종교에서 주술 정형화가 양식 형성에 기여한 역할과 예술 내용에 대한 감수성이 종교 공동체 형성에 기여한 역할을 살펴보고, 나아가 점점 더 분화된 문화체계를 지닌 복잡한 사회들 속에서 종교와 예술이 독립된 가치 영역으로 파악되면서, 예술과 그보다 더 합리적으로 '지성화된' 경전(經典)에 기초한 종교 사이에 일어나는 긴장과 함께 신비주의와 같은 현상 속에서 생겨나는 예술과 종교의 친화를 탐구한다. 그의 글들은 예술적 합리화 과정의 사회적 문화적 변동태를 비교 연구하는 방식에 대해 시사 하는 바가 대단히 크다. 우선 이를 자세히 살피도록 한다.

Ⅰ. 주술종교, 구원종교와 예술의 진화[30]

박애를 중시하는 종교윤리와 '현세적인' 생명력, 특히 미적·에로스적 생활 사이에는 긴장관계가 일어난다. 그것은 이것들의 성격이 본질적

---

[30] 참조. H. Gerth and C. Wright Mills 편역,『막스 베버 사회학 논문 선집』, New York, Oxford University Press, 1946, pp. 340-3의 '종교의 세속거부와 그 방향.'

으로 비합리적이나 기본적으로 반 합리적이기 때문이다. 반면에 주술 신앙은 미적 영역과 가장 친밀한 관계에 있다. 사실상 종교는 그 시초부터 한편으로는 예술적 창조의 기회를 제공하고, 다른 한편으로는 양식화를 위해 고갈되지 않는 원천이 되어왔다. 이는 다양한 대상과 과정에서 나타나는데, 특히 모든 다양한 신상과 성화의 존재, 엑스터시를 일으키거나 축귀의식과 악령을 쫓는 숭배행위에 수반되는 장치로서의 음악을 통해 두드러지게 드러난다. 또한 종교는 주술사와 신성 가인(歌人, bard)의 예술적 활동을 고무해왔을 뿐 아니라, 사원과 교회(가장 큰 예술작품)를 만들고, 미술과 공예의 주 대상이었던 각종 종교장식과 교회 용기(用器)를 만들어내는 일을 자극했다. 그런 모든 과정과 대상들은 종교적 열성에 근거한 사원 내지 교회의 재력과 연관해서 과시되었다.

그러나 이후 박애를 중시하는 종교윤리, 즉 '선천적인'(a priori) 윤리적 엄격주의로 인해 주술효과의 매개체로서의 예술은 평가절하 되었을 뿐만 아니라 의심마저 받았다. 한편으로는 종교윤리의 승화와 구원의 추구, 다른 한편으로는 예술의 본유적 논리의 진화가 이러한 긴장관계의 형성을 점증시켰다. 모든 승화된 구원 종교는 구원과 연관된 사물과 행동의 의미에만 초점을 두어왔을 뿐, 그 형상에는 초점을 두지 않았기 때문이다. 달리 말하자면, 구원 종교는 우연적이고 피조물적인 형상이 의미를 미혹하게 한다고 하여 예술을 평가절하 해왔다. 그러나 예술수용자의 의식이 형상 자체가 아니라 그 내용에만 소박하게 관심하는 한, 예술과 박애를 중시하는 종교윤리와의 관계는 손상되지 않은 채 유지될 수 있었고, 또 반복적으로 복원될 수 있었다. 그러나 주지주의(主知主義)의 발달과 생활의 합리화가 이런 상황을 변화시켰는데, 이것은 그런

조건 아래 예술이 점점 더 나름대로 당연히 존재하는 독립적인 가치들의 코스모스가 되고, 이에 따라 틀에 박힌 일상생활에서의 구원, 특히 점점 증대되는 이론적, 실제적 합리주의의 압박으로부터 구원을 제공한다는 의미에서 '현세적인' 구원의 기능을 떠맡았기 때문이다. 사실상 근대인간은 도덕적 의의에 대한 판단을 취미판단으로 변화시키는 경향이 있는데, 미적으로 매력이 없다고 판단된 것은 논할 가치도 없다는 식이다. 이처럼 행위에 대한 평가가 도덕적 평가에서 미학적 평가로 바뀌는 것이 주지주의(主知主義) 시대의 공통된 특성이기도 하다. 윤리적 규준과 그 보편타당성은, 적어도 한 개인이 타인의 행동을 도덕적 근거에서 거부할 수도 있지만 그것을 마주하며 일상생활에 참여케 하는 한, 일반적 규준을 바탕으로 자기 자신의 취약점을 인식하는 개인들이 자신을 공동체의 일원으로 만들어냄에 반해, 미적 평가에 대한 의지는 사람들로 하여금 합리적, 윤리적 근거에 입각하여 입장을 취할 필요로부터 빠져나올 수 있게 한다. 구원 종교로서는 이를 당연히 사랑 결핍의 가장 천박한 형태로 간주할 만하겠지만, 창조적인 예술가로서는 미적인 감흥과 감수성을 지닌 사람들과 마찬가지로 그런 윤리적 규준이 자칫 자신들의 진정한 창조성과 가장 내밀한 자아를 억압하는 것으로 볼 수도 있다.

예술은 이처럼 나름대로 구제 기능을 주장함으로써 구원 종교와 직접적으로 경쟁하기 시작한다. 이에 모든 합리적인 종교윤리는 이런 세속적, 비합리적 구원을 적대시하게 된다. 종교의 눈으로 볼 때, 그러한 구원은 무책임한 방종과 노골적인 사랑 결핍의 세계를 변명할 뿐이다.

II. 예술과 윤리적인 종교 사이의 긴장들[31]

이처럼 윤리적인 종교가 특히 박애를 강조한다면, 사생활의 가장 강렬한 비합리적인 힘, 즉 성욕과 가장 깊은 내적 긴장관계에 들어가는 것과 똑같이, 예술 영역과 강한 대립관계에 들어간다. 즉 예술이 일련의 고유한 가치를 획득하는 경향을 보일수록, 그것은 종교적 윤리적 영역에서 지니는 가치와는 아주 다른 것으로 간주된다. 예술에 고유한 미적 가치들을 자각하는 발견은 주지주의(主知主義) 문명에 의해 처음으로 이루어졌는데, 이러한 발전은 공동체 형성에 기여하고 종교적 구원에 대한 의지와의 일치에 기여하는 예술적 요소들을 소멸시킨다. 실제로 종교는 예술로서의 예술(art qua art)이 제공하는 세속 안에서의 구원 형태를 죄악시하며, 격렬히 거부한다. 윤리적인 종교는 순수한 신비주의 종교들과 마찬가지로 윤리적으로 불합리한 것으로부터의 그 어떤 구원도 적대시한다. 종교 행위의 가장 비합리적인 형태인 신비 체험 역시 그 가장 내밀한 속성상 모든 형상에 이질적일 뿐만 아니라, 적대적이기도 하다. 신비주의자들은 어떤 유형의 형상적 한정도 초월해 있는 '전체합일'의 경지에 빠져들 것을 바라기 때문이다. 그들에게 예술과 종교 사이에 존재하는 의심할 여지없는 심리적 유사성, 즉 마음 깊이 동요하게 하는 체험은 예술의 악마적 본질의 징후에 불과할 수 있다. 특히 음악은 모든 예술 중에 가장 '내적'인 것으로서, 가장 순수한 형태의 기악은 원시 종교체험의 '대용품'(Ersatz)으로 보인다. '내적'으로 살지 않는 세계

---

[31] 참조. Max Weber, G. Roth (ed.), *Economy and Society* (Berkeley, University of California Press, 1968), pp. 607-10.

로서의 기악의 내적 논리는 종교체험의 거짓 흉내로 보인다. 예술을 '우상숭배', 경쟁 세력, 거짓 현혹으로 규정하고, 종교적 주제의 이미지와 알레고리는 신성모독으로 본 트렌토 종교회의의 입장은 부분적으로 이런 정서에서 나왔을 수 있다. 예술과 종교의 이러한 갈등은 본격적인 금욕주의에서 절정에 달한다. 그것은 미적 가치에 빠져드는 것을 합리적으로 체계화된 처세규범에 심각하게 위배되는 것으로 본다. 인간관계에 대한 모든 판단을 더 이상 위로 넘기지 않는 이런 종심(終審)적인 주관성이 실제로 유미주의라는 숭배행위로 표면화되자, 종교가 그것을 비겁함과 결합된 가장 심각한 색다른 형태의 사랑 결핍행위로 간주하는 것은 당연하다. 분명히 미학적 태도와 종교 윤리적 규범은 첨예한 대조를 보인다. 어쨌든 미학적 태도는 변함없이 지속되는 박애주의 윤리에 아무런 도움이 되지 않기 때문에, 이번에는 윤리가 반미학적인 지향을 지니게 된다.

예술과 종교 간의 내적인 모순 구조 때문에, 적극적인 금욕주의적 경향과 신비주의적 성향을 동시에 지닌 이른바 보수정통 교단은 자신이 믿는 신의 현세초월성과 구원의 내세성(來世性)을 강조하면 할수록 예술과의 만남에 소극적이어서, 이를 더욱 매몰차게 구박해왔던 것이다. 종교의 예술에 대한 평가절하는 통상 종교가 금욕적, 영성적, 신비주의적 덕성들을 선호해서 주술적, 난장(亂場, orgy)적, 엑스터시적, 제의적 요소들을 낮게 평가하는 것과 병행해서, 경전을 중시하는 종교에서 이루어지는 성직자 교육과 신도 교육은 모두 합리적이고 문헌중심적인 성격에 의해 강화된다. 예술에 적대적인 영향력을 발휘하는 것은 무엇보다 예언이며, 그것은 두 가지 방향으로 발휘된다. 첫째, 예언은 명백히 난장적 행위를 배격하면서 통상적으로 주술을 배격한다. 원시 유대인들이 그토록 우상과 초상을 꺼려하던 경향은 원래는 주술적인 토대가 있었지만, 히브리 예언을 통해 영성적인 해석을 갖추게 되고, 절대적·초월적인 신 개념과의 관련 속에서 변천해갔다. 둘째, 그런 변천성의 어딘가에서 예언적 믿음에 대한 반발이 일어났는데, 그것은 주로 윤리와 종교를 향한 것이었다. 인간의 손으로 만든 작품을 지향했지만, 예언의 관점으로 볼 때, 그것은 오직 허상적인 구원을 약속할 뿐이었다. 예언이 천명하는 신이 초월적이고 신성적인 것으로 생각될수록, 종교와 예술 간의 그런 대립은 점점 더 해결과 화해가 불가능해진다.

그러나 경험적·역사적 현실에서 예술과 종교 사이의 심리적 유사성은 양자 간의 동맹관계를 항상 새롭게 부활시켜 왔다. 그것은 예술의 진화에서 대단히 중요한 의미를 지니는데, 대다수의 종교들은 어떤 방식으로든 그런 동맹관계에 들어간 적이 있다. 그것들이 만인을 구원하는 대중종교가 되고자 하여 정서적 선전과 대중적 인기를 지향할수록, 예술과의 동맹은 더욱 체계적이었다. 다시 말해, 예술적 성취가 지닌 '신성성'을 부인할 수 없다고 인식하게 된 종교, 특히 조직화된 대중 종교는 종종 직접적으로 예술적인 장치에 의존하여 필요한 예술적 효과를 보면서 어디서나 주술과 우상숭배에 빠지기 쉬운 대중의 요구를 용인하는 경향을 지나는 동시에, 곧잘 경제적 이해관계에 근거하여 예술과 연관을 맺어왔다. 그러한 예는 비잔틴 수도사들에 의한 성상(聖像) 거래에서 볼 수 있다. 수도사들은 교권(敎權)보다 우위에 있는 왕권(王權)에 대해 가장 분명한 적이었고, 왕권을 뒷받침한 군대는 이슬람 지역 변방에서 모집되었기 때문에, 우상 파괴적인 동시에 대단히 영성적이었다. 왕권 또한 수도사들의 수입원을 막으려 했고, 그럼으로써 교회에 대한 왕권의 지배계획에 가장 위험한 적대세력이 지닌 경제력을 와해시키고자 했다. 또한 난장(亂場)적이거나 제의적인 모든 주정주의(主情主義)적 종교에서나, 개인성의 초월로 이어지는 사랑을 강조하는 밀교적 종교에서나 다 같이, 예술로 되돌아갈 길은 쉽게 열려있다. 난장적 종교는 노래와 음악과 가장 쉽게 통하며, 제의적 종교는 회화예술에 가깝고, 사랑을 요구하는 종교들은 시와 음악의 발전에 호의적이다. 이러한 관계는 힌두교의 문학과 예술, 세상에 아주 잘 받아들여지는 수피교의 기쁨에 찬 서정시, 성 프란체스코의 성가, 특히 종교적 상징의 신비적 태도 형성에 미치는 무한한 영향력 등과 같은 우리의 모든 경험에서 증명된다.

이 모두에도 불구하고 합리적인 종교들, 즉 유대교, 고대 기독교 및 이후의 금욕적 프로테스탄티즘이 취해온 미적 수단들에 대한 뚜렷한 거부는 종교가 삶의 영위에서 점점 더 합리적인 영향력을 미치는 것과 평행을 이루었다. 독실한 유대교와 청교도들은 사회가 확연한 형상을 만들어내는 예술 가치에 빠져드는 것을 체계적으로 금지함으로써 그 사회에서 예술생산의 정도와 범위를 효율적으로 통제해왔고, 그를 통해 삶에 대한 주지적, 이성적 통제의 발달을 지지해왔다는 데에는 아무런 의문이 있을 수 없다. 그렇다면 어떻게 해야 이와 같은 모순관계를 해소하고 가장 바람직한 관계를 형성할 수 있을까?

2. 그리스도와 문화

막스 베버가 종교 일반을 고려 대상으로 삼은 데 반해, 리처드 니버의
『그리스도와 문화』[32]는 기독교회의 문화 이해를 반성적으로 고찰함으
로써 기독교 문화를 창달할 수 있는 방안을 모색해 보는 데 좋은 참고
가 된다. 그는 기독교 2천년 역사가 전개되어 온 과정을 문화와 연관하
여 다섯 가지 유형으로 설명하고 있다.

　첫째 유형은 '문화에 대립하는 그리스도'(Christ against Culture)로서,
문화에 대한 기독교인의 배타적 태도를 대표한다. 초기 기독교인들은
그리스도의 권위를 전적으로 승인하는 동시에 문화에 대한 충성을 단
호히 거부하는 태도를 보였다. 그들은 "이 세상이나 세상에 있는 것들
을 사랑하지 말라 누구든지 세상을 사랑하면 아버지의 사랑이 그 안에
있지 아니하니"(요한1서 2:15)라는 지침을 절대화했다. 여기에서 세상은
악의 세력이 점령하고 있어 빛의 나라 시민들은 들어가서는 안 되는 암
흑의 지역으로 설정되어 있다. 터툴리안(Tertullian)은 기독교인들에게
세상문화(오락, 학문, 지위, 정치 등)에서 탈출할 것을 권면하는 한편, 자연
이 아니라 문화를 대상으로 투쟁할 것을 지시했을 정도이다. 위대한 작
가로 널리 알려진 톨스토이가 만년에 이르러, 모든 기독교인은 문화적
요소(정치, 경제, 학문, 그리고 심지어 교회 등)를 버리고 오직 예수의 산상 수
훈으로 돌아가 살아야 한다고 주장함으로써 현대에서 기독교적 반문화
유형을 대표하게 된 것은 참으로 역설적이다.

---

[32] 참조, Richard H. Niebuhr, *Christ and Culture*, 김재준 옮김, 『그리스도와 문화』(서울,
　　대한기독교서회, 1985).

둘째 유형은 '문화의 그리스도'(Christ of Culture)로서, 첫째 유형과는 정반대로 그리스도와 문화가 근본적으로 일치한다고 인정한다. 그리스도는 인간 문화사에서 위대한 영웅이 되고, 그의 생활과 교훈은 인간의 최대 업적으로 손꼽힌다. 즉 그는 최고의 인간 이상과 고귀한 제도, 그리고 숭고한 철학을 대표하는 위대한 교육자요, 고상한 도덕적 스승이며, 문화적 영웅이 된다. 초대 교회의 영지주의자들 뿐 아니라, 18세기와 19세기 계몽주의 운동의 연장선상에서 예컨대 슐라이어마허(Friedrich Schleiermacher)는 그리스도를 종교(문화)의 완성자로 간주하기도 한다. 그리스도를 완전한 교육자로 본 제퍼슨 (Thomas Jefferson)도 예외가 아니다. 이들은 한결같이 그리스도를 문화의 완성자로 보고, 이성과 계시의 근본적인 화합과 일치를 주장한다.

셋째 유형은 '문화 위에 있는 그리스도'(Christ above Culture)로서, 이는 그리스도와 문화 사이에 있는 크나큰 차이를 분명히 유지하는 동시에 양자를 종합해보고자 한다. 종합론자라고 할 수 있을 이 유형의 주장자들은 그리스도가 로고스(Logos)와 주님(Lord)일 뿐만 아니라, 로고스인 그리스도가 창조주 하나님의 이성과 지혜로써 창조 질서에서 역사하고 있기 때문에, 문화와 밀접하게 연결되어 있다고 본다. 13세기의 토마스 아퀴나스가 문화의 중요성을 인정하면서도 그리스도를 문화보다 높은 층에 두었던 종합론자들을 대표한다.

넷째 유형은 '역설적인 관계에 놓인 그리스도와 문화'(Christ and Culture in Paradox)로서, 여기에서는 그리스도와 문화 양자의 이중적 권위와 함께 양자 간의 상반성도 긍정된다. 이원론자(dualist)라고 할 수밖에 없는 이들은 기독교인이 평생 동안 서로 합치되지 않는 이 두 권위들에 동시에 복종하지 않을 수 없다고 주장한다. 바울과 루터, 그 중에서도 루터가 가장 대표적 인물로 인정된다. 이들에 따르자면, 기독교인은 항상 죄인이자 의인이요, 율법 아래 살지만 동시에 은혜 아래 살고, 그리스도 안에서 자유를 얻었지만 세상에서 계속 죄를 짓고 산다고 함으로써, 그리스도와 문화의 양극성과 긴장성을 안은 채 죄된 세상에서 불안하게 살아야 한다.

다섯째 유형은 '문화의 변혁자 그리스도'(Christ the transformer of Culture)로서, 이는 그리스도가 각각의 문화와 사회 안에 있는 인간을 변혁시키는 분이라고 고백한다. 그리스도는 인간을 향해 문화로부터 떠나라고 말씀하지 않고, 오히려 문화와 사회를 떠나서는 하나님께로 돌아올 수 없다고 가르치신다는 것이다. 요한복음 기자, 칼뱅, 그리고 요한 웨슬리 등이 이 유형을 대표하는데, 이들은 모두 이원론자(넷째 유형)보다 문화를 더욱 적극적이고 희망적으로 본다. 창조와 연관하여 문화변혁주의자들은 그리스도가 창조 때에도 역사하였을 뿐 아니라 세계를 구원하기 위해 자신의 땅에 오시었으므로, 세계는 결코 배격되거나 소홀히 되어서는 안 된다고 주장한다. 이는 하나님이 태초에 세상을 선하게 창조하셨으므로 인간의 타락은 근본적으로 인간에게 책임이 있다는 주장으로 연결된다. 즉, 인간의 타락은 창조의 본래 계획에는 들어 있지 않으며, 본래의 선한 성향으로 인해 오염된 인격적 타락은 오로지 변혁에 의해 회복될 수 있다는 것이다. 결론적으로 말해, 여기에서 역사는 언제나 하나님과 인간의 극적인 만남에서 이루어지며, 하나님은 역사 안에서 어떤 일이든지 할 수 있다는 역사관이 중심을 이룬다. 즉 역사란 하나님의 역사하심과 섭리에 대한 이야기요, 또한 그에 대한 인간의 응답으로 얻어진 것인 만큼 기독교인들은 하나님이 세상 문화를 정죄하려는 것이 아니라, 그리스도를 통해 구원하려 한다고 믿어야 한다고 주장한다. 다시 말해, 그리스도가 문화 속에 살아가는 인간의 삶을 계속적으로 변혁 내지 승화시켜 가고 있다면, 그리스도인들은 마땅히 그의 모범을 따라야 한다는 것이다.

요컨대, 첫째 유형에서 보면 기독교인은 문화를 사악한 세상으로 보고 거부해야 함에 반해, 둘째 유형에서 보면 기독교인은 문화를 받아들여 기독교와 화합해야 한다. 셋째 유형에서 보면 기독교인은 문화가 제공하는 최고의 것을 받아들일 뿐 아니라 그 위에 기독교문화를 건설해야 하고, 넷째 유형에서 보면 기독교인은 문화에 존재하는 죄악성을 인정하지만, 문화를 궁극적인 것으로 보지 않으면서 그 속에서 살아야 하는 갈등을 지니고 있다. 다섯째 입장에서 보면 기독교인은 문화를 적극적으로 하나님의 지배 아래 복종하도록 변혁시켜야 한다.

이상의 다섯 유형 중 첫째 유형은 이를 지지하는 사람들이 세상 문화에서 벗어나 생활해야 한다고 하지만, 인간은 언제나 문화 속에서 살고 있다는 점에서 순수한 자연인이란 존재할 수 없다는 것을 짐짓 무시하는 데 따른 난점을 지니고 있다. 니버는 이를 필요할지는 모르나 부적합하다고 본다. 셋째 유형은 계시와 이성, 하나님의 역사와 인간의 일, 영원과 시간 관계를 하나의 계층적인 체계로 고정시켜 상대적인 것을 절대화하고, 무한을 유한한 형태로 바꾸어 놓으며, 역동적인 신앙생활을 정적인 것으로 이해함으로써 문화적인 보수주의에 빠질 위험성을 안고 있다. 주로 중세기의 로마가톨릭이 취한 이러한 입장은 수도원운동이나 금욕주의를 지향하는 경향을 띠게 됨으로써, 첫째보다는 덜하더라도 결국은 문화도피성을 지닌다. 한국교회의 이른바 보수를 자칭하는 교단 또는 교회, 교인들은 대체로 첫째나 셋째 유형에 가까울 것이다. 그런가 하면 진보를 자칭하는 교단 또는 교회나 교인들은 둘째나 넷째 유형에 가까울지 모른다. 그러나 둘째 유형은 기독교 신앙을 당시 문화에 적응시켜 보려고 한 나머지, 결과적으로는 신학의 본질과 그 문화적인 표현(형태)을 구분하지 못하여 세상을 향해 선포할 독특한 메시지를 잃어버리고 말 위험에 노출되기 쉽다. 넷째 유형도 자칫 그리스도와 문화를 상반된 실체로서의 대립관계로 설정함으로써 양자를 단절되지 않는 것으로 이해하는 긴장관계를 놓치기 쉽다.

앞에서 논의한『그리스도와 문화』의 여러 유형 중에서 니버 자신은 그리스도가 교회의 머리반이 아니라 세상의 주님도 되시며, 인간이 이룩해 놓은 문화의 세계라 할지라도 하나님의 나라, 즉 그의 은혜 안에 있다고 함으로써 다섯째 유형을 가장 바람직한 것으로 암시했는데, 이 유형과 상통하면서도 종교와 문화의 불가분리성을 좀 더 강조한 폴 틸리히를 참조하지 않고서는 종교와 문화의 상관관계를 제대로 설명할 수 없다고 보아 그의 견해를 간단히 살펴보기로 한다.[33]

---

[33] 폴 틸리히의 조직신학에 대한 이해는 다음의 책들을 바탕으로 한다. 유장환 옮김,『조직신학 Ⅰ』(서울: 한들출판사, 2001) / 이계준 옮김,『궁극적 관심』(서울: 대한기독교서회, 1986 제9판) / 강원용 옮김,『새로운 존재』(서울: 대한기독교서회, 1960) / 이계준 옮김,『문화와 종교』(전망사, 1984).

3. 문화신학의 관점

틸리히의 문화신학은 그의 조직신학과 밀접한 연관 속에 이루어지는데, 그는 자신의『조직신학』서문에서 "교회 안팎의 사람들의 물음에 대답할 때마다 도움을 주는 것"(p. 7)이 조직신학의 근본적인 목적이라고 말한 바 있다. 아니, 조직신학 이전에 신학 자체가 "기독교 신앙 내용에 대한 체계적인 해석"(조직, p. 32)으로서, 그것은 "교회의 한 기능으로 교회의 요구를 충족시키기 위해 봉사하지 않으면 안 된다"(조직, p. 13)는 것이다. 더 자세히 살핀다면, 그것은 기독교 메시지가 진리를 진술하는 것과, 이 진리를 모든 새로운 세대를 위해서 해석하는 것이라는 교회의 두 가지 기본적인 요구사항을 충족시키지 않으면 안 된다는 것이다. 그러나 틸리히는 오늘날 대부분의 신학들이 스스로 토대로 삼고 있는 영원한 진리와, 이 진리가 진리로 받아들여지는 시간적인 상황의 양극 사이에서 동요하고 있다고 본다. 그가 보기에 신학이 고려해야만 하는 상황은 "실존에 대한 창조적인 해석"(조직, p. 15)이다. 그는 상황이 안고 있는 물음들을 메시지가 안고 있는 대답과 연결시키려고 시도하면서, 이를 "상관관계의 방법"(the method of correlation)(조직, p. 21)이라고 명명한다. 이는 곧 물음과 대답, 상황과 메시지, 인간의 실존과 신의 현현을 상관시키려는 방법으로서, "궁극적으로는 그 위에 세워진 신학체계와 다르지 않다. 체계와 방법은 서로에게 속해 있으며, 서로를 통해 판단된다."(조직, p. 21)

그는 이 같은 "상관관계의 방법"으로 연구하려는 신학자는 항상 "신앙 안에 있으면서 동시에 의심 안에 있다"(조직, p. 25)고 지적한다. 다시 말해 신학자는, 비록 그가 때때로 기독교 메시지를 공격하고 거부하는 경향을 가지고 있었을지라도, 이에 대해 "궁극적인 관심"(ultimate concern)(조직, p. 27)을 가지고 있어야 신학자일 수 있다는 것이다. 이 "궁극적인 관심"이란 용어는 성서의 위대한 계명, "주 곧 우리 하나님은 유일한 주시라. 네 마음을 다하고 목숨을 다하고 뜻을 다하고 힘을 다하여 주 너의 하나님을 사랑하라"(막 12:29-30)의 추상적인 번역이기도 하다. 좀 더 풀어 말한다면, 다음과 같이 설명될 수 있다.

> 종교적인 관심은 모든 다른 관심들에게서 궁극적인 의미를 박탈함으로써 그것들을 예비적인 관심으로 만든다. 다음으로 궁극적인 관심은 무조건적이다. 궁극적인 관심은 모든 성격이나 욕망이나 환경의 조건으로부터 독립되어 있다. 다음으로 무조건적인 관심은 총체적이다. 곧 우리 자신이나 우리 세계의 어느 부분도 이로부터 배제되어 있지 않다. 그로부터 도피할 수 있는 곳은 아무 곳에도 없다(시편 139편). 끝으로 이 총체적인 관심은 무한하다. 따라서 우리가 궁극적이며 무조건적이며 총체적이며 무한한 종교적인 관심에 직면한다면, 우리에게는 어떤 이완이나 휴식의 순간도 있을 수 없다.(조직, p. 27)

이 "궁극적인 것"은 결코 초연한 객관성 속에서 절대자나 무조건자로 부를 수 있는 최고의 존재자가 아니라는 점에서 "실존적" 성격을 지시한다. 오히려 그것은 전적인 포기의 대상으로서, 우리가 이를 바라볼 때 스스로의 주체성을 포기할 것을 요구한다는 것이다. 그것은 우리의 지성이나 의지가 만들어 내지 못하고, 우리의 결단마저 초월하는 어떤 것을 의미한다. 이로써 그는 "참으로 궁극적인 관심의 대상이 되지 못하는 것, 곧 유한함에도 불구하고 궁극적인 양 예배되는 우상"(관심, p. 26)에 대한 숭배를 배제하고자 한다. 바로 이러한 맥락에서 그는 "몸이 되신 말씀", 곧 "그리스도로로서의 예수 사건이 기독교신학의 기초가 된다"고 고백한다. 그리스도에 대한 우주적인 세력들의 종속에 대해 말하고 있는 바울의 글들(롬 8장)에서 볼 수 있듯이, 우리는 오직 절대적으로 구체적인 것이면서 동시에 절대적으로 보편적인 것 "안"에서만 있을 수 있게 된다는 것이다. 철학자가 제기하는 존재론적 물음과 신학자가 제기하는 존재론적 물음 사이의 관계에 대한 스스로의 질문에 대해 틸리히 자신이 "철학은 존재의 구조 자체를 다루지만 신학은 우리에 대한 존재의 의미를 다룬다"(조직, p. 43)고 한 것도 이와 연관된다. 그러기에 신학자는 철학적인 주장이 반영하는 우주론적인 구조와 같은 범주와 개념을 "새로운 존재"(조직, p. 47)에 대한 요청과 연관시킨다.

이와 같은 맥락에서 그는 신학이 예컨대 예술적인 창작의 심미적 가치에 대해 어떤 판단도 내릴 수 없으며 내려서도 안 된다고 단언한다. 그것은 궁극적인 관심의 영역을 떠난, 예비적인 관심의 영역이라는 것이다. 양자, 즉 예비적 관심과 궁극적 관심 사이에는 다음과 같은 세 가지 관계가 있을 수 있다.

첫째, 상호간에 무관심한 관계이다. 이는 궁극적인 관심으로부터 그 궁극성을 박탈한다.

둘째, 예비적 관심이 궁극적인 것으로 높여지는 관계이다. 이는 본질상 우상숭배적이라는 점에서 부적절하다. 틸리히는 같은 맥락에서 "만일 미술가가 예술적 표현을 그의 궁극적 관심으로 삼는다면, 그것은 그의 종교입니다. 그러나 그의 종교가 예술적 표현에 불과하다면, 그는 지금 우상숭배의 문제성에 접근하고 있는 것입니다"(관심, p. 30)라고 지적한다. 말하자면, 종교적 상징의 예술적 상징화와 종교적 상징 자체를 혼동함으로써 예술이 종교를 대신할 수 있다고 하는 경지에 도달하게 되어서는 안 된다는 것이다.

셋째, 예비적인 관심이 스스로의 궁극성을 주장하지 않고 궁극적 관심의 매체가 되는 관계이다. 이는 유한한 관심 안에서, 그리고 유한한 관심을 통해서 무한한 것이 실체적이 되는 관계로서, "궁극적인 관심"은 모든 예비적인 관심 안에서, 그리고 모든 예비적인 관심을 통해 자신을 실현할 수 있다. 마찬가지로, 그림, 시, 음악은 그것들의 미학적인 형식의 관점에서가 아니라, 미학적인 형식 안에서, 그리고 그것들의 미학적인 형식을 통해서 우리의 궁극적인 관심의 한 측면을 표현하는 힘의 관점에서만 신학의 대상이 될 수 있게 된다.

이와 같은 주장은 결국 인간은 그의 궁극적인 운명을 결정하면서도 모든 예비적인 필연성과 우연성을 초월해 있는 것에 대해서만 궁극적으로 관심을 가진다는, 다시 말해, "우리의 존재와 비존재의 문제가 아니라면, 그것은 결코 신학의 대상이 될 수 없다"(조직, p. 32)는 신학의 형식적 기준에 이르게 된다. 즉 "우리의 존재와 비존재의 문제를 대상으로 하는 명제만이 신학적인 진술"(조직, p. 31)이라는 것이다.

예비적인 관심과 궁극적인 관심의 상호관계에 대한 설명은 실천신학에 대한 그의 설명에서도 형태를 달리하여 반복된다. 그는 실천신학을 일단 역사신학과 조직신학을 교회의 삶에 적용할 수 있는 기술적인 이론이라고 전제한 후, 만일 실천신학자가 개신교 찬송가의 역사에 대해서 연구한다면, 그는 역사신학의 영역에서 연구하는 것이고, 만일 그가 교회의 미학적 기능에 대해 논문을 쓴다면, 그는 조직신학의 영역에서 연구하고 있는 것이 된다. 하지만 "그가 역사신학이나 조직신학의 연구를 통해 얻은 재료와 원리를 찬송가를 어떻게 사용할 것인지에 대해, 또는 교회건물을 어떻게 설계할 것인지에 대해 자신의 주장을 제시한다면, 그는 실천신학의 영역에서 연구하고 있는 것"(조직, p. 80)이라고 기술한다. 그러나 실천신학이 교회를 인습과 독단으로부터 보존할 수 있고 사회로 하여금 교회를 진지하게 생각하도록 이끌 수 있는 것은 "오로지 실천신학이 동시에 구체적이며 궁극적인 관심에 의해 이끌릴 때 뿐"(조직, p. 61)이라고 말함으로써 실천신학에 요구되는 예비적인 관심, 예컨대 교육, 미술, 음악, 의학, 정치학, 경제학, 사회복지, 대중매체 등과 같은 분야의 문화적인 성과와 문제점에 대한 지식이 궁극적 관심에 의해 이끌려야 할 필요성을 다시 한 번 강조한다.

그는 1919년 칸트 학회에서 「문화신학의 이념에 관하여」라는 강연을 통해 문화신학이라는 용어를 사용한 최초의 신학자가 되었다. 그는 성서적 복음을 현대적 정세와 연관시키는 것이 신학자의 불가피한 의무라고 말하면서, 복음의 내용을 언제나 그 시대의 문화와 관련시켜 설명하고 변증하고자 한다. 그는 생명현상을 매개로 하여 문화를 생명의 자아(창조)운동으로, 종교를 생명의 자아초월로 정의하면서 종교와 문화의 상관관계를 규정한다. 즉 문화가 인간이 자아실현의 인격적 결단을 통해 자기 생명의 창조자가 되는 것을 보여준다면, 종교는 인간의 깊은 곳에 도사리고 있는 궁극적인 관심의 제의적 표현과 활동이 된다는 것이다. 이 점에서, 종교는 문화의 실질(substance)이고, 문화는 종교의 형식(form)이라고 할 수 있다는 것이다. 그럼에도 불구하고 종교와 문화가 충돌을 일으킨다면, 그것은 우리가 문화와 종교의 개념을 제대로 분별하지 못했기 때문이라고 본다. 즉, 사원, 사제, 예배 행위, 성례전 등은 문화의 일부이자 동시에 좁은 의미에서의 종교이기도 한데, 이에 종교적 의미만을 부여하려고 노력할 때 양자 사이에 불가피하게 충돌이 야기된다는 것이다. 그러므로 그는 종교를 형식의 차원에서 파악하고자 하기보다는 그것을 통해 모든 문화의 내부에 도사리고 있는 숭고한 것, 거룩한 것의 차원으로 파악하는 노력이 필요하다고 강조한다. 마찬가지로 문화 역시 스스로를 궁극적 관심의 대상으로 간주하여 다른 것들을 굴복시키려는 '죄'로부터 벗어나야 하는데, 그것은 유한한 것들을 궁극적인 것으로 대체하려는 우상숭배에 불과하다는 것이다.

이와 같이 종교와 문화의 불가분리성을 강조하는 까닭에, 틸리히는 교회의 현대문명에 대한 영향을 세 가지로 지적할 수 있었다.

- 교회는 인간의 삶에 대한 실존적 질문에 복음 전도로 화답하며 구원의 메시지를 전한다.
- 교회는 변화를 거듭하는 문화 활동에 참여함으로써 때로는 지도적 역할을 하고, 때로는 문화의 악마적 힘에 굴복 당하지 않고도 파수꾼의 역할을 한다.
- 교회는 교회밖에 있는 문화 속에 잠재해 있는 예언자적 음성을 들어 자체를 비판한다.

요컨대 틸리히는 문화신학을 그리스도적 문화임을 자처하는 자기 기만성 및 문화 속에 깃들여 있는 인간의 죄성과 오만을 예수 그리스도 안에 나타난 새로운 존재의 빛으로 조명함으로써 문화로 하여금 바빌론적 포로 상태와 그 오만함으로부터 구원하려는 것으로 해석한다. 이런 관점에서 볼 때, 우리는 기독교가 분명히 서양에서 발전한 종교이지만 그 실질인 복음을 서양 문화적 형식과 동일시할 수 없음에도 이를 절대화함으로써, 선교가 일종의 문화제국주의로 전락해버린 것을 비판할 수밖에 없게 된다.

같은 맥락에서 틸리히는 예술과 종교의 상호관계를 다음과 같이 네 가지 서로 다른 차원들에서 고려한 바 있다.[34]

첫째는 표현력의 일반적 차원이다. 그는 예술, 예술들, 예술적 창조가, 우리가 그것들을 좋아하든지 말든지 간에, 자신들의 양식을 통해 궁극적 관심을 표현한다고 본다. 이는 모든 예술적 표현이 넓은 의미에서 종교적임을 의미한다. 즉, 어떤 예술적 표현도 그것이 보여주는 형식들에서 궁극적 실재의 성질들을 표현한다는 사실을 벗어날 수 없다는 것이다. 틸리히는 네덜란드 화가인 얀 스텐(Jan Steen)이 그린 농부 그림들을 예로 들면서, 그것이 존재의 성스러운 기초의 무엇인가를 표현하고 있다는 것을 깨달았다고 술회한다. 그것들이 영원한 빛을 지녔으며, 자신들이 유래한 성스러운 기초의 본성을 가리켰다는 것이다. 물론 스텐의 그림은 철저히 세속적이며 좁은 의미의 종교와 무관하지만, 존재의 힘을 표현하는 모든 것은 간접적으로 종교적이라는 것이다.

---

[34] Paul Tillich, *On art and architecture*, Edited by John Dillenberger and Jane Dillenberger,(NY: Crossroad, 1989), pp. 31-44.

둘째는 기본적으로 표현주의적인 양식과 연관된다. 즉, 그 형식들 중 일부는 종교적 실질로부터 삶을 이끌어내는 사회적 표현으로서, 예술은 그 속에서 이 실질의 상징들을 열어 보인다는 것이다. 다시 말해, 자연주의적 양식들에서는 감춰진 어떤 것이 표현주의적 예술양식에서는 드러난다는 것이며, 자연주의적 양식들에서는 항상 간접적으로만 존재의 기초로 표현/제시되는 어떤 것이 표현주의적 양식들에서는 직접적으로 지시된다는 그의 주장은 과거의 많은 예술 양식들의 종교적 성격을 설명하는 근거로도 활용되는 바, 그것들은 자신들이 기술하는 것 이상을 표현한다는 것이다. 즉, 이 양식들 안에서 마주치는 실재는 궁극적 관심의 상징화를 위한 재료로 사용된다는 것이다. 틸리히는 고대 그리스의 신상들이 부동적이라는 사실에 주목하는데, 그가 보기에 그 시대의 예술가들은 객관성이나 시간과 공간의 범주들에 관심을 갖고 있지 않은 까닭에 신상들 서로 간의 관계에 관심을 나타내지 않았다는 것이다. 그는 그러한 문화가 대표하는 존재 속에 구체화된 표현적인 힘에만 관심을 보이는데, 이것이 바로 초기 표현주의적 양식들의 대부분이 지닌 부동적, 정적 특색의 원인이라는 것이다. 이는 표현주의적 시대에 만들어진 초상화들이 더욱 유형학으로 기우는 경향을 나타내는 이유도 된다. 그 시대 사람들은 무엇인가를 표현하는 일정한 유형들을 단순히 개인적 취향에서 흥미로운 개별적인 것들보다 선호한다는 것이다.

셋째는 종교적 내용(제재)의 차원이다. 종교적 예술이라고 할 때 우리는 보통 종교적 주제들, 즉 신화적, 설화적 그리고 살아있는 종교의 제의와 상징으로부터 택해진 주제들을 이야기한다. 이러한 주제들은 모든 양식으로 다루어질 수 있고, 특별히 표현주의적 양식이 사용될 필요는 없다. 예술가는 그리스도와 성처녀 또는 그 밖의 무엇이든 그림으로 그려낼 수 있다. 그러나 예술가가 그것을 인간관계의 패턴이나 모델인 양식으로 그려낼 뿐 그것들의 배후에 놓여있는 것을 그리지 않는다면, 양식과 내용 사이에서 대단한 부조화가 느껴지지 않겠는가? 그것들은 서로 모순되지 않는가?

틸리히는 이를 그가 오늘날의 종교예술을 위해 크나큰 문제라고 한 프로테스탄트 예술의 미래와 연결되는 또 하나의 신학적 문제와 결부시킨다. 즉, 개신교회는 세속적인 것과 종교적인 것 사이를 근본적으로 구별하지 않는 이른바 만인사제설을 내세우고 있으므로, 이에 기초하여 세속적인 것과 인간적 힘을 종교적 그림의 궤도에 진입시키는 것이 가능할 수 있지 않을까 하는 질문이다. 이는 곧 넷째 차원과 연결된다.

넷째는 내용과 양식이 투명하다든지 혹은 압도적으로 표현적이라든지 하는 의미에서 모두 종교적이라고 할 수 있는 종교예술의 차원이다. 이는 이 양식이 또한 거룩한 설화들과 아무런 연관이 없는 세속적 내용들을 궁극적 관심을 매개하는 형식들로 변형시킬 수 있다는 것을 뜻한다.

요컨대 틸리히는 다음과 같은 네 가지 차원을 종교와 예술의 상호관계를 논하는 데 있어 결정적인 것이라고 보는 바, 그것들은 곧 다음과 같다. 첫째, 가장 세속적이고 심지어 거의 시시하다할 예술이라 할지라도, 모든 예술이 지닌 보편적 속성으로서의 표현적인 힘. 둘째, 우리가 일상적으로 마주치는 자연적 세계관 속의 현실과 모순을 일으키는 특수한 양식적 특색들 안에서 존재의 기초, 또는 궁극적 관심을 표현하는 예술. 셋째, 어떤 개별적인 양식으로부터 독립적인 종교적 내용의 차원, 그러나 이것에는 자연주의적 양식이 가능한지의 여부를 묻는 질문이

뒤따른다. 넷째, 종교적 주제들과 종교적 양식이 함께 하는 차원.

우리는 여기에서 틸리히가 피카소의 〈게르니카〉를 위대한 프로테스탄트 회화라고 손꼽았던 사실을 상기해볼 필요가 있다.[35] 그는 '우리가 피카소의 걸작에서 발견할 수 있는 것은 개신교적 해답이 아니라 개신교적인 질문의 급진성'이라고 부연함으로써, 이 말이 정당화될 수 있다고 덧붙인다. 다시 말해, 거기에는 죄악과 불안, 그리고 절망의 세계에 묶여있는 인간에 대한 질문이 굉장한 힘을 가진 채 제시된다는 의미이다. 틸리히는 이와 같은 점을 가능케 한 양식에 주목하면서, 그것이 기독교가 보는 대로의 인간 상황을 표현할 수 있게 했다고 본다. 그는 모든 양식이 인간의 자기해석을 지향하며, 따라서 삶의 궁극적인 의미에 대한 질문들에 대답한다고 본다. 그는 예술가가 자신의 고유한 예술적 양식에 의해 자신의 궁극적 관심과 아울러 자신이 속한 집단과 시대의 궁극적 관심 역시 드러내지 않을 수 없다는 점에서 종교로부터 벗어날 수 없다고 매듭짓는다. 특히 예술가가 표면 밖에 있는 실재와의 근원적인 만남을 표현하고자 원할 경우, 그는 표현적인 요소들을 사용할 수밖에 없게 된다고 함으로써 종교와 표현주의적 양식과의 친화적 관계에 주목하기도 한다. 이는 표현적 요소가 궁극적인 존재를 직접적으로 제시한다고 보기 때문이다. "하나의 양식 속에 내재하는 표현적 요소는 일상적으로 만나는 현실의 요소들을 일상적으로 만나는 현실에서는 존

---

[35] 폴 틸리히, 「종교적 의미의 예술적 표현」, 김문환 역편, 『20세기 기독교와 예술』(서울: 기독교서회, 1974), 124-139쪽. 이 글은 Willard E. Arnett가 편집한 *A Modern Reader in the Philosophy of Religion*, (New York: Appleton Century -Crofts, 1966)에 수록된 것을 옮긴 것이다. 이 글의 제1부는 폴 틸리히의 '조직신학' 제3권에서의 발췌이고, 제2부는 *The christian scholar*, Vol. XL(1957)에 게재된 그의 「개신교와 예술 양식」이라는 논문으로서, 제목은 Arnett가 붙인 것을 그대로 사용하였다.

재하지 않는 방식으로 사용함으로써 현실을 급격하게 변화시킨다"고 하는 표현적 요소에 대한 그의 이해는, 그가 왜 〈게르니카〉에 그렇게 주목하는지를 잘 설명해 준다. 즉 표현적 요소는 그것이 직면하는 현실에서의 "깊이"의 차원, 모든 것이 그에 근거하는 터전이자 심연을 제시해 준다는 해석에 따른 것이다.

이렇게 본다면, 우리로서는 예술로 대표되는 다양한 종교체험들에 대해 더욱 사려 깊게 대응해야 할 필요성으로부터 자유로울 수 없다. 이에는 다양한 표현들 중 어느 하나에 편중되는 것에 따른 폐해에 신중하게 대처해야 할 필요성도 포함된다는 것은 두말할 여지가 없다. 나로서는 특히 한국의 보수적인 교회들에서 오히려 열광적으로 환영받고 있는 이른바 복음성가를 염두에 두고 있음을 숨김없이 말하고자 한다.

현대에 이르러 유난히 예술의 위기가 많이 논의되고 있고, 이런 논의의 장에 철학자들뿐 아니라 신학자들도 종종 초청받고 있다는 것을 우리는 한스 큉(Hans Küng)이나 폴 틸리히(Paul Tillich)를 비롯한 많은 사례를 통해 익히 알고 있다. 그중에서 우리는 틸리히의 문화신학을 범례적으로 살피고자 했다.

4. 기독교와 한국문화

이상에서 살펴본 근본적인 문제의식은 한국에서도 적지 않은 반향을 일으켰다. 그 중에서도 한국문화 속에서 표출되는 한국인의 궁극적 관심을 그리스도 복음의 관점에서 분석/해석하고, 그를 계시의 빛 가운데

조명해 봄으로써 한국 신학의 과제를 제시하려는 노력이 눈에 띤다. 여기에서는 과거의 한국사상들, 특히 원효와 율곡, 그리고 수운의 구도(求道) 속에서도 창조와 역사의 주님이신 하나님이 역사했다는 해석적 입장이 두드러진다. 즉, 이런 관점에 따르면, 기독교가 전해지기 이전의 한국문화를 온통 악마적인 것, 또는 이교도적인 것으로 심판해버린 것은 확실히 자학행위요 서구 역사주의 신학에 세뇌된 자들의 오만한 태도라는 것이다. 그러기에 한국문화가 지니고 있는 존재론적 자연신학의 가치를 인정하고, 이를 계시의 빛 가운데 뚜렷이 밝혀 주어야 할 과제가 성립된다.

이와 같은 관점에서 그 과제를 다루기 위해서는 전통문화를 우리의 현재와 미래에도 의미 있는 것으로 만드는 변증법적 관점에서 반성하고 평가하는 모든 작업들을 참조해야 한다. 여기에는 한국 역사를 하나님의 역사로 보려는 노력(함석헌)과, 무교 또는 이의 승화된 형태로서의 풍류도를 바탕으로 한 한국의 종교사상을 복음에 입각하여 조명하려는 시도(유동식)뿐 아니라, 한국문화를 세계 문화사의 용광로 또는 연못으로 보면서 그 단계들을 그때그때 피어난 힘과 꿈, 슬픔과 멋의 예술에 입각하여 설명하려는 시도(조지훈)까지도 포함될 것이다.

만일 우리가 기독교, 아니 복음의 핵심을 되살림(부활)이나 거듭남(중생)으로 파악한다면, 이는 하나의 불가피한 작업일 수밖에 없다. 그러나 한마디로 통칭해 전통문화라고 하지만, 그 안에는 실로 다양한 요소들이 포함되어 있다. 종교와 철학이 대표하는 정신문화의 영역이 있는가 하면, 일상적 내지 예술적 솜씨가 일구어낸 물질문화의 영역도 있다. 또 전통문화를 유형 문화재와 무형 문화재로 구분하는 방법도 있다. 그러나 이 모든 사항들을 언급하면서 이것들을 "거듭나게" 하는 작업들을 구체적으로 제시하는 것은 별도의 기회로 미루고, 여기에서는 가장 가능하고 또 의미 있어 보이는 사례들을 예시하는 것으로 만족코자 한다.

첫째, 교회 갱신의 핵심이라 할 예배 갱신을 위해 전통적인 예술 문화적 성과들을 수용하는 방안을 생각할 수 있다. 여기에는 교회건축이나 찬송가(시편 낭송 및 특별 찬양 포함), 교회의 실내디자인, 찬무(讚舞) 등 예배를 구성하는 모든 요소들에 대한 반성적 고찰이 요청된다. 특히 한국 개신교회가 우상숭배 금지를 편협하게 해석함으로써 배제해온 조형 예술과, 엄격주의로 인해 기피해 온 공연예술, 특히 무용과 연극에 대한 긍정적인 이해는 한국교회가 통상적으로 지켜오고 있는 예배양식을 근본적으로 변혁시킬 수 있으리라고 본다.

둘째, 교회력과 전통적인 세시 풍속을 연결하는 방안을 생각할 수 있다. 가장 대표적인 절기행사인 서양의 추수감사절과 우리의 추석을 연계하는 작업이 이미 상당한 정도로 보급되고 있지만, 그밖에도 더욱 근본적인 입장에서 생각하면 교회력의 중심을 차지하는 부활절이나 성령강림절, 성탄절 등도 삼월 삼짇날이나 오월의 단오, 동짓날 등과 연계될 수 있는 가능성이 충분하다. 이때에는 서양교회들이 지키고 있는 교회력 절기들이 사실은 기독교를 국교로 정하기 이전에 행해졌던 서양의 전통적 절기행사들과 밀접한 연관을 가지고 있다는 점이 사고의 출발 지점이 될 수 있다. 산업혁명 이후에도 서양교회들에서 여전히 지켜지는 교회력의 중요한 절기들은 농경 문화적 세시 풍속과 깊게 연관되어 있다. 예컨대 성탄절은 로마의 태양축제를 아기 예수의 탄생과 연결시킨 것이다. 그렇게 본다면 낮이 가장 짧은 날인 동지는 바로 '아기 해'를 기다리는 소망이 가장 절실한 날로서, 우리는 그와 같은 형식의 깊은 의미를 복음에 비추어 제대로 읽어낼 수 있어야 한다. 귀신을 쫓는 붉은 색과 새로운 생명을 뜻한다고 볼 수 있는 새알로써 어둡고 추운 긴 밤을 견디어 내는 동지의 절기 음식을 나누는 것이 상업주의에 편승하여 떠들썩하게 지내는 '크리스마스 이브'보다 오히려 더 복음적이라고 보는 필자의 견해가 과연 너무나도 지나친 것일까?

셋째, 개개인의 생애와 연관된 통과의례의 의미와 형식을 교회생활과 연계하는 방안을 생각할 수 있다. 교회는 결국 교인들로 이루어지고 또한 인간들의 삶 자체를 의미 있게 하는 것이 종교라면, 개개인들이 구체적 삶에서 겪는 여러 가지 통과의례들의 의미와 그 형식들을 되살려낼 필요가 있다. 물론 영적으로 거듭나는 삶을 축하하는 세례예식, 그리고 결혼식과 장례식 등이 교회에서 거행되고는 있으나, 그 형식이 너무 지나치게 서양화되어 있으며 그나마도 아주 제약적이다. 서양의 경우 태어나자마자 이루어지는 세례에 이어 청소년기에 이루어지는 견신례는 일종의 성인예식으로서 우리 전통의 관례(冠禮)에 해당됨에 반해, 우리 교회에서는 그와 같은 의미부여가 거의 탈색되어 있다. 뜻만 있다면 한국의 전통문화를 복음의 빛으로 거듭나게 하여 한국교회가 현재 인습적으로 지키고 있는 신앙고백 양식들을 변혁시킬 방안을 얼마든지 다양하게 생각해 볼 수 있을 것이다. 그러나 이와 같은 변혁들을 가능케 하기 위해서는 이와 관계된 신학적인 연구와 교육을 비롯한 실천이 꾸준하게 이어져 나가야만 한다.

이 나라의 근대적 개화는 실질적으로 기독교(천주교 포함)의 주도적인 영향 아래 이루어졌다고 해도 과언이 아니다. 이는 문화·예술 방면에서도 그대로 타당하다. 특히 여러 예술 활동 중에서도 음악이 개신교의 절대적인 영향 아래 성장해 왔다는 것은 두말할 여지가 없다. "마르틴 루터가 없었다면 바흐도 없다"는 말이 성립 가능할 정도로, "믿음으로 만 구원을 얻는다"는 루터의 주장은 거의 문자 그대로 신봉되어왔고, 이는 천주교회의 경우 조형 예술에 대한 선호를 우상숭배로 배척하는 경향마저 낳게 했던 것이다. 다시 말해, 내면성 내지 정신성에 대한 강 조가 문학과 음악의 발전을 촉진한 반면, 조형 예술과 무용, 연극 등의 공연예술은 위축을 면치 못하게 된 것이다. 더구나 한국 개신교회의 대 부분이 그 영향권 안에 있는 미국의 건국정신이라 할 수 있는 청교도주 의의 영향이 중첩되면서, 그와 같은 경향은 더욱 강화되고 만다.

그 결과로 한국교회의 일반적인 성향은 교회음악 내지 세속음악 발 전을 위해 좋은 밑거름이 되어왔지만, 그렇다고 해서 문제가 없는 것은 아니다. 첫째로, 꼭 음악만의 문제는 아니지만, 비록 미국교회가 우리에 게 복음을 전해주었다고는 하나 복음의 본질과 함께 좁은 의미의 미국 문화마저도 신성시될 필요가 없음에도 불구하고, 예컨대 한국교회의 예배의식과 그 내용은 신통하게도 미국교회를 그대로 빼어 닮았다. 1960~70년대의 이른바 토착화신학을 둘러싼 논쟁의 영향으로 이와 같은 사태에 대한 반성이 하나의 운동으로 전개되면서, 한국 작사·작곡 자에 의한 찬송가 작업이 활기를 띠게 되는가 하면, 예컨대 경동교회를 중심으로 추수감사절을 추석에 가까운 주일에 지키면서 전통문화의 요 소를 살린 축제예배가 많은 호응을 불러일으키게 되었던 것이다. 이와 같은 변화는 특히 청년세대들의 저항기질과도 연결되면서, 이화여대 창립 79, 80주년 행사에서는 〈복음의 축제〉라는 표제 아래 유니온신학교 졸업생들이 주축이 되어 마태복음을 재해석한 〈가스펠〉을 공연하는 또 다른 방식을 낳기도 한다. 이와 같은 새로운 변화가 가장 집약적으로 나타난 것이 기독교 100주년 축제(1985)인 〈빛과 하나 되어〉였다. 여기에서는 한국의 최근세사가 신·구약 성경의 빛 아래 재조명되면서, 서구의 음악뿐 아니라 한국 전통음악의 기법을 활용한 음악과 춤, 그리고 시와 연극이 하나의 총체예술로 한데 녹아졌던 것이다. 이와 같은 흐름은 간접적으로는 민주화를 위한 한국사회의 치열한 노력과도 연결되면서, 개인구원보다는 사회구원에 관심하는 성향을 드러낸다.

그러나 이와 같은 발전에도 불구하고, 대중 종교적 현상에 대한 깊이 있는 성찰이 아직 제대로 이루어지고 있지 않은 현실은 실로 우려할 만하다. 앞에서 다소간 장황하다 싶으면서도 막스 베버가 본 종교와 예술의 상호관계에 대한 고찰을 언급한 것은, 실상 그것이 우리 자신의 상황을 객관화하는 데 어느 정도 도움이 된다고 보았기 때문이었다. 함부로 말해서, 한국교회는 그 초기 단계에서는 극히 금욕주의적 성향을 보이다가 이어서는 신비주의적 경향에 빠져들었는가 하면, 이제는 다분히 대중 종교적 성향을 보이고 있다고 해도 과언이 아니다. 이에 따라 예술 일반에 대해서도 처음에는 극히 소극적 내지 적대적인 태도를 보여 오다가 오히려 최근에는 대중예술과의 친숙성을 노골화하고 있다. 그러므로 우리는 이제 종교와 예술 간의 관계를 건전하게 형성시켜야 할 필요성에 직면하고 있음을 강조하지 않을 수 없는데, 이는 기독교와 문화일반의 상호관계에 대한 고찰로 연장될 수밖에 없다. 그것은 곧 교회의 세속화로서, 음악에서도 CCM(Contemporary Christian Music)이라는 총칭 아래 이른바 복음성가의 범람이라는 또 하나의 사태가 빚어졌음을 뜻한다. 특히 보수를 자처하는 교회 안에서 "값싼 은혜"를 구가하는 노래들이 범람하는 사태를 북한의 경우에 빗대는 비아냥거림이 있을 정도이다. 이에 따르자면 반공을 국시라고까지 하던 권력의 영향 탓으로 우리는 북한문화를 모조리 '군가'식으로만 이해하고 있는데, 실상은 흔히 유행가라고 하는 노래형식이 그쪽에서도 아주 다양하게 불리고 있다는 것이다. 다만 그 가사를 보면 일인숭배적인 내용이 지배적인 것은 틀림없는 바, 한국의 이른바 보수교회들이 선호하는 복음성가들도 그와 비슷한 양상을 띠고 있기에 양자 간에는 유비관계가 성립된다는 것이다. 이는 개신교 계통의 라디오와 TV프로그램의 상당부분을 차지하면서 그대로 반영되는 듯한데, 거기에서 우리는 잘못 해석된 카리스마를 방만하게 발휘하는 설교들과, 이른바 복음성가들이 공존하고 있는 모습을 볼 수 있다. 다양성의 이름으로 용허하기 어려울 정도로 품격이 떨어지는 감상주의적인 노래들이 분별없이 범람하는 것은 한국교회의 건전한 성장을 위해 결코 덕이 될 수 없다고 보기에, '신학교육개선공동연구협의회'와 같은 권위 있는 조직적 운동에 의한 정화작업이 이 방면에서도 이루어져야 한다고 여겨진다.

이제까지는 주로 음악과 연관하여 의견을 제시해 왔으나 다른 예술에서도 사정은 비슷하다. 다만 조형 예술의 경우에는 그동안의 금기가 다소 풀리면서 교회건축이나 장식에서 예술적 솜씨가 가미되는 사례가 없지 않으나, 거기에서도 자칫 그것이 권위주의적인 태도와 직 간접적으로 연계되면서 지나치게 감상주의적인, 심지어는 '키치'라고 부를 만한 표현들이 범람하는 조짐이 없지 않다. 그나마 십자가를 마치 부적처럼 교회 안팎에 나열하는 방식이 줄어든 것을 다행이라고 해야 할까?

나가며

이 모든 사태들의 해결을 위한 방안은 여러 가지가 있겠으나 신학교육과 연결해서 논의를 한정하자면, 신학교육이 문화·예술에 대한 이해와 활용에 더 많은 노력을 경주하는 것을 하나의 대안으로 제시할 수 있다. '한 교회의 수준은 목회자의 수준을 넘지 못한다'는 말은 이 경우에도 지극히 타당하다. 그러나 '교회를 위한 신학교육'이라는 지향이 여러 유보사항을 전제로 하고 있듯이, 교회가 예술을 단지 '써먹고자' 한다면 거기에도 지금 못지않은 많은 폐단이 생길 수 있다는 것을 미리 지적하지 않을 수 없다. 아니, 오늘의 교회현실이 바로 그러한 폐단을 단적으로 보여주고 있다. 바로 이와 같은 관점에서 우리는 특히 현대예술로부터 교회갱신을 위한 시사점을 배우고자 하는 노력의 필요성을 강조하고자 한다. 우리는 오늘날의 문화신학이 예술가들을 현대의 예언자라고 한 이유를 진지하게 숙고해보아야 한다. 물론 현대예술작품들 중에는 지나치게 현학적이고 엘리트적이어서 일반인들로부터 외면당할 만한 것도 적지 않음을 시인하지 않을 수 없다. 그러나 그와 같은 수수께끼를 풀어낸다면, 우리가 다시금 이 죽음의 자리에서 벗어날 수도 있다는 점 역시 소홀히 해서는 안 된다.

이처럼 까다로운 접근만이 아니라 해도, 이른바 문화선교를 위한 이론과 실천은 현대교회의 미래를 좌지우지할 수 있을 정도의 비중을 차지하고 있는 만큼, 이를 위한 적절한 관심과 노력이 기울여져야 한다는 것이 이 발표의 요지임을 다시 한 번 강조한다. 궁극적으로 문화 예술이란 '잘 살되 더 인간답게 살고자 하는 노력의 집약적 표현'인 바, 우리는 이를 통해 교회생활과 선교방식이 더욱 깊이 있고 정성스러우며, 더욱 집약적이고 세련된, 한마디로 하자면, 더욱 감동적이고 성숙한 것이 될 수 있기를 기대하는 것이다.

우리는 이러한 근본 취지와 함께, 오순절 성령체험이 원래 이방인들에게 복음을 증언하기 위한 사건이었다는 것, 그리고 바울의 사역 역시 이방인들 사이에서 교회다운 교회를 세우고자한 노력이었다는 것을 함께 기억해야만 할 것이다. 다시 말해, 성령의 열매는 외면한 채, 예컨대 방언에만 집중하는 식의 오류로는 오늘의 이방인인 청년세대에게 복음을 제대로 증거 할 수 없다는 것을 명심해야 한다. 그리하여 성경과 사도 이후의 교회전통, 이성과 경험이 균형 있게 권위를 발휘하면서 우리 모두가 참으로 '타자를 위한 존재'로서의 그리스도를 닮아갈 수 있게 되기를 기도한다. 단순한 교회성장주의나 이와 연관된 모든 궁리들만으로는 1907년에 이루어졌던 회개운동을 통한 교회갱신이 오늘날 재현될 길이 없다고 본다. 끝으로, 이상의 기본 이해에 입각하여 세계교회와 함께 준비하여 그린 "창조적 예배"를 하나의 사례 삼아 제시해보고자 한다. 이것은 1988년 4월 25~29일에 인천 송도비치호텔에서 개최된 세계기독교 한반도평화협의회의 개회예배이다.

한국 기독교협의회 통일문제연구원장이자 동시에 공석 중이던 협의회 총무 직을 대행하던 오재식 박사로부터 이 개회예배를 준비해 달라는 의뢰를 받고, 당시 서울올림픽 개폐회식 4인 상임위원 중 하나로 몹시 분주했음에도 여기에 기꺼운 마음으로 동참한 것은 그 해 1월이었다. 주제와 적합하면서도 정성이 깃든 예배를 위해 준비 위원회는 두 차례에 걸쳐 성서연구모임을 가지면서 구약과 신약에서 평화와 관계된 성서의 교훈을 겸손히 받아들이는 한편, 1988년 2월 29일에 채택된 〈민족의 통일과 평화에 대한 한국 기독교회 선언〉을 또 하나의 준거 틀로 삼았다. 예배준비를 위해 신학적인 측면에서는 박근원 교수가 기여하였고, 나는 전반적인 기획과 함께 예술적 측면에서 몇몇 전문가들의 지혜를 모으는 일을 담당했다. 예배를 위한 각종 기도문 등을 다듬기 위해 고정희 시인이 초청되었고, 음악적 표현을 위해 이건용 교수가 처음부터 준비에 참여하였다. 아울러 예배의 시각적 효과를 위해서는 무대미술가 윤정섭, 그리고 특별찬송과 같은 비중으로 예배를 생동감 있게 만들 찬무를 위해서는 문일지 시립무용단장이 초청되었다.

4월 25일, 근 석 달간에 걸친 준비 끝에 드디어 세계 각처에서 모여든 대표들이 개회예배를 드리게 되었다. 예배시간이 되기까지 회중은 떼제 공동체에서처럼 예비찬송을 겸하여 〈평화의 왕〉(이건용 작곡)을 반복해서 부른다. 이윽고 시간이 되면 성공회 순행 고상(苦像)십자가를 선두로, 예배진행 담당자들이 각기 다른 자신들의 예복으로 입장한다. 행렬이 입당송과 함께 예배센터에 이르면 십자가를 든 사람이 미리 준비된 단상의 장식 앞에 선다. 이를 신호로 3중으로 된 십자가의 중앙 부분이 열리면서 조명이 들어온다. 순행 십자가는 중앙 정면 우측에 거치된다. 예배센터를 이처럼 미완의 상태에서 완성의 상태로 변화되도록 한 것은 예배에 참여하는 모든 사람의 참여의식을 높임과 동시에, 일상으로부터 하나님의 잔치로 옮겨지는 경험의 깊이를 더해주려는 의도 때문이었다.

주제와 밀착되어 있는 동시에 여성 내지 모성적 감각이 생동하는 시로 이루어진 기도문들(그 중 일부는 입체낭독에 의해 드려졌다), 한국적 정서가 담뿍 깃든 노래들, 특히 〈우리의 외침 들으소서〉(이건용 작곡)를 합창한 대한성공회 서울주교좌성당 성가대에 맞춘 찬무(讚舞)가 또 하나의 절정을 이루었다. 물론 말씀과 성찬예식이 여전히 예배의 중핵이다. 기획을 맡은 나로서는 예배의 마지막 부분을 소홀히 할 수 없었다. 개회예배가 끝나고 4박 5일간 이어질 회의가 은혜와 합심 속에 이루어질 수 있는 계기를 더욱 강렬하게 만들어야 한다는 생각 때문이다. 이때 설교본문이 크게 도움이 되었다. 마른 나뭇가지 두 개가 하나가 되는 에스겔의 환상이, 축도를 받고 이제 현장 속으로 돌아가는 사람들의 걸음을 위한 결정적인 단서가 될 수 있으리라는 확신이 섰던 것이다. 예배장소가 바로 회의장으로 이용되기 때문에 책상이 놓여있는 배치를 십분 활용하여 각자 앞에 한발 정도의 광목 띠와 사인펜을 미리 놓아두었다. 축도가 끝난 후, 각자는 한반도의 통일을 위한 자신의 짧은 기도를 서명과 함께 띠에 적고 옆 사람과 연결한다. 〈평화의 왕〉이 거듭 불리는 중에 이 띠들은 길게 연결된 채 중앙으로 옮겨져 정면의 고상십자가에 계속 겹쳐진다. 그리고 모든 사람들은 이 연결고리들이 자신들을 하나로 엮는 체험 속에 예배를 마치고 손에 손을 잡고 퇴장하여 마당에서 강강술래를 돈다.

축제신학의 기본 이해

들어가며

한국종교교육학회가 '종교교육과 예술'을 주제로 개최하는 학술회의에는 불교, 기독교, 유교와 함께 대안교육과 예술의 문제를 다루는 주제발표가 예정되어 있다.[36] 이와 같은 발표들에 앞선 기조 강연이라면 당연히 총괄적인 입장에서 종교교육과 예술의 문제를 다루어야 할 텐데, 그럴만한 게재가 되지 못한다는 것을 나 자신이 누구보다도 잘 알고 있다. 그럼에도 불구하고 이 자리에 선 것은, 내가 전공하는 미학에서도 이 문제가 결코 소홀시 되지 않았을 뿐더러, 나 역시 이에 관해 깊은 관심을 갖고 있기 때문이다. 그러나 이 주제를 제한된 시간 안에 조금이라도 실속 있게 다루자면, 몇 가지 전제를 내걸지 않을 수 없다.

---

[36] 이 글은 2007년 6월 1일(금) 동국대학교(서울)에서 개최된 한국종교교육학회 학술대회 기조강연을 손질한 것이다. 당시 주제발표는 송순재(감리교신학대학교-기독교), 김대열(동국대-불교), 조민환(춘천교대-유교), 김종구(서울시대안교육센터-대안교육) 등이었다.

무엇보다도 '종교교육'이라는 더욱 한정적인 주제를 다루자면, 아무래도 '종교' 자체로부터 논의를 시작해야 할 듯싶은데, 이 지구상에 존재하는 그 많은 종교들을 한데 묶어낼 만한 공통적인 이해를 도출한다는 것은 거의 불가능에 가깝다는 한계가 엄존한다. 이에 여기에서는 대체로 기독교적 이해를 참조하려 하거니와, 이에는 나 자신의 성장 배경도 작용하겠지만, 무엇보다도 미학연구에서 이 문제에 관한 한 아직도 상당한 권위를 인정받고 있는 헤겔(Georg Wilhelm Friedrich Hegel, 1770-1831)에게서 발견되는 예술과 종교의 상관관계가 논의의 출발점으로 적합하다고 여겨지기 때문이다. 물론 그것이 시대적으로나 문화적으로 일정한 제약을 가지고 있다는 것을 간과해서는 안 되겠지만, 그의 이론은 오늘날에도 종파를 초월하여 검토해볼 만한 논점들을 드러내고 있다는 것 역시 부정할 수 없다. 나로서는 헤겔 사상의 현대적 의의를 검토할 겸, 문화신학이라고 이름 지을만한 사고를 통해 그 자신이 '궁극적 관심'이라고 표현한 종교일반에도 적용 가능한 이론 발전에 공헌했다는 평을 받는 폴 틸리히(Paul Tillich, 1886-1965)의 경우를 참조하게 될 것이다.

마지막으로는 현대의 신학교육 내지 종교교육에서 실제로 예술에 대한 이해가 어떤 방식으로 이루어지고 있는지 살펴봄으로써 논의를 다소간 실천과 연관 지어보고자 한다.

1. 자연종교와 예술종교

헤겔 철학을 이해하는 방식은 참으로 다양하다. 그중 하나로, 청년기 헤겔과 성숙기 헤겔을 비교하면서 양자 간에 어떤 차이점과 공통점이 존재하는지를 살피는 방식이 있다. 예술과 종교의 상관관계를 살핌에 있어서도 이 방식은 여러 가지로 이점이 있다. 우선 청년기 헤겔에게서 발견되는 관점을 요약해보기로 한다.

청년기 헤겔의 저작들에 대한 연구들은 대체로 두 방향으로 나뉜다고 하겠는데, 하나는 종교적 측면에 주목하는 반면, 다른 하나는 정치적 측면에 치중한다. 그러나 그 당시 저작들이 다루는 문제가 겉보기에는 종교니 정치로 상이해 보인다 할지라도, 양자 모두 당대 독일사회에 대한 진단과 처방을 모색한 청년 지식인의 고뇌를 반영한 산물들이라는 견해가 오히려 온당하다.[37] 그에게 많은 영향을 미친 쉴러(Johann Christoph Friedrich von Schiller, 1759-1805)가 그러했듯이[38], 청년기 헤겔도 낙후된 독일사회를 변화시키기 위해서는 민중들의 '도덕적 교양'을 위한 교육이 첩경이라고 생각했다. 이 같은 민중교육은 일반대중을 위한 종교적 계몽이라는 의미를 지니는데, 그 배후에는 당시 횡행하던 기독교에 대한 비판의식이 작용한다. 그러나 이는 단순한 종교비판이

---

[37] W. Dilthey는 전자에, G. Lukács는 후자에 속하고, O. Pöggeler, K. Düsing, D. Henrich, M. Theunîssen 등의 현대철학자들은 그 중도에서 논의를 전개하는 것으로 파악할 수 있다. 참조. 박정훈, 「헤겔의 '예술종교'연구」, 서울대학교 대학원 석사학위논문, 2005.

[38] 참조. 김문환, 제6장 「쉴러와 헤겔: 지양의 미학」, 『예술과 윤리의식』, 서울: 소학사, 2003, pp. 177-219.

라기보다는 당시 독일사회의 발전을 저해하는 주요 모순이 무엇이고, 이를 어떻게 해소해야 할 것인지에 대한 정치적 관심의 반영이라고 보아야 할 듯하다. 신의 섭리와 은총에 따라 인간들 사이에 구별과 차별이 필연적으로 존재한다는 관념이 여전히 인간 이성에 대한 신뢰보다 지배적이었고, 또한 기독교가 언론·출판의 자유를 억압하는 전 근대적인 제도를 뒷받침하던 시대상황을 감안한다면, 루카치가 본대로 당시의 종교비판은 간접적인 정치투쟁이었던 셈이다.[39] 청년기 헤겔 자신이 이와 같은 해석을 뒷받침한다.

종교와 정치는 그동안 한 통속이었는데, 종(種)에 대한 경멸 즉, 인류가 어떤 선도 달성할 수 없으며, 스스로 무엇인가가 될 수 없음을 가르쳐 왔다.[40]

요컨대 청년 헤겔에게 기독교 비판이란 당대의 봉건적 잔재와 보수적 경향과 맞서는 정치적 대결이었던 셈이다. 문제는 그 기독교 비판이 올바른 종교에 대한 기대와 맞물려 있다는 것인데, 그에게는 종교가 범국가적 차원의 도덕적 개혁을 위해 훌륭한 수단이 될 수 있다는 신념이 확고해 보인다. 이런 점에서 청년기 헤겔에게 종교혁명은 곧 도덕혁명이자 정치혁명이었다는 견해는 온당하다.[41]

---

[39] Georg Lukács, *Der Junge Hegel*, 김재기 옮김,『청년헤겔 I』, (서울: 동녘, 1986), p. 43.
[40] J. Hofmeister, hrsg. *Briefe von und an Hegel*, Hamburg, 1969, s.24.
[41] 참조. 이정은, "청년기 헤겔의 환상종교", 서울: 대한철학회,「철학연구」제8호, 2002, p. 206.

청년 헤겔은 이를 위해 민중종교(Volksreligion)를 구상했는데[42], 이는 한 마디로 일반대중들의 도덕적 고양을 목표로 하며, 감성적 표상과 상상을 그 수단으로 하는 대안종교라고 할 수 있다. 그러면서 그는 그리스 종교를 떠올렸다. 그가 보기에 이는 인간의 감각과 상상 속에서 생동하는데, 인간의 상상력과 감성을 중시하는 이 민중종교는 인간의 내면을 총체적으로 조화시키고자 했다는 점에서 생동적 종교였고, 개개인의 관심과 목적이 공동체의 그것과 유리되지 않았다는 점에서 '인륜적' 종교였다는 것이다. 이와 같은 종교를 이상적인 것으로 여긴다면, 당연히 사회구성원 전체가 아니라 특권계층만이 공감하고 옹호하는 종교나 특정계층의 개인적인 영달을 추구하는 수단으로서의 종교는 단호하게 비판받아야 할 것인즉, 헤겔은 전자를 '주관적이면서 공적인' 종교, 후자를 '객관적이면서 사적인' 종교로 구분한다. 여기서 '객관적'이란 말은 인간 내면이 소외된 채 타율적인 규정으로 제시된다는 의미를 지니면서, '실정적' 종교라고도 명명된다.[43] 헤겔은 실정적 신앙이 우리의 견해와는 독립된 채 언제나 진리로 간주되어야 하는 종교적 교리들의 체계로서, 그것의 권위 때문에 우리는 이에 무조건 순종해야 된다고 비판한다. 헤겔은 그와 같은 억압체제가 결국은 대중들을 억압하고 그들의 도덕적 자율성을 강탈하면서도 지속되는데, 그 이유는 이로 인해 이득을 누리는 계층 때문임을 지적하고 있다. 이는 그와 같은 사태를 허위

---

[42] 참조. Hegel, G.W.F., *Fragmente über Volksreligion und Christentum*, Werke, in Zwanzig Bänden, Bd.1.

[43] 참조. Hegel. G.W.F., *Die Positivitätätder christlichen Religion*, Werke, Bd.1. 실정성 Positivität은 고착되고 경직된 객관성으로서 주관이 개입될 가능성이 없고, 이로써 오히려 주관을 억압한다는 의미를 지니면서, '율법성'이라고 번역되기도 한다.

의식으로서의 이데올로기로 간주하는 현대의 비판이론과도 일맥상통한다. 이에 따라 도덕적 자율성을 상실한 인간들은 단지 실정적 국가의 톱니바퀴에 불과한 나약한 개인이라는 심적 상태로 내몰린다.

쉴러가 질료충동과 형식충동의 자양을 유희충동에서 보았듯이, 청년기 헤겔 역시도 이성과 감성의 '생동적' 통일을 강조했다. 이는 실정종교를 대체할 만한 민중종교가, 인간의 감성 속에서 감각과 상상력이 살아 숨 쉬면서 개별 인간들이 전체 공동체 속에서 조화를 이루어 하나가 된다는 특징을 지니기 때문이다. 헤겔은 이를 다음과 같이 규정한다.

- 민중종교의 가르침은 보편적 이상에 근거를 두어야 한다.
- 이 종교에서 상상, 감정 및 감성이 공허하게 사라져서는 안 된다.
- 민중종교는 삶의 모든 욕구들, 즉 공적인 국가행위까지도 포함하는 성격을 띠어야 한다.

요컨대 민중종교는 인간의 상상력과 심정에 영향을 미쳐 민중들을 지성과 감성이 생동적으로 통일된 이성적 총체로 육성하고, 인간의 숭고한 덕성을 계발하여 행복과 인륜성의 조화를 실현할 것을 목표로 삼는다.

청년기 헤겔은 그리스 종교의 특징을 국가적인 제의행사에서 발견함으로써 이를 종교와 예술의 상관관계를 위한 하나의 전범으로 내세운다. '축제'를 통해 자신들의 역사와 문화, 법 등을 배워나갔던 그리스 시민들은 소포클레스와 에우리피데스가 그들의 작품을 아름답고 숭고한 인간사의 고귀한 형식으로 무대 위에 올려놓거나, 파디아스와 아펠레스가 육체적 아름다움을 순수한 형태들로 표현할 때, 작품의 소재가 되는 인물들, 즉 아가멤논과 오이디푸스가 누구인지를 통치자인 페리클레스나 알키비아데스만큼 잘 알고 있었다는 것이다.

말하자면, 참된 예술은 종교의 규정을 전제로 한다는 것인데, 이와 같은 사고는 『정신현상학』의 '예술종교' 부분에서도 모습을 드러내고 있다. '예술종교'란 신적 본질을 숭배한다는 점에서는 일종의 종교인 동시에 숭배의 대상이 되는 신성을 인간 스스로의 노동을 통해 산출했다는 점에서 예술이라는 의미를 지니면서, '자연종교'와 '계시종교' 사이의 한 계기로 등장한다.[44] 이에 따르면, 자연종교에서는 정신이 자기 외부의 자연물을 절대자로 간주하고 이를 의식의 대상으로 삼는 직접적인 단계에 있다면, 예술종교는 정신의 대상이 바로 자신이 산출한 것이므로 대상을 자기의 차원으로 고양시킨 자기 의식적 활동의 상태이다. 자연종교는 광물(무생물), 꽃(식물), 동물에 담긴 신성으로 발전되다가 장인(Werkmeister)이 산출한 피라미드, 오벨리스크에 담긴 신성을 숭배하는 종교로 전개되는데, 이로써 장인의 노동은 신격화된다. 그러나 헤겔에 따르면, 피라미드, 오벨리스크는 생명체의 생동성과 유기성을 담지해 내지 못하고 단지 엄격한 물리학적 법칙이나 기하학적 형식에 얽매인

---

[44] "(종교에서의) 정신의 첫 번째 현실성은 종교 자체, 즉 직접적인 종교, 따라서 자연종교에서의 현실성이다. 그 종교에서 정신은 자신을 자연적인, 즉 직접적인 형태에 있는 정신의 대상으로 안다. 그러나 두 번째 것은 필연적으로 자연성이 지양된 상태에서, 즉 자기화는 형태에서 자신을 아는 현실성이다. 따라서 그것은 예술종교이다. 왜냐하면 그 형태는 의식의 산출, 즉 의식이 자신의 대상 속에서 자신의 행동을, 다시 말해, 자기를 직관하도록 하는 그러한 산출을 통하여 자기라는 형식으로 고양되어버리기 때문이다. 마지막으로 세 번째 현실성은 앞서의 두 규정이 지닌 일면성을 지양한다.…따라서 그 정신이 즉자적이면서 대자적으로 존재하는 바대로 표상되기 때문에, 이것은 계시종교가 된다." Phäno, p. 502.

까닭에 대상들 속에 자신의 정신과 영혼을 완전히 구현하지 못한다. 따라서 그 작품들 속에 담긴 내용은 아직 정신적인 자기가 아닌 것으로 평가한다. 그것은 또한 무의식적인 행동으로서, 꿀벌이 짓는 집과 같은 본능적 노동일뿐 자각적 행동이 아니다. 장인이 할 수 있는 일은 고작 해야 자연적 형태와 인간적 형태를 인위적으로 혼합함으로써 양자의 통일을 추구하는 것일 뿐이다. 그렇기 때문에 이와 같은 본능적 노동, 종합적 노동(Synthetische Arbeiten)은 필연적으로 예술가의 정신노동으로 이행할 수밖에 없는데, 이때야 비로소 정신은 자신의 본질을 대상 속에 구현할 수 있게 된다. 이 때 예술가는 이중적 면모를 지닌다. 한편으로는 삶의 과정에서 자신을 짓누르는 보편적 위력인 정념(Pathos)과 사회적 질서 등으로 인해 자유를 상실한 채 고통 받고 나약해진 개체인 동시에, 그러한 실정적 위력을 부정하고 제시하는 순수한 개념이자 순수한 자기이기도 하다. 창조란 곧 자기 의식적 활동을 통해 내면과 외면을 예술적으로 승화시키는 것을 뜻한다. 이런 맥락에서 예술은 노동을 통해 자연사물이라는 소재를 가공하여 인간의 정신성이라는 내용을 드러내는 보편적 개체성의 산물로 이해된다.

　'예술종교'는 여러 단계로 구분가능한데, 그 첫 단계는 신상과 신전, 그리고 찬가로 대표되는 추상적 예술이다. 동물의 종교(자연종교)에서는 동물 형태가 신성 자체로 숭배되었다면, 장인의 노동을 통해 신성을 상징화하는 상형문자로 여겨지는 단계에서 사물형태로 표현된 신성은 다소간 진일보한 점이 없지 않다. 그러나 그 역시 아직 작품을 만든 예술가의 자기의식이 투여되지 않았다는 점에서 추상적 예술에 불과하다. 즉 그것은 인간정신에 의해 독자적인 의의를 획득하지 못한 채 신이 우연히 입는 의상이나 단순한 기호가 되고 만다. 그러기에 외면성에 치우친 신상, 신전을 극복한 다음 단계로 언어 예술이 설정된다.

언어를 취하는 신은 자신 속에 영혼이 깃들어 있는 예술작품이 된다. 찬가는 마치 정신이 흐르는 강물처럼 개별자들 속으로 흘러 들어가, 자신의 순수한 내면성을 지니면서도 대타적 존재를 개별자의 대자적 존재와 하나로 통일시킨다. 이 경배의 언어는 종교공동체의 구성원들에게 영혼의 울림을 전하는 음악적 언어이다. 이는 신탁과 구별되는데, 신탁에서의 신은 자신의 지혜와 의지를 분명하고 명료한 언어적 표현으로 드러내는 것이 아니라, 자연의 논리와 연관 없는 논조의 단어들로 드러냄에 불과하다. 따라서 그 내용은 항상 불투명하고 애매모호할 수밖에 없다. 이에 반해 경배의 찬가는 순수한 주관의 내면에 침잠해 있으면서도, 경배를 수행하는 모든 사람들의 심정 속에 신성을 동시에 점화하는 불꽃과 같이 그들 모두에게 전달하는 힘을 지니고 있다. 이에 그것은 일상에 매몰되어 있는 인간의 정신을 신으로 고양시키는 순수 사유행위, 즉 종교공동체의 집단 행사에서 수행되는 '음악적 사유'가 된다. 바로 이처럼 경배는 종교의 본질적 측면이면서도 순수하고 주관적인 몰두의 자세를 의미하면서, 오직 순수 사유에만 맹목적으로 의탁한다는 일면성을 드러내는 한계를 벗어나지 못한다. 내면에서 이루어지는 순수 정화행위라는 추상성으로 인해 명실상부하게 보편적인 자기의식의 소산이라고 할 수 없다는 것이다.

헤겔은 신상과 찬가가 지닌 일반성을 극복한 단계로서의 제의에 주목한다. 그러나 여기에서 말하는 제의는 밀교(Geheimnis)나 비교(Mysterium)의 제의와 혼동되어서는 안 된다. 그것들은 외면적 순화작용에 치우쳐 자기의식의 특수성을 포기한다는 점에서 추상적 제의에 불과하다. 이에 반해, 현실적 제의는 신적 본질의 추상성을 지양하여 그 본질을 현실화하면서도, 행위자가 일종의 정신적 운동을 수행하는 과정이라는 점에서 전자와 대비된다. 헤겔에게 있어 고대 그리스종교의 제의행사는 내면적 경배 차원의 제의로부터 출발하여, 신의 영광을 기리는 봉헌을 바치거나 신전을 장식하는 외면적 행위를 거쳐 결국엔 그러한 봉헌행위가 이를 행한 인간들을 위해 향유되는 현실적 제의에 이른다. 이러한 현실적 제의에서 개별 민중들은 자신들이 섬기는 신적 본질과 통일되고, 자체적으로 생명이 깃든 예술작품을 산출하기에 이른다. 축제라는 이름으로 설명되는 생동적 예술작품에서는 현실적 제의에서 수행된 봉헌과 향유, 그리고 공동체 지향적인 노동이 중요한 요소가 된다.

헤겔이 볼 때, 그리스종교란 그리스인들이 자연과 인간을 파악해낸 내용이자 방식으로서, 그러한 내용이 예술적으로 형상화되거나 정치사회적 구조 속에 반영된 가장 전형적인 양태가 제의를 통해 구현된 '생동적 예술'이다. 그러나 이는 신적 본질이 인간정신의 본질 자체임을 파악하는 정신의 변증법적 운동 과정에서 과도기적인 의의만을 지닌다. 이와 대조적으로 예술종교는 신적 본질이 자연의 생명력과 인간의 아름다운 육체 속에 깃들어 있다고 파악하는 단계로까지 발전한 것으로 파악될 수 있다. 헤겔에게 '예술종교'의 제의행사는 사물적 신상에서 나타나는 '수동적 관조'의 측면과 언어적 찬가에서 나타난 '대상성 결여'의 측면을 극복한다. 이에 따라 자연종교의 본질이 피안의 본질이라면, 예술종교의 본질은 차안의 본질이 된다. 아울러 추상적 예술작품을 산출한 개별 예술가는 자신이 조각이라는 사물적 대상으로 형상화한 신적 본질과 분리됨과 더불어 자신의 작품을 바라보는 군중들과도 분리되어 있었다. 이에 반해, 종교적 제의의 성격을 지니는 축제에서 자신을 발산하고 즐거움을 만끽하는 민중들은 신적 본질과 분리되어 있지 않았고, 그 작품을 산출한 예술가와도 분리되어 있지도 않았다는 점에서 인륜적이다. 헤겔은 인간 속에서 자연의 생명력이 신성으로 고양되는 바쿠스·케레스 축제와, 생동하는 인간 육체가 최고의 아름다움으로 구현되는 올림피아 축제를 들어 이 생동적 예술을 더 구체적으로 설명하고 있는데, 이에 대한 자세한 언급은 생략하기로 한다. 단지 케레스 신은 자연의 무한하고 신비한 생명력을 상징하고 바쿠스 신은 인간의 자유로운 본능과 자연적 해방 상태를 상징하는 반면, 올림피아 축제는 각 도시국가를 대표해서 경쟁을 벌이는 운동선수들의 육체를 중심으로 한다는 점은 분명하다. 다시 말해 그리스인들은 올림피아 제전을 통해 자신들의 영혼을 완전하고 조화롭게 하려는 이상을 구현했다는 것인데, 개별 민중의 심신 조화는 더 나아가 그들이 구성원으로 있는 사회 전체의 조화와 완성을 이끌어 낸 것으로 이해된다.

이처럼 청년기 헤겔은 고대 그리스종교와 예술(축제)을 그 나름의 한계에도 불구하고 하나의 역사적 전범으로 삼아 검토함으로써 근대사회의 문제들을 시정코자 했다. 그는 드디어 시예술의 원리를 '미적 철학'으로 간주하고, 이를 통해 만인이 보편적으로 '교양'을 획득할 수 있으리라는 전망을 제시한다.[45] 즉, 고대 그리스사회에서 인류의 교사였던 시 예

---

[45] Hegel. G.W.F., *System Fragment von 1800*, Werke Bd.1.

술의 지위를 근대사회에서도 부활시켜, 근대의 파편화된 삶이 예술을 통해 구원받을 수 있다는 신념을 피력했던 것이다. 이러한 신념을 요약하는 '이성과 심정의 일신론'이 '상상력과 예술의 다신론'으로 표현되어야 한다는 그의 말은, 일반대중을 위해 신성을 인간과 자연 등의 감각적 표상으로 형상화한 미적 신화, 곧 '감성적 종교'가 참된 정신철학을 통해 비로소 이성적인 것이 되고, 반대로 성직자들과 자구(字句)철학자들만을 위한 것이었던 교리와 철학, 더 정확하게는 미신과 자구철학이 아름다움이라는 이념에 봉사함으로써 비로소 감성과 조화를 이룬 충만한 정신적 산물이 될 수 있음을 의미한다. 즉 이성은 미적 신화를 지님으로써 민중들의 관심을 끌고, 감성적 종교로서의 신화는 이성을 지님으로써 지식인층과 가까워지게 된다. 이렇게 해서 아름다움의 이념에 봉사하는 새로운 신화, 즉 이성 신화의 목표가 달성될 때 비로소 '계몽된 자'(지식계층)와 '계몽되지 않은 자'(민중계층)의 상호 조화와 통일이 이루어질 수 있으며, 개인의 모든 능력은 물론 사회구성원 전체의 모든 능력이 계발될 수 있다는 것이다. 바로 이것을 가능케 해주는 새로운 종교를 그는 새로운 이성의 신화라고 부르고, 인류 최후의 작품이자 최고의 작품이라고 본 것이다. 미 이념의 전사회적 확산을 기대하는 '철학의 심미화를 통한 미적 절대주의'[46]만으로도 많은 사람들이 상당한 공감을 표시할지 모른다. 예배를 통한 축제정신의 회복을 긍정적으로 볼 때는 더욱 그러하다. 그러나 헤겔 자신은 이에 만족하지 않고 그의 논

---

[46] 참조. 권대중, 「헤겔의 〈예술의 종언〉명제가 지니는 다양한 논의 지평들」, 서울: 한국미학회, 『미학』제33호, 2002. 권대중 편, 『예술의 죽음과 부활』(서울, 지식산업사. 2004)에 재수록. 이 책은 김문환 교수의 회갑기념으로 기획되었다.

의를 다른 차원으로 이끈다.

앞서 우리는 청년기 헤겔이 그리스종교를 그가 구상하는 민중종교의 전범으로 간주했음을 살펴보았는데, 성숙기로 이행하는 단계의 헤겔은 거기에서 발견되는 신과 인간의 통일을 한갓 '미분화적 통일'로 본다. 즉 그것은 모든 대립을 배제하는 무매개적 통일 상태에 불과하다는 것이다. 그러나 신과 인간의 통일이 현실적으로 불가능한 시대를 살고 있으면서 타자와의 관계를 통해서만 자신의 독자적 상태를 확보할 수밖에 없는 근대인에게는 여전히 분리가 존재하지만, 결국은 그 분리가 모든 존재를 통일된 것으로 존재토록 하는 '사랑'을 추구할 수밖에 없게 만든다. 나아가 이 '사랑'은 삼라만상을 통합하는 절대적 실재적 본질로서의 정신개념으로 발전한다. 『정신현상학』에서의 정신은, 인간의 내면이 상이하고 상호간에 자립적인 것들, 즉 감성, 구상력, 오성 등으로 분리된 능력의 활동으로 표상되는 것에 대항하고, 생동하는 통일에 대한 자기감정으로 설정된다.[47]

이와 같은 이해에 따라 예술·종교·철학의 위계가 새롭게 조정될 수밖에 없게 된다. 그 중 예술은 개별적 정신의 감성적 객관화로, 종교는 보편적 정신의 체계화로 각각 위계적 차이를 지닌 것으로 설명된다.[48] 즉, 예술의 감성적 직관과 종교의 주관적 표상, 나아가 철학의 개념적 파악은 모두 인간의 역사 속에서 정신의 최고 관심사를 드러내는 방식

---

[47] 참조. Hegel. G.W.F., *Phänomenologie des Geistes*, Werke, Bd.3.

[48] 예술, 종교와 철학의 관계 변화는 이미 『피히테와 셸링의 철학체계 상의 차이』 (*Ditfferenz des Fichteschen und Schellingschen System des Philosophie*, Werke, Bd.2)와 『예나의 실재철학』(*Jenaer Realphilosophie*, hrsg, von Johannes Hoffmeister, Hamburg, 1909)에서 상당한 정도로 성숙한 상태로 나타난다. 참조. 박정훈, 상계논문, pp. 36-40, 예술규정의 변화.

들이라는 것이다. 그러나 예술은 '정신성'의 측면에서 철학과 동일한 내용을 감지하면서도 감성적 직관이라는 '형식'적 한계를 지닌 것이라고 이해되면서, 과거에 부여받았던 최고의 지위를 잃고 만다. 특히『정신현상학』에서 예술은 감각적 현상을 통해 드러난 정신성으로서, 예술 속에서 감각적으로 구현된 이념의 보편적 정신을 개념적으로 파악하는 것이 사변적 고찰의 역할로 설명된다. 그의 사후에 제자들이 정리한『미학강의』에서 예술의 역사적 전개와 상이한 예술형식의 전개과정이 설명될 때에도 이와 같은 이해가 기초적으로 작용한다.[49] 그러나 이『미학강의』에서도 인간정신의 소산인 예술작품이 인간이 지닌 최고의 보편적 절대적인 욕구, 즉 모든 시대와 민족들의 가장 보편적인 세계관 및 종교적 관심과 결부되어 있다고 설명한다는 사실이 흥미롭다.

2. '정신적' 예술작품

청년기 헤겔이 강조하던 민중종교는, 한마디로 말하자면, 아름다운 상상에 근거한 것이다. 시예술의 원리인 시학이 아름다움이라는 이념에 봉사하면서 시종일관 아름다움이라는 공통규정을 통해 종교와 예술을 통일시키고자 한 이 단계는, 진·선·미의 상대가치를 하나의 체계로 조직화하려는 시도, 다시 말해, 진리나 도덕을 아름다움의 이념을 통해 매개하려는 시도가 엿보이는 단계를 거쳐, 거대한 형이상학적 체계 아래

---

[49] Hegel. G.W.F., *Vorlesunger über die Ästhetik* Ⅰ-Ⅲ, Werke, Bd.13-15.

삼라만상을 개념적으로 파악하고자 하는 시도로 꾸준히 이어진다. 그리하여 결국 성숙기의 헤겔은 절대정신의 체계를 서술하면서 예술관에서도 청년기와 다른 변화를 드러낸다. 특히 정신(Geist) 개념은 주관-객관의 통일, 유한-무한의 통일을 추구하는 노력의 결과로서, 이제 예술은 더 이상 궁극적 통일자가 아니라 철학체계의 한 계기로서 그 체계 속에 포섭되고 만다. 이와 같은 변화에는 그의 종교(기독교)에 대한 관점의 변화가 크게 작용했다고 볼 수 있다. 청년기 헤겔은 종교가 실정성을 내포하면서 인간을 노예상태로 전락시켰다고 보고 이를 민중종교라는 대안종교로 대체시킴으로써, 인간의 감성 속에서 감각과 상상력이 살아 숨 쉬고 개별인간들이 전체 공동체 속에서 조화를 이루며 하나가 될 수 있게 해야 한다는 견해에 충실했다. 반면에 성숙기 헤겔은 기독교 원리의 핵심이라 할 예수의 사랑에 주목하면서, 고통 받는 개별자와 세계의 보편적 구조를 바로 이러한 사랑을 통해 화해시키려는 방향으로 선회했다고 볼 수 있다.[50] 결국 주관과 갈등·대립상태에 있는 객관을 폐기하는 것이 아니라, 주관이 객관과 화해함으로써 진정한 통일이 가능하다는 견해를 지니게 된 것이었다. 그에게 있어 사랑이란, 실정적 신앙의 객관적 성격과 실천적 활동성의 주관적 성격의 분리를 극복하는 진정한 종교의 원리로서, 종교는 사랑과 하나가 되고 진정한 종교는 신성에 대한 자유로운 숭배가 된다. 종교는, 이처럼 사랑을 통해 믿는 자와 숭배되는 대상이 완전히 하나가 될 때, 진정한 종교가 된다. 결국 사랑이란 양자의 진정한 통일을 통해 획득된 신성이다. 이러한 사랑은

---

[50] 참조. Hegel, G.W.F., *Entwürfe über Religion und Liebe*, Werke Bd.1.

인간의 상상력을 통해 종교의 본질이 된다. 따라서 상상력을 통해 획득한 신성에 대한 자유로운 숭배로서의 종교와 상상력이 배제된 종교는 구별될 수밖에 없다. 즉 상상력을 통해 신성과 내면적으로 합일된 인간은 사랑을 지니는 반면, 상상력이 배제되고 주관적이기만 한 채 신성과 분리된 인간은 단지 신성에 대해 강요된 경외감과 존경심, 즉 신성에 대한 공포만을 지닌다.

축제에서 실정적 종교의 대안을 찾으려 했던 청년기와는 달리, 헤겔은 이제 이러한 축제가 사실상 '절대적 본질'을 결여하고 있다는 점에서 한계를 드러낸다고 지적한다. 그것이 인간만을 위한 축제, 그것도 인간의 정신이 아니라 육체를 숭배하는 축제이기 때문이다. 인간을 신적 본질, 절대 정신과 직접적으로 만나게 하는 바쿠스적 영감이, 몽롱한 의식과 조야한 중얼거림에 머문 찰나적 자기 영감, 즉 자기를 망각함으로써만 신과 합일하는 영감이라는 한계를 보인다면, 신적 본질이 결여된 육체 형태의 아름다움을 찬양하는 '일면적 외면성' 역시 한계를 지닌다는 것이다. 그러기에 그는 생동적 예술작품에 결여된 인간의 정신적 본질을 구현하기 위해 언어예술, 즉 '정신적' 예술작품 쪽으로 시선을 옮긴 것이다.

헤겔은 '정신적' 예술작품으로서 서사시, 비극, 희극을 각각으로 구별해 서술하는데, 이는 모두 찬가의 언어도, 신탁의 언어도, 바쿠스적 광란의 중얼거림도 아닌, 명석하고 보편적인 내용이 확보된 명실상부한 언어로 구성된다. 이러한 언어를 통해 구현되는 예술들은 신적 실체에 대한 인간의 직접적 신뢰의 상태에서 인간 정신의 절대성과 무한성을 자각하는 방향으로, 즉 '신의 인간화' 또는 '절대지'를 향한 현상학적 도정에서 필연적으로 체류하는, 고차적 정신성을 담지한 예술이라는 것이다.

서사시 속에서는 '영웅'이 보편적 신성과 개별적 가인(Sänger)을 매개하지만, 양자는 아직 통일적으로 파악되지 못한 채 세상사에서 벌어지는 사건들을 얼기설기 혼합한 표상에 머물고 만다. 서사시에서 작품과 인간의 표상 속에서만 존재하는 추상적이고 비현실적인 존재인 영웅과 현실상황에서 그 작품을 암송하는 가인, 즉 자신 밖에 존재하는 영웅서사시에서만 자신을 보존하고 그 표상 속에서 자신을 소멸하는 가인은 아직 통일되어 있지 않다.

이에 반해, 비극에서는 보편적인 시의 세계와 개별적인 인간의 세계, 다시 말해, 비현실적인 가인의 표상 속에서 행위하는 영웅들의 세계와 가인이 존재하는 현실세계가 더욱 가까워지는 것으로 설명된다. 즉 작품 속에 언어가 개입해 들어가 등장인물의 대사를 통해 직접 상연됨으로써, 작품 속 등장인물(영웅)과 작품 밖 화자(가인)가 하나로 통일된다. 영웅은 이제 가인에 의해 서술되지 않고 스스로 말하는 자기 의식적 인간이 된다. 그러나 운명에 휘말린 영웅들을 바라보는 군중들은 작품 속에 전개되는 운동을 자신과 무관한 낯선 것으로, 고작해야 공포와 연민을 가져다주는 외적 힘으로 간주할 뿐이다. 나아가, 그들 앞에 제시된 인물들의 자기의식을 신적 실체와 하나의 "가면"이 결부된 것으로 간주함으로써, 그것을 배역과 현실적 자기의 측면으로 분열시킨다.

마지막으로 헤겔은 희극의 정신에 도달함으로써 '정신적' 예술작품이 완성된다고 주장한다. 희극의 정신은 신과 결부된 가면을 벗어던지는 과정을 거침으로써 신적 실체에 대한 신뢰로부터 개별적 자기의식을 지니는 주체 자신에 대한 확신으로 이행한다. 가면을 쓰고 연기하는 현실적 자기의식은 신과 세계의 위력을 외치지만, 결국에는 오히려 무력화되고 해체되어 버리는 반어적 상황이 바로 희극의 중심적 내용을 이룬다.

서사시에서는 가인과 작중인물 간의 근본적 단절이 존재했고, 비극에서는 가면이 배역과 실제 인물을 구분했지만, 이제 희극에서는 그 가면마저 벗어던짐으로써 관객은 배우가 자신들과 동등한 인간임을 알게 된다는 것이다. 희극에 이르러 개별적 자기는 보편적 신적 실체에 대한 절대적 신뢰를 포기하고 자신의 절대성에 대한 자각의 길로 접어들게 되는데, 이는 곧 계시종교의 차원이다.

3. 계시종교와 예술

그것은 추상적, 생동적, 정신적 예술의 단계들을 거쳐 결국 정신으로 하여금 실체의 형식에서 벗어나 주체의 형식으로 진입케 하면서 예술을 넘어서게 된다. 다시 말해, 자기 자신을 아는 정신이라는 종교의 본래적 정신에 충실하게, 철저한 개별화와 주관성에 기반을 둔 계시종교로 이행한다는 것이다. 거기에서 정신은 자신을 더욱 고차적으로 서술하기 위해, 즉 자기 자신에 대한 앎을 획득하기 위해, 현상학적 도정에서 예술적 형태를 넘어서서 개념의 형태를 자신의 대상으로 삼게 된다. 헤겔은 계시종교로서 근대 기독교를 꼽고 있다. 이는 가장 본래적인 측면에서의 종교, 다시 말해, 절대적 종교가 된다는 것이다. 그런데 헤겔을 문자 그대로 받아들인다면, 이제 예술종교의 단계를 벗어난 인간들은 예술작품을 통해 신에 대한 헌납과 자기향유, 그리고 이를 통한 신성과 자신의 생동적 통일을 더 이상 경험하지 못하고, 예술작품이 인간에게 부여했던 아름다운 인륜적 삶은 이제 인간의식 속에 내면화된 추억에서만 존재할 뿐이라는 불행에 직면하게 된다. 헤겔은 이와 같은 곤경을 "예술작품들에서는 여전히 외화되어 있는 정신을 '불행한 의식은' 내면화 한다"고 표현한다. 그렇다면 기독교로 대표되는 계시종교는 예술과 완전히 절연할 수밖에 없는 것인가? 이 문제는 헤겔의 저 악명 높은 "예술의 종언" 문제와도 직결된 채 답변이 결코 쉽지 않다.[51] 여기에서는 다만 『미학강의』를 참조하면서 헤겔이 말하는 기독교적 예술의 의미를 살피는 것으로 만족하고자 한다.

헤겔은 『미학강의』에서 예술을 '아름다움이라는 이념이 감성적 실존을 획득한 형식'으로 규정하고, 이념이 담고 있는 내면적 의미와 내면적 형태 사이의 관계규정에 따라 예술형식을 3단계로 구분한다. 상징적 예술형식과 고전적 예술형식, 그리고 낭만적 또는 기독교적 예술형식이 곧 그것이다. 이때 상징적 예술형식은 이념을 표현할 형식이 아직 추상적이고 무규정적인 채 자연의 외적 사물로 머물러 있는데 반해, 고전적 예술형식은 스스로 자유롭고 무한한 주관성이 이념으로 파악되면서, 이것이 자신의 개념에 상응하는 외적 형태로 표현됨으로써 이념의 감성적 실존이라고 하는 예술규정의 고유한 의미 속에 배치된다. 이 둘, 그 중에서도 특히 고전적 예술형식은 『정신현상학』의 '예술종교'와 유비

---

[51] 참조. 김문환, 권대중 편저, 『예술의 죽음과 부활』, 서울: 지식산업사, 2004. / 가다머 외 저, 김문환 옮김, 『예술의 종언-예술의 미래』, 서울: 느티나무, 1993.

관계에 놓여있다고 볼 수 있다. 즉 자연대상을 신격화하는 자연종교는 상징적 예술형식으로, 신성을 인간육체라는 외적 형태 속에 통일시키는 예술종교는 고전적 예술형식으로 유비관계를 설정한다면, 신성을 인간의 정신 속에서 파악하는 계시종교는 낭만적 예술형식으로 각각 형상화된 것으로 간주될 수도 있을 것이다. 이런 관점에서 낭만적 예술형식에 대해 알아볼 필요가 생기는데, 낭만적 예술형식은 아름다움이라는 이념이 절대적이며 자유로운 정신으로 파악되어 오로지 정신 자신에서만 참된 현존을 획득하게 되므로, 그 예술의 내용은 감성적 형태로 표현된 것을 넘어서게 된다. 그러므로 여기에서는 자유롭고 구체적인 정신성을 대상으로 삼으면서 이를 감성적 직관을 위해서가 아니라 정신적 내면을 위해 형상화하기 때문에 상징적 예술형식에서와 마찬가지로 내용과 형식의 분열과 불일치가 나타나고, 따라서 본질적으로 아름답지 않음 자체가 된다. 그러나 상징적 예술에서는 이념의 불완전성이 예술적 형상화를 방해하는 반면, 낭만적 예술의 이념은 내면적 정신을 통해 완성되고 계시되어야 하기 때문에 이에 합당한 외적 형태를 찾지 못할 뿐이라는 차이가 있음에 유념해야 한다. 자유롭고 이상적인 정신의 부족이 아니라 오히려 과잉이 문제가 된다는 것이다. 그런데 왜 이 낭만적 예술이 기독교적 예술이라고 명명되었는가?

헤겔은 계시종교에서는 신이 인간의 형태만을 띤 개별자가 아니라 오히려 현실적으로 탄생하여 삶을 영위하다가 죽음을 맞이하고 다시금 부활하는 개별자, 곧 예수 그리스도로서 자신의 신성을 자신 속에서 계시하는 절대 정신을 표상한다고 보았다. 이러한 계시종교는 오직 낭만적 예술형식을 통해서 형상화되며, 바로 이러한 이유로 인해 낭만적 예술이 서구 기독교 사회의 회화, 음악, 그리고 서사시와 서정시, 극시를 포함하는 시문학을 가리키게 되었고, 동시에 기독교적 예술로 명명된 것이다.

이처럼 가장 고차적인 형식의 정신이 통일을 이루는 객관적 영역은 결코 어떤 개별적인 객관적 현상과의 통일이 아님을 뜻한다는 해석을 뒷받침하기 위해, 우리는 기독교 시대의 조형 예술에서 중요한 범주로 취급되어온 그리스도의 수난에 대한 묘사를 참조할 필요가 있다. 그리스의 신상과 마찬가지로 이러한 묘사들도 그려진 형상의 정신과 관련된다. 헤겔은 예술가가 자신의 감각적 매체 속에서 직접적으로 보여줄 수 있는 것은 그리스도의 개별적 육체에 불과하며, 그리스도의 정신은 그의 형상 속에서 개별적인 직접적 현존재에 수반되는 것이 아니라 인류 전체 속에서 표명되는 보편적 정신이라는 점에서 단지 그리스도의 정신을 암시할 수 있을 뿐이라는 점을 강조한다. 나아가 종교예술가가 스스로는 보여줄 수 없는 어떤 것을 그리스도의 수난을 묘사함으로써 암시하는 것은, 그 수난이 사람으로서의 신이 겪는 개별적인 현존재의 수난이기 때문이라고 이야기한다. 즉 가시면류관을 쓰고 십자가를 끌고 가, 마침내 그 십자가에 못 박혀 고통 속에 몸부림치다 서서히 죽어가는 모습으로서의 그리스도는, 인간적이고 육체적인 현존재가 부정되는 비탄 속에서 드러나는 모습을 통해 주관적인 개체성과 감각적인 영역을 희생함으로써 정신이 자신의 진리와 천국을 획득하게 된다는 것이다. 이 때문에 그리스도의 모습은 아름다울 수가 없고 예술의 영역을 벗어난 철학, 즉 전체로서의 체계를 파악하는 매체로 넘어가게 마련이다. 비유적으로 말해, 가벼운 정신이 무거운 질료 속으로 억지로 파고들어가고자 하는 것이 상징적 예술 단계라면, 그리고 정신과 질료가 완벽한 조화를 이룬 것이 고전적 예술 단계였다면, 이제 정신이 다시금 질료를 벗어나고자 하는 것을 낭만적 예술 단계라고도 할 수도 있을 것이다.

　여기에서 우리는 프랑스 혁명 이후의 독일인들이 절대적 보편자와 직접적으로 합일된 채 행복하게 살았던 과거의 황금시대를 동경하면서, 이러한 보편적 실체로부터 이탈되어 유한하고 상대적인 존재로 내던져져 있는 현실을 혐오하고, 마찬가지로 유한한 의식의 오성적 반성을 통한 개별화 작업의 한계를 지적하면서, 이러한 과정을 거치지 않고 무한한 절대자로 직접 들어가고자 했다는 것을 상기할 필요가 있다. 이것에 대해 성숙기 헤겔은 계기에 따른 내용의 전개나 오성적 반성의 형식을 결여한 채 풍요로운 실체에 대한 신앙의 직접성과 확신에 찬 만족감에 기대는 채, 다시 말해, 혼돈 상태의 의식을 체계적인 사상과 개념에 의지하지 않고 감정만을 내세우려는 태도는 정신적 빈곤을 스스로 드러낸 것이라고 생각했다.『정신현상학』에서 그는 아름다운 것, 신성한 것, 영원한 것, 혹은 종교나 사랑에 대한 무절제한 열광, 즉 황홀경과 끓어오르는 영감의 상태가 정신의 상실을 드러낸다고 주장했다. 바로 이 정신을 낭만주의 정신이라고 보면서, 헤겔은 그런 낭만적 만족감이나 도취경 때문에 개념적 학문적 사유를 포기할 수 없었으며, 정신의 자기만족을 위해 정신의 상실을 감수할 수 없었던 것이다. 이런 맥락에서 보면, 그의 낭만적 예술이라는 규정이 비록 르네상스를 포함하여 근대예술 전반을 가리킨 것이기는 해도, 헤겔은 예술적 감수성과 종교적 열광을 통해 절대적 진리로 직접 들어가고자 하는 당시의 낭만주의적 경향을 정면으로 반박하면서 최고의 진리담지기능을 개념적 사유의 학문, 즉 철학에게 넘겨주었던 것이다.

그러나 낭만주의가 표방하는 직접적, 무매개적 확신과 열광의 공허함과 무기력함에 대한 이러한 비판은 예술과 진리가 지니는 진리매개 기능 전반을 전적으로 부정한 것이 아니다. 그러기에 낭만적 예술의 해체 부분에서 헤겔이 말하고 있는 것은 사실상 '해체'가 아니라 '종합'이라는 점을 상기한다면, 낭만적 예술형식 또는 기독교적 예술형식은 현대 예술의 반성적 성격을 위해 오히려 유효하게 기능한다고 볼 수도 있다. 그러나 헤겔 자신이 '미네르바의 부엉이는 밤에만 난다'고 말했듯이, 철학이 예언보다 과거나 현재를 바탕으로 한 논리의 구축에 더욱 관심해야 했다면, 헤겔이 당대 이후의 예술변용을 염두에 두었으리라는 것은 지나친 기대라고 할 수도 있다. 『미학강의』에서 예술을 철학적 사유의 대상으로 삼을 것을 요구하는 헤겔의 언급(Ä125f)은, 예술가가 작품 속에 담아낸 정신적 내용이 모든 시대와 민족들에게 가장 보편적인 세계관 및 종교적 관심과 결부되어 있고, 역사적으로 많은 민족들에게 지혜나 종교를 이해하게 해주는 유일한 열쇠라는 언급(Ä150)과 깊숙이 연결되어 있다. 이처럼 예술이 특정시대, 특정민족에게 특정하게 요구된 보편적 관심사, 즉 진리와 신성을 매개하는 기능을 수행해 왔다는 헤겔의 주장은 현대에서도 여전히 유효하지 않을까?

이상의 논의들은 보기에 따라 일종의 진화론적인 관점이라는 비판에 직면할 수 있다. 즉 종교를 '궁극적 관심'이라는 표현으로 받아들인다 할 때, 이를 표현하는 다양한 방식들 사이에 과연 진보나 진화라는 개념을 적용해도 좋을 것인지를 물을 수 있다. 예컨대 아프리카의 전통예술과 피카소 등으로 대표되는 현대 서구예술을 같은 차원에 놓는 허버트 리

드의 아나키즘에 입각한 예술이해를 떠올린다면, 특히 그와 같은 질문의 함의가 더욱 분명해질 것이다. 달리 표현해서, 그 질문은 가령 위르겐 몰트만으로 대표되는 현대신학의 성령이해에 따라 '생명을 살리시는 성령'의 경험들을 묘사하는 성경 안의 다양한 비유들을 모두 받아들여야 할 것이라는 주장과 상통할 수 있다. 그러나 우리는 여기에서도 "원초적 경험들, 그리고 영원의 현재가 그 속에서 우리에게 일어나는 신빙성 있고 특유한 삶의 경험들에 대한 추구의 표현"들을 창조적이며, 보존하고 생동케 하는 성령의 활동으로 받아들일 때, 그것들이 "낭만적 의미를 지닌 것뿐 아니라, 비판적이며 치료적이라는 의미를 가진다"[52]는 것이 강조되고 있음에 유념해야 할 것이다. 다소간 장황해진 느낌마저 들지만, 우리가 헤겔의 예술이해와 종교 간의 관계를 상고한 것은 바로 현대신학에서도 축제적 요소에 대한 주목이 이루어지고 있기 때문이다.

4. 놀이신학의 관점

하비 콕스(Harvey Cox)가『세속도시』(1965)에서 하나의 '사회적 변혁의 신학'을 구상했던 것은 이미 잘 알려진 사실이다. 위르겐 몰트만(Jürgen Moltmann)은 그의『희망의 신학』(1964)에서 콕스보다 더욱 신학적 교훈과 성서 본문에 밀착하면서, 인간과 함께 하는 하나님의 역사 과정을 중심과제로 삼는 신학을 구상하였다. 즉 그의 책은 현대사회와 그 전제

---

[52] J. 몰트만, 김균진 옮김,『생명의 영』(서울: 대한기독교서회, 1992), p. 359.

조건들로부터 헤어 나오지 못하는 기독자들의 주의를 환기하는 '탈출 공동체'(Exodusgemeinde)로부터 시작한다. 말하자면, 『희망의 신학』과 『세속도시』가 주목 받던 시절에는 많은 사람들이 운동성, 변혁, 그리고 기독자적인 사회적, 정치적 참여를 강조하면서, 역사 내지 역사발전 (Geschichteprozeß)이 신학의 핵심적 주제가 되었다. 그런데 이제 '참여' 보다는 '놀이'가 주제로 부각된다. 그렇다면 그것은 '역사'보다는 '현실' 이, '운동성'보다는 '수동성'이 더 중시된다는 것을 의미하는 것인가?

꼭 그렇지만은 않다. 우리가 이미 아는 대로, 콕스만 해도 세속도시의 '공작인'(homo faber)에 '축제인'(homo festivus)으로서의 '호모 루덴스' (homo ludens)를 추가함으로써 인간으로 하여금 춤추고 꿈꿀 수도 있 게 하려고 했다. 제축성(祭祝性)과 환상이 오히려 좌절된 '역사와의 관계' 를 회복하는 데 기여해야 한다는 것이다. 여기에서 우리는 그가 '역사몰 두성'(Geschichteversessenheit)[53]으로부터 탈피하여 '놀이'로 옮겨간 기 본 동기를 찾게 된다. 그의 구상은 그 자신도 한때 탐닉했던 '역사몰두 성'과 상통하는 존 케이지(John Casey), 급진 신학, 새로운 신비주의자 등의 모델에서 보이는 급진적 현실주의 내지는 '역사망각성' (Geschichtevergessenheit), 아르토(Artaud)나 희망과 미래의 신학과 새 로운 좌파와 투사의 모델에서 보이는 일방적 미래주의와의 대국에서 표현된다. 이처럼 콕스는 새로운 신비주의자와 투사를 대국(對局)시킴

---

[53] 참조. R.L. Rubenstein, *After Auschwitz, Radical Theology and Contemporary Judaism* (The Bobbs Merrill Co., Indianapolis 1966). 유대교 랍비인 루빈슈타인은 브라운, 카 뮈, 프로이트, 마르쿠제, 그리고 틸리히적 요소를 가미한 유대교 신학을 구상했다. 그는 신화와 제의, 예식과 하례(celebration)의 종교적 의미를 제시하면서 콕스의 '역사몰두 성'을 지적하여 비판한 바 있다.

으로써 양자를 극단적인 일방성으로부터 보호하고자 한 것이다. 즉 후
자를 증오와 열광주의, 무자비한 폭력의 찬양으로부터 지켜 주고, 전자
를 싸이키델릭 조명이 비치는 벽난로 옆에서의 무책임한 꿈으로부터
지켜 주자는 것이다.

요약컨대, 과거와 현재, 그리고 미래가 다시금 동등한 자격으로 연결
되어야 하고, 나아가 역사적인 세계에 대한 일방적인 관심으로 인해 초
역사적, 초월적 세계가 파멸되어서는 안 된다는 결의가 여기에서 뚜렷
해진다. 제축성은 현재를 배반함 없이 과거를 기억한다. 환상은 창조적
이며, 현재를 틀 잡고 미래를 선취한다. 양자는 눈앞의 현실을 뛰어 넘
는다. 그러나 그렇다고 해서 구체적인 것에 대한 사랑과 인내를 상실한
것은 아니다. 단지 양자는 오로지 뒤로만 물러서거나 제 자리에만 머무
는, 그런가 하면, 앞으로만 달려가는 맹목적인 미친 달음박질을 멈추려
할 뿐이다. 콕스에게서 열쇠가 되는 개념은 '대국'이다. 이것은 서로 다
른 요소들이 대결상태에 들어섬으로써 유지되는 긴장을 의미하며, 이
로써 콕스는 '신랄한 불협화음'이나 '불연속성'을 긍정한다. 이를 통해서
만 새로운 경험이 가능해지고, 오직 '불화'(Mißverhältnis)만의 지루한 연
속성을 폭파하여 환상과 의식가능성을 위한 통로를 열어줌으로써 하나
의 '창조적인 단절'을 낳는다. 대국이란 콕스에게 하나의 신학 하는 방
법, 즉 사고양식이자 하나의 미학적 기본원리, 즉 표현양식이며, 동시에
그것은 하나의 새로운 생활양식의 격률(Maxime)이기도 하다.

'희망의 신학' 이후에 '자유에서의 기쁨과 놀이에서의 만족을 찾는 시
도'를 감행한 몰트만의 동기 역시 과열된 역사에의 관심을 식히려는 인
상을 주며, 이 점에서 콕스와 상통하는 점이 있다. 그러나 콕스로서는

신비주의자와 투사의 목표설정을 구체적으로 매개하는 일이 더 중요하였고 이를 통해 하나의 새로운 생활양식을 선전했던 것에 반해, 몰트만은 좀 더 신학적인 배경을 회복해보려고 시도한다. 바로 이러한 배경이 동시에 윤리적이고 미학적 종교적인 생활을 가능케 만든다고 보았기 때문이다.

『신학과 기쁨』[54]이라고 영역되기도 한 그의 놀이신학을 위한 저작에서, 몰트만은 후고 라아너도 관심한 교부로부터 시작하는 신학적 전통 안에서[55], 그리고 현재의 조직신학 안에서 창조와 구원을 하나님의 사랑과 놀이에서의 만족(Wohlgefallen: 쾌적이라고 번역해도 좋다)으로 이해하는 것은 의미 있는 일이라고 말한다. 말하자면, 그 놀이 안에서 하나님과 인간은 서로를 상찬한다는 것이다. 물론 이는 인간이 인간이기 위해 하나님에게 의존하듯, 하나님이 하나님이기 위해 인간에게 의존한다는 말은 결코 아니다. 오히려 인간 없이는 하나님이 하나님이고자 하지 않을 것이기에, 인간은 하나님 없이 인간일 수 없다는 말이 된다. 여기에서 뜻하는 놀이는 필연적이지 않으나 의미 있고, 궁극목적(Endzweck)은 없으나 순수한 합목적성을 지닌 시간에 해당된다. 말하자면, 창조는 강제나 우연, 또는 사고나 물질 속으로의 전락이 아니라, 놀이에 해당할 수 있다. 그 이유는 하나님이 이 세계를 그 누구에게도

---

[54] Jügen Moltmann, *Die ersten Freigelassene der Schőpfung. Versuch über die Freude an der Freiheit und das Wohlgefallen am Spiel* (Kaiser Traktate 2, München, 1971).『창조의 최초로 자유로움: 자유에서의 기쁨과 놀이에서의 만족에 대한 탐구』라는 긴 제목을 단 이 책은 Reinhard Ulrichdjl 의해 영역본으로 간행되었다. *Theology and Joy*(SCM Press, 1973). *Theology of Play* (Harper & Row, 1972)라는 또 다른 영역본에는 Robert E. Sam Keen, 그리고 David Miller의 논평이 실려 있다.

[55] 참조. Hugo Rahner, *Der spielende Mensch* (Einsiedeln, 1952).

빚짐 없이 창조하셨기 때문이라는 것이다. 이에 따라 그리스도의 출현과 구속 사업은 보상이나 회복, 그리고 노동의 범주들로 이해될 것이 아니라, 무엇보다도 하나님 사랑의 놀이로 이해된다. 말하자면 구원은 어떤 필연성에도 근거하지 않는, 무상으로 베풀어진 하나님의 사랑의 사건으로 간주된다는 것이다. 이에 응답하는 인간의 모습이란 이처럼 자유로운 하나님의 사랑의 놀이에 응답하는 '호모 루덴스'이다. 물론 "예수의 죽음은 결코 재미있는 장난이 아니다. 예수의 십자가는 놀이 자체에 속하지 않는다. 그러나 그것은 새로운 자연의 놀이를 가능케 만든다."[56] 데이비드 E. 젠킨스가 몰트만 저서의 영역본에서 '하나님은 그가 나를 필요로 하기 때문에 사랑하는 것이 아니라, 사랑하기 때문에 사랑한다'는 해설을 붙인 것은 참으로 적절하다.

앞뒤를 다투는 이 두 정치신학자의 놀이신학은, 교회와 세계 속에서 미학적·종교적 차원들의 재발견이 필수불가결하다는 견해에 대한 옹호를 공통분모로 가지고 있다. 말하자면, 윤리적 요청과 미학적-종교적 요청의 대결이 이러한 신학의 특징이 된다. 왜냐하면 윤리적으로 정향된 신학이 있었던 것처럼, 종종 '놀이'라는 보편적 범주 아래서 미학적·종교적 세계 경험을 고려하는 철학과 신학의 저작들도 역시 존재했기 때문이다.[57] 어쨌든 이 놀이신학의 선구자들에게서 우리는 일방적인 노동, 세속성, 그리고 참여의 신학에 대한 하나의 방향 수정 내지 반작용

---

[56] Moltmann, 앞 책, s.38.

[57] 앞에서 언급한 H.Rahner의 책이나 J.Huizinga의 책 이외에 우리는 E.Fink의 *Spiel als Weltsymbol*(Stuttgart, 1960)과 M.G.Gadamer의 *Wahrheit und Methode*(Tübingen, 1960, 특히 p. 97이하), 그리고 심리학적인 저작 N.O.Brown의 *Zukunft im Zeichen des Eros*(Pfullingen, 1962)와 H. Marcuse의 『에로스와 문명』(독역본: Triebstruktur und Gesellschaft, Frankfurt, 1967)을 거론할 수 있다.

을 보게 된다. 물론 그러한 신학의 중심개념으로서 '놀이'만이 존재하지는 않는다. 콕스에게는 제축성과 환상의 개념들이 결정화되어 있고, 몰트만에게는 기쁨, 자유, 만족의 개념들이 연계되어 있다. 그뿐 아니라, 예컨대 마르틴에게서는 행복이 놀이와 밀접한 연관을 맺고 있다.[58]

앞에서 말한 콕스와 몰트만으로 대표되는 놀이신학의 단초는 계속적인 반향을 일으켰다. 우리는 예컨대 로버트 니일(Robert E. Neal), 샘 킨(Sam Keen), 그리고 밀러(David Miller) 등의 이름을 들 수 있을 것이다. 뉴욕 유니온 신학교에서 심리요법과 종교를 다루는 니일은, 역사의 어느 순간에도 현실적으로 결코 표현될 수 없는 '완벽한 놀이'(full play)라는 종교사적 내지 종교심리학적 범주를 가지고 성숙한 종교적 인간상을 그려보고자 한다. 사회학자이자 철학자이며 행동연구가인 샘 킨의 중심개념은 '놀라움'이다. 그는 현대의 복합적인 카오스 상태의 세계경험을 인류의 유년시절격인 고대 그리스, 그리고 유대교적-그리스도교적 시대의 경이에 찬 세계경험과 대조시킨다. '공작인'(homo faber)의 생활은 '경탄인'(homo admirans)의 생활을 통해 균형을 갖춰야 한다는 것이다. 나아가 그는 상황의 음악에 율동적으로 완벽하게 상응하는 춤추는 자가 현자라고 말한다. 데이비드 L. 밀러의 작업은 샘 킨보다 더욱 보편적이고 명상적이다. 그는 철학자들, 사회학자들, 심리학자들, 수학자들, 예술가들 등등이 '게임/놀이'의 범주에 심취하는 것을, 우리가 행하고 설명할 수 있는 모든 것이 놀이 내지 허구적 성격을 상실하지 않

---

[58] G.M.Martin, *Wir wollen hier auf Erden schon. Das Recht auf Glück* (Stuttgart / Berlin / Köln / Mainz, 1970). '환상'과 '행복'이라는 개념과 연관되어 놀이신학에 속하는 것으로 간주되는 독일어 저술로는 D.S lle, *Phantasie und Gehorsam* (1971)과 M. Buhr, *Das Glück und die Theologie* (1969)가 꼽힐 수 있다.

았다는 암묵적인 통찰로 해석한다. 밀러에게 '놀이'라는 용어는 '시대에 부합하는 신화'이다. 즉 놀이는 완전한 지각, 창조력, 허구, 변용, 치유, 그리고 마지막으로 무의도성을 나타낸다는 것이다. 밀러에게는 놀이가 신학의 주제로 적합한지, 놀이의 완전한 이해를 위해 신학이 적합한지 하는 것은 문제가 되지 않는다. 밀러는 그의 신학을 '신의 죽음'이라는 경험의 원인과 결과로서, 그리고 하나의 새로운 경험 내지 명상 양식을 찾는 단계로 본다. 이로써 밀러는 콕스나 킨이 암시적으로나 현시적으로나 죽은 신을 다시 일으켜 세워 춤추게 하는 것과 대조를 이룸과 동시에, 신이 전혀 죽어본 적이 없는 라아너나 몰트만과도 대조를 이룬다.

이상의 개요를 통해 나는 다만 놀이신학에 대한 평가랄까, 아니면 보완을 시도해 볼 수 있는 근거를 마련해보고 싶었을 뿐이다. 우선 특히 밀러에서 보듯 신학 자체가 '놀이스럽게'(playfull)되고자 하고 학자들이나 전 세계가 자신의 행위를 놀이로 이해해야 한다면, 좋은 놀이와 나쁜 놀이를 위한 기준이 찾아져야 할 것이다. 왜냐하면, 우리는 종교의 마술적, 정치적 남용을 방지할 합리적인 기준을 필요로 하기 때문이다. 이러한 요구는 새로운 생활양식의 탐구와도 직결되어 있다. 예컨대, 콕스가 말하는 대국(對局)의 생활양식은 자칫하면 이른바 인간해방을 위해 아무것도 기여하지 못할 수도 있기 때문이다. 콕스 자신이 이를 경계하고 있기는 하지만, 축제와 일상, 사회적 현실과 환상적 가능성이 단지 병렬되기만 한다면, 주관적인 동시에 정치적이며, 반성적인 동시에 활동적이고, 현실에 접근하면서도 환상에 가득 찬 생활양식은 불가능하게 될 것이다. 콕스가 노동과 유희의 일치를 하나의 존재론적 현실로

보지 않고 일종의 종말론적 소망만으로 본 것은 그러한 위험을 조장할
가능성이 있다. 축제의 복구는 도시화된 사회 안에서 이루어지는 일상
생활을 근본적으로 변화시키고 재조직함으로써 가능하다는 프랑스의
철학자 앙리 르페브르의 '일상생활의 변질'과 '축제의 복구'라는 개념은
이런 각도에서 진지하게 검토될 만하다. 마르틴은 이를 "축제의 본질은
축제의 현실과 일상생활의 긴밀한 연관에서만 제대로 다루어질 수 있
다"고 표현한다. 좀 더 계속 읽어보면 다음과 같다.

> 그렇지 않으면, 고립된 축제이론과 실천이 실제로 값싼 화해와 천박
> 한 열광주의와 어울려 실제적인 대립들과 이해들의 근본적인 갈등들
> 을 철폐해 버릴 수도 있다.[59]

이러한 논의는 이미 콕스 자신이 의식하고 있지만, 놀이신학이 의도
하는 해방을 위한 생활양식이 더 이상 개인만의 문제가 아니라, 사회구
성과 연관된 문제임을 강조하기 위한 것이다.

이 부분의 전반적인 흐름이 지나치게 이론적인 방향으로 흘러간 것
에 대해 나 자신도 유감으로 생각한다. 보완적인 의미에서 더글러스 믹
스(Douglas Mix)가 마르틴의 『축제와 일상』을 영역하면서 쓴 해설의 한
부분을 옮겨보도록 한다. 그는 축제의 가장 구체적인 모습으로 예배를
예거한 마르틴의 견해에 동의하면서, 이렇게 해설한다.

---

[59] G. M. Martin, *Fest: The Transformation of Everday* (Philadelphia, Fortress Press,
1976). p. vii. 이 책은 김문환,『축제와 일상』(서울, 한국신학연구소, 1985) 안에 국역되
어 있다.

예배는 단순히 자발적이어야 함을 뜻하지 않는다. 충실한 예배는 또한 고도로 의도적이어야 한다. 예배는 충분히 연구되고, 준비되고, 공동체의 전체적인 생활 상황 안에서 실천되어야 한다. 이러한 사항을 소홀히 할 때, 예배는 쉽게 망쳐진다. … 예수는 예배의 인간화를 요청하였고, 이로써 하나님의 은혜라는 문맥 안에서 일상적인 것이 하늘나라가 될 수 있고 하늘나라가 일상적인 것이 될 수 있다. 미학과 윤리학은, 그 안에서 일요일과 일상이 똑같은 하나님 은혜를 경험하는, 하나님 은혜라는 지평 속으로 수용될 때 치유된다.[60]

이 역시 추상적인 표현이지만, 그로서는 만일 예배의 내용이 미학만이라면 그것은 쉽사리 세계탈출(world-flight)로 끝나버리고 말고, 반대로 예배의 내용이 윤리학만이라면 그것은 엄격한 도덕주의로 끝나버리고 만다는 것을 강조하고 싶었던 것이다.

나가며

1900년경부터 예술에서 표현적 요소가 재발견된 것이 다시 한 번 종교예술을 가능케 만들었다는 틸리히의 관점을 헤겔에 견주어 풀어본다면, 20세기 예술들, 특히 그의 말대로 표현적인 요소가 주도적인 예술

---

[60] G.M.Martin, 앞 책, p. ix.

들은 그만큼 정신적 내용이 풍부하다는 방식으로 읽힐 수도 있을 것이다. 그런 맥락에서 틸리히는 "역사는 표현주의적 성질이 주도적인 양식들이 성령의 임재하심을 예술적으로 표현하는 데 더욱 쉽사리 기여함을 보여준다"[61]고 했을 것이다. 자연주의적 양식들 역시 궁극적인 관심을 나타낼 수 있다는 것을 부정하지 않지만, 표현주의적 양식들이 사라지는 때, 위대한 종교예술도 나타나지 않는다는 그의 관찰은, 헤겔식으로 말하자면, 신상이나 제의들 역시 종교와 연관될 수 있으나 오늘날을 살아가는 우리로서는 그보다는 오히려 표현적인 요소, 즉 더 높은 정신력을 요구하는 예술들을 통해 궁극적 관심을 찾아내는 작업을 소홀히 해서는 안 된다는 권고와 상통한다. 놀이신학에 대한 고찰 역시 같은 맥락에서 이해되기 바란다. 이 지점에서 우리는 놀이신학이 정치신학의 연장선상에 있음을 상기해야 할 것이다. 그러나 그것은 동시에 문화를 향한, 또는 '경험'을 향한 신학의 문호개방임을 잊어서는 안 된다. 어찌 보면 모순을 이루는 것 같은 정치적 차원과 미학적 차원의 만남이 한국문화에 어떤 영향을 줄 수 있고 또 주고 있느냐 하는 문제가 적잖이 논의되고 또 실천을 통해 검토되고 있음에 반해, 전반적으로 한국교회는 아직 이 문제에 관한 의식이 첨예하지 못하다는 인상을 준다.

이와 같이 넓은 의미에서 종교와 예술을 특정종교에 비추어 고찰하는 것은 이 글의 범위를 넘어서고, 사실상 이상의 언급들이 암묵적으로 기독교를 배경으로 하고 있다는 점에서 굳이 필요한 절차도 아니라는 생각이 든다. 다만 이를 종교교육과 연관시켜 고찰하는 것은 어떤 점에

---

[61] 폴 틸리히, 「종교적 의미의 예술적 표현」, 김문환 역편, 『20세기 기독교와 예술』(서울: 기독교서회, 1974), p. 128.

서 불가피한데, 그중에서도 지도적인 위치에 설 피교육자들을 위한 신학교육에서 예술이 어떤 위상을 가질 수 있는지를 아주 개략적으로 살피고자 한다.[62]

첫째, 피교육자들로 하여금 예술과 교회 간의 관계에 대한 역사에 친숙하도록 해주는 노력이 이루어짐 즉 하다. 그러나 이때 교회가 예술사에서 이룩한 엄청난 업적을 기독교적 유산을 변호하거나 혹은 설교조로 사용하려는 관계는 극복되어야 한다. 그보다는 신학, 예술, 문화 간의 상호관계에 대한 집중적인 성찰이 있어야 할 것이다. 이를 위해서는 복음을 논리적 혹은 윤리적 현상이기보다는 미학적 현상으로 보는 자세가 요청된다.

둘째, 피교육자들을 위해 예술적 성취에 상응하는 약속과 함께 예술적 성장과 발전을 위한 기회들을 마련해줌 직하다. 이에 예술특기생 또는 예술적 성향을 지닌 학생들의 입학을 허용할 뿐 아니라 이들의 의견을 존중하면서, 교육과정을 마련하는 조처가 있음직하다. 물론 예술적인 성향이 신학교육의 기본요소들, 즉 성서적, 윤리적, 역사적, 신학적, 그리고 전문적 연구들에 대한 소홀을 양해하는 방편이 되어서는 안 될 것이다. 아울러 예술표현을 관념적 목적들을 위한 장식 정도로 간주하는 아마추어리즘이나 딜레탕티즘(dilettantism)을 격려하는 것이어서도 안 된다.

셋째, 신학과 예술, 또는 신학교육과 예술가의 관계는 성실해야 한다.

---

[62] 참조. Walter Wagoner, "MonaLisa and Melchigede" in: Howard Hunter(ed.), *Humanities, Religion and the arts tomorrow* (NY: Hall Rinehart and Winston, Inc., 1972).

다시 말해, 교회는 예술가들을 마치 경주마처럼 키우려고 한다거나, 예배당 안에 장식처럼 놓아둘 노획물로 취급해서는 안 된다. 이는 유행과 결탁되는 상업주의, 검열로 통하는 교회의 위신추구 등을 넘어서야 할 필요와 맞닿아 있다. 이는 곧 역사를 통해 하나님의 손길을 살필 예리한 눈을 가진다는 것이 예술작품을 그 진가대로 다룰 수 없게 하는 기독교적 의미 찾기 광(狂)으로 타락하는 것과 동일시되어서는 안 된다는 것을 뜻하기도 한다. 특히 개신교는 성급한 도덕화와 교훈적인 신화에 너무나 쉽사리 빠져드는 경향이 있음을 스스로 경계해야 한다. 이 점에서 한스 큉의 발언은 타당하다.

> 예술과 의미의 문제, 위협적인 무의미의 시대에 예술은(무의미한 듯이 보이는 것을 통해서나마) 의미에 관한 의문을 제기하여, 우리로 하여금 이와 맞설 수 있도록 이를 현존시키는 데 기여한다.[63]

마치 예술의 무기능적 기능성을 옹호하는 사회미학자 아도르노[64]를 연상시키는 이와 같은 발언은, 서양에서 교회만큼 예술을 잘 이용했으면서도 동시에 그토록 학대했던 제도도 없다는 비판과 연결될 때, 그 진의가 드러난다. 그러기에, 가능하다면, 모든 교회기관들은 우수하고 위대한 작가들에게 예술작품들을 위촉하고, 탐색하고, 사들이고, 최소한도 갈채를 보내도록 해야 한다.

---

[63] Küng K., *Hunst und Sinnfrage*(Zürich: Benziger, 1980).

[64] 참조. 김문환, 『예술과 윤리의식』, 제11장 「예술과 이데올로기 비판」 (서울: 소학사, 2003). pp. 351-374.

넷째로, 예술에 호응하여 이를 개입시킬 때 신학 교육기관들은 기독교적 언어와 신화를 강화시킬 수 있다는 신념이 요청된다. 기독교가 진정 화육(化肉)의 종교라고 한다면, 그 의미가 영향력을 갖기 위해 마땅히 그 사회의 주된 흐름들과 위기들과 연결되어 생동적이고 설득력 있는 어휘를 갖추어야 한다. 즉 기독교의 상징들과 해석들이 근대적 토양에 뿌리박고 있음을 분명히 할 때, 그 역사적 본질은 오히려 더 잘 유지되고 새로워진다. 그렇지 않으면 그것은 고답적이고, 기괴하고, 비실재적인 것처럼 보이게 될 것이다. 이런 의미에서 사회의 훌륭한 예술가들과의 밀접한 유대는 신학적인 사고와 복음화에 다행스러운 결과를 약속할 것이다. 이 점에서 예술가는 산문적인 사람들에게 '조기경보기'로 구실한다. 요컨대, 신학 교육기관에 속한 모든 사람들은 여러 예술들이 자신들의 인간성과 감수성을 확장시켜줌으로써 교회에 대해 최선의 봉사를 한다는 점을 인정해야 한다.

이상과 같은 인식은 실제로 적어도 미국의 유수한 신학대학들에서 예술과 연관된 교과들이 증가하고 있음을 통해 그 타당성이 입증되고 있다. 신학과 회화, 종교와 무용, 흑인 종교유산에서의 예술, 기독교 이외의 종교와 예술, 신학과 건축, 예술과 창조적 상호소통, 신학과 시, 미학과 예술비평, 신학과 영화, 예배와 예술, 교회사에서의 예술, 신학과 문화 및 예술, 신학과 연극, 그리고 신학과 교회음악 등이 그러한 예들이다.

한 교회의 수준은 목회자의 수준을 넘지 못한다는 상식에 입각하여 미래의 목회자를 양성하는 신학교육기관의 경우를 중점적으로 살폈으나, 여기에서 제기한 문제들은 기독교교육 전반에도 해당될 것이고, 나아가 여타 종교에게도 일종의 타산지석이 되리라 생각한다. 이 심포지

엄이 그와 같은 문제를 진지하게 다루고자 하는 자리로 마련된 만큼 많은 성과를 거두리라고 믿어 의심치 않는다.

마지막으로 성숙기 헤겔이 계시종교에 있어 극복되어야 할 것이라고 단순하게 간과한 예술종교, 특히 축제가 오늘의 시점에서는 정치신학과 연결된 축제신학 또는 놀이신학이라는 관점에서 재고되어야 할 필요성이 대두하고 있다는 것에 대한 후속논의가 필요하리라 본다.

6장

선교 신학의 기본 이해

들어가며

이 글은 데이비드 보쉬의 『변화하고 있는 선교』[65]에 입각해서 선교신학의 기본의의와 함께 특히 계몽주의의 영향을 받은 선교와 그 이후의 도전을 이해하고자 한다. 토착화신학의 경우를 살피고자 하는 것도 그러한 이해의 연장선상에 있다.

여기에서 가장 기본적인 명제는 기독교 신앙이 본질적으로 선교적이라는 것이다. 달리 말하면, 선교학은 기독교 신학의 한 분과로, 중립적인 학문이라기보다는 오히려 기독교 신앙의 관점에서 세상을 고찰하는 시도로서, 하나님과 세상 사이의 역동적인 관계가 구약과 신약을 통해 나타난 하나님의 자기계시에 대해 회고되는 속에 그 신학적 기초를 갖게 된다. 그러나 하나님의 자기계시가 인간의 역사와 무관할 수 없다.

---

[65] 데이비드 보쉬, 김병길, 장훈태 공역, 『변화하고 있는 선교』(서울, 기독교문서선교회, 2000)

그러기는커녕 신적인 섭리와 '사람의 혼란' 간의 긴장이라는 맥락에서 수행되는, 전적으로 불안정한 사역일 수밖에 없다. '사람의 혼란'으로 인한 긴장이란, 인간이 하나의 역사적 존재로서 겪게 되는 상황 변화와 깊은 관계가 있다. 토인비는 이를 도전과 응전이라고 표현했거니와, 인간의 역사는 마치 콩 심은 데 콩 나듯이 자연적으로 성장하는 것이 아니다. 즉 인간의 생존, 특히 공동체적 존재로서의 인간의 존재방식은 시간과 장소의 차이로 인한 도전을 어떻게 극복해 나가느냐에 따라 중대한 변화를 겪게 마련이다. 이처럼 크로노스로서의 시간이 아니라 카이로스로서의 시간 이해는 필연적으로 역사에 침투해 들어와 이를 부정하고 다시 시작하게 하는 계기들이 바로 하나님의 계시에 의해 이루어진다고 믿는 신앙고백을 전제로 한다. 이런 이유로 우리는 기독교 선교가 역사적으로 보여주는 강조점의 차이가 지닌 의의를 인정할 수 있을 것이다. 선교하는 교회는 하나님의 통치를 완성하는 성취이고 역사 속에서 그 통치가 실현되는 선례라는 고백, 세상에서 부름 받는 동시에 세상으로 파송 받는 창조적인 긴장 속에 살면서 선교하는 교회는 장차 올 모든 것의 보증인 '성령의 열매'를 간직한 존재로서, 지상에 있는 하나님의 실험적인 정원이 되도록 도전받고 있다는 고백은 다 같이 선교에 대한 이와 같은 이해를 뒷받침한다. 그때에야 비로소 우리는 교회의 선교가 곧 하나님의 선교(Missio Dei)라고 감히 자부할 수 있게 될 것이다. 이 개념에 대해서는 마지막 부분에서 총괄적으로 살피기로 한다.

1. 계몽주의의 영향을 받은 선교

선교의 기본의의를 이와 같이 규정한다면, 기독교 선교의 역사적 패러다임이 여러 가지로 있어왔고 또한 있을 수밖에 없다는 것은 너무나도 당연하다. 즉 동방교회의 선교 패러다임, 중세 로마 가톨릭의 선교 패러다임, 그리고 개신교 종교개혁의 선교 패러다임을 인정하지 않을 수 없고, 당연히 그 뒤를 이은 계몽주의의 영향을 받아 선교의 동기와 주제들도 변화했음을 인정하지 않으면 안 된다. 그것을 가리켜 보쉬는 18세기 중반 이후의 선교사상이 계몽주의의 특징을 보여준다고 단언한다. 그가 말하는 계몽주의의 특징들이란 곧 (1) 논박될 수 없는 이성의 우위성, (2) 주체와 객체의 분리, (3) 원인과 결과 구조에 의한 목적에 대한 신앙의 대체, (4) 발전에 대한 열중, (5) '사실'과 '가치'의 해결될 수 없는 긴장, (6) 모든 문제는 해결 가능하다는 확신, 그리고 (7) 해방된 자율적인 개인들의 개념으로 요약된다. 그는 이 항목들에 대한 나름대로의 이해를 제시하고 있다. 그러나 그와 같은 요약을 인정한다 할지라도, 이에 대한 설명이 굳이 그가 제시하는 대로 이루어져야 할 까닭이 없다. 여기에서는 특히 이성 개념을 중심으로 이를 더욱 정합적으로 제시해 보고자 한다.

근대에 들어서면서 르네상스를 거친 이후, 서구 사상가들은 크게 나누어 합리주의와 경험주의라는 방식으로 근대적 특징을 드러냈다. 전자는 데카르트를 중심으로, 그의 "생각한다. 그러므로 존재한다"는 기본 명제가 보여주듯, 이성 능력을 중시하여 인간의 지식을 설명하고 심지어는 신의 존재까지 증명할 수 있다고 주장한다. 이에 반해 경험주의는 인간의 감성을 더 중시하면서, 인간의 지식이란 결국 자연 대상들이 사진원판에 찍히듯 인간의 감성 능력을 통해 축적된 결과이므로, 신과 같이 감성을 통해 경험할 수 없는 존재에 대해서는 회의론적으로 응대할 수밖에 없게 된다. 이와 같은 대립적인 상황에서 칸트는, 인간의 지식 또는 개념은 감성과 오성이 구상력을 통해 결합될 때에야 비로소 성립 가능하다고 보는 그의 선험철학을 통해 앞의 이론들의 한계를 극복하려 한다. '오성만의 지식은 공허하고, 감성만의 지식은 잡다하다'는 것이 그의 유명한 정식이다. 그러나 이때의 지식조차 사실은 물자체가 아니라, 물자체의 촉발을 주관적으로 처리한 결과를 물자체에 되돌리는 것에 불과하다고 함으로써 회의론의 여운을 남기고 있다. 이에 따라 예컨대 신, 자유, 영혼불멸 등은 우리의 경험(감성)을 통하지 않은 이성개념들이므로 결코 지식의 대상이 되지 못한다. 그러나 그것 없이는 인간생활이 기본적으로 붕괴될 수밖에 없으므로 마땅히 있어야 한다는 인간의 요청을 통해 존재하는 신앙의 대상이 된다. 그러기에 그는 자신의 최초의 저서『순수이성비판』의 저술 목표를 넓은 의미의 이성으로 하여금 자신의 한계를 비판적으로 알게 함으로써 신앙의 여지를 확보하게 하려는 것이라고 제시했던 것이다. 말하자면, 그는 사실과 가치의 세계를 구분하면서, 양자에게 각각의 의의를 부여했던 것이다. 그러나 그를 비판적으로 계승했다고도 할 수 있는 헤겔에 이르면, 이성의 영역은 기독교적 신과 연결되면서 절대정신이라고 명명되는 한편, 절대정신은 자기를 외화(外化)하지 않는 한 그 존재의의를 어떻게도 알게 할 도리가 없으므로, 자연을 그 첫 단계로 삼고 인간정신을 매개로 자신에게 되돌아가는 기나긴 여행을 수행하지 않으면 안 된다고 설명된다. 이에 이른바 동일성의 철학, 즉 일체의 타자를 인정하지 않는 철학이 거의 유일무이한 진리처럼 군림하게 된다. 여기에는 완성을 향한 중단 없는 전진이 있을 뿐이고, 이를 수행하는 역할이 특히 개인들의 자각적인 정신에게 위임된다. 그러므로 그는 자신과 맞서 있는 객체를 일단 인정하지만, 그것은 오로지 그것을 지배하고 있는 법칙을 알아냄으로써 정복하고 이용해야 할 대상에 불과할 뿐이다. 이를 방해하는 어떤 곤란도 인간의 능력에 의해 극복되어야 하고 또한 극복될 수 있다는 신념으로 이를 끝까지 완수해야 참으로 사람답게 된다.

이와 같은 일종의 시대정신이 영향을 미치면서, 기독교 선교는 하나님의 영광을 드러낸다는 기본적인 명제를 의식하면서도 이를 좀 더 인간적인 차원으로 해석하여 그 강조점을 '영원히 잃어버릴 것으로 생각되는 사람들에 대한 사랑의 실천'이라는 의무감으로 바꾸어 놓게 된다. 그러나 그와 같은 사명은 어디까지나 인간의 특권인 이성의 작용과 더불어 이루어져야 하는바, 그와 같은 작용능력을 누구보다 먼저 획득한, 또는 은혜로 선사받은 자신들에 대한 자부심을 키우게 된다. 그리하여 이성을 통해 아직 이성적으로 어린, 또는 무지한 타자들을 훈육하고자 하는 열정을 갖게 되며, 아울러 기독교로 특징되는 일체의 문명적 특성을 아무런 의심 없이 선교적 수단으로 활용하게 된다. 그것은 당시의 서구문명이 지닌 제국주의적 특색과 융합하면서 식민지 개척과 직·간접으로 연계되고, 피식민지의 사람들에게 소극적으로는 순종을, 적극적으로는 폭력을 수반하는 개종을 요구하게 된다. 이때, 그 주안점은 멸망할 수밖에 없는 개인들의 영혼을 구제하는 한편, 그러한 영혼 구원에 도움이 된다는 점에서 그의 생활조건을 개선하는 활동, 예컨대 의료와 교육에 열성을 보이게 된다. 그 핵심은 '세상이 필요로 하는 사회적 구원이 서구의 기술과 문화를 통해서 온다는 것'으로 요약 가능하다. 그러나 이와 같은 사고는 사실상 사람들이 복음화되고 개종된다면 도덕적인 변화가 불가피하게 따라오므로, 개인적인 개종이라는 뿌리는 결국 사회 개혁이라는 열매를 낳게 될 것이라고 기대하면서, 먼저 믿은 자신들의 신앙을 '어린' 사람들에게 전도하려는 태도에게서도 양태를 달리하면서 공통점을 드러낸다.

그러나 이와 같은 변화는 이성을 단순히 '도구주의적 이성'으로만 이해함으로써 칸트까지는 그대로 유지되어왔던 '반성능력으로서의 이성'을 증발시키고 마는 한계에 부딪친다. 이것이 비판이론, 특히 호르크하이머와 아도르노가 날카롭게 지적한 '계몽의 변증법'이다. 이를 간단히 요약하자면, 자연을 지배하는 법칙을 알아냄으로써 자연을 지배하고자 하는 관심에 따라 한껏 발전해온 과학기술이, 드디어는 그 대상을 동료 인간으로까지 연장하면서 제2차 세계대전이라는 야만상태를 빚고 말았다는 것이다. 같은 맥락에서 서양 기독교는 자신이 의식하지 못한 채, 아니 알면서도 이를 고백하고 돌이키기를 거부 내지 주저하면서, 오늘날 서양 문명의 종말적 운명을 공유하게 된 것이라고 말할 수 있다.

2. 포스트모던 패러다임의 등장

이와 같은 상황은 어떻게 해결될 수 있을까?

아마 여러 가지 대안이 제시될 수 있을 것이다. 예컨대 이성개념의 확대가 그 하나일 수 있다. 좁은 이성개념이 결국 파괴적인 축소주의와 인간의 발육부진을 낳았다면, 그것은 비유, 신화, 유추와 이와 같은 것들의 재평가와 신비의 의미를 재발견하는 것을 통해 확장되어야 한다. 그러나 그것이 일종의 방종마저 허락하여 '값싼 은혜'를 옹호하는 광신적인 상태를 조장하는 데까지 이르러서는 안 된다. 그것은 어디까지나 인과율 속에 갇혀 있는 인간들에게 진정한 미래를 볼 수 있는 '희망의 원리'를 열어 놓거나, 기계를 통해 대량으로 생산된 상품의 시장 판매를 바탕으로 극대화되는 이윤만을 추구하면서 경제발전을 인간발전의 전부로 생각하나, 이로 인해 발생되는 부익부 빈익빈 현상을 당연시하는 비인간적인 사고방식을 교정하기 위한 방편으로만 허락되어야 할 것이다. 만일 이와 같은 지혜가 이제까지의 시혜·수혜자 관계로만 해석되어온 선교 방식에도 적용될 수 있다면, 그것은 무엇보다도 피선교지와 그곳의 인민들을 타자로 인정할 수 있고, 거기에 감추어져 왔던, 아니 일방적으로 억압되어왔던 가치에 대한 새로운 조명을 당연시해야 할 것이다. 그것을 한마디로, 맥락화 또는 토착화라고 한다면, 이는 단순히 서양신학과 유사한 내용을 토착문화에서 찾아내어 번역하는 수준에 머물러서는 안 될 것이다. 그것은 부활 또는 거듭남의 기본 원리에 따라, 아니 더 원칙적으로는 화육의 신학에 따라 새로운 세계를 열어가는 오래된 새 지혜로 작용할 수 있어야 할 것이다. 우리는 이미 자연에 대한 태도 변화를 위한 여러 가지 시도에서 그와 같은 작업 양태들의 성과를 보고 있거니와, 예컨대 세계성공회 공동체의 선교 비전으로 제시된 '그리스도의 몸에서 이루어지는 상호책임성과 상호의존'(Mutual Responsibility and Interdependence in the Body of Christ)의 진정한 목표

가 단순히 다양성의 확보에서 멈추는 것이 아니라 이를 통해 공동체 전
체의 변화를 이루어 내고자 하는데 있음을 확신할 수 있게 될 것이다.

3. 토착화신학의 관점[66]

여기에서 말하는 토착화신학은 "말씀이 육신이 되심", 즉 화육신앙과
밀접하게 연관된다. 화육은 모든 토착화의 출발점이며 모델이다. 가톨
릭의 표현대로 하자면, '하나님의 말씀이 구체적인 역사와 지리를 배경
으로 해서 인간의 형상을 취했다'는 이 특별한 사건을 구체적으로 생생
하게 받아들이자는 데 그 근본취지가 있기 때문이다. 그런 의미에서 토
착화는 그리스도교의 메시지와 지역문화의 중재를 의미하며, 지역의
전통적인 가치와 염원이 스며있는 현대문화에 특히 주목한다. 그러면
서 동시에 문화적 다원성의 문제를 다루어야 한다. 이는 바야흐로 교회
가 그리스적 세계관이 지배하는 시대로부터 세계교회의 시대로 이동했
다는 사실과 연관된다.

 토착화는 예컨대 한국의 옛 문화를 낭만적으로 되살리는 것이라든
지, 한국교회를 한국화하는 것이라든지, 그 무엇보다도 전례의 가시적
인 측면에 적용하는 것이라는 이해도 있을 수 있겠으나, 그보다는 창조
의 원초적인 의미, 즉 평범한 사람들의 삶과 그 의미 세계가 해체되어

---

[66] 이 절의 주요 부분은 로버트 슈라이터, 황애경 옮김, 『신학의 토착화』(서울: 가톨릭출판
사, 1991)의 제1장을 요약한 것이다. 원저의 제목, *Constructing Local Theologies*은 '지
역 신학들의 구성'이라고 옮기는 편이 더 나을 듯싶으나, 번역서를 따르기로 한다.

혼돈에 빠져들어 이를 어떻게 표현해야 할지 모를 상황에서, 생명과 희망, 그리고 통찰을 불어넣을 수 있는 언어를 창출해내는 사람이라는 의미에서 시인이 되기를 바라는 것 같은 더욱 깊은 의미를 지닌다. 그렇게 해서 현 세계 속에서 이루어지는 복음의 체험과 기존의 그리스도교적 생활전통, 이 두 가지에 동시에 충실할 수 있는 방법은 무엇인지, 공동체가 체험한 그리스도를 그들의 구체적인 맥락에서 표현할 수 있는 방법은 무엇인지, 그리고 이것을 현재와는 판이하게 다른 언어와 개념으로 표현했던 전통과 연결 짓는 방법은 무엇인지 하는 질문들이 논의의 주제로 부각된다. 넓게 보아 문화신학의 목표와 대체적으로 일치한다고 볼 수도 있겠지만, 여기에서는 철학적 방법 못지않게 사회과학적 방법이 많이 활용되는 것도 이와 같은 맥락에서이다.

　토착화신학에 대한 요구는 첫째, 새로운 문제들이 속출하고 있음에도 불구하고 전통적인 신학이 이에 대한 해결책을 제시할 준비가 되어 있지 않다는 것, 둘째, 전통교회가 새로운 문제를 제기하는 문화와 지역들에게 구태의연한 해결책을 강요하고 있다는 것, 그리고 마지막으로 역사적인 그리스도교의 전통적인 신학적 반성과는 관계없이 새로운 형태의 그리스도교 정체성이 나타나고 있다는 것 등과 밀접하게 연관되어 있다. 특히 새로운 정체성으로부터 출발하는 신학은 맥락, 절차, 역사라는 세 영역에서 민감한 반응을 보인다. 첫째, 기존의 신학을 지역에 적응시키기보다는 맥락 자체를 검토하고자 하며, 둘째, 신학의 절차, 또는 전개과정이 주어진 문화가 그 맥락 속에서 의미를 산출하는 유형에 의해 좌우된다는 것에 유의한다. 아울러 그것은 영원불멸하는 은총의 실재를 소홀히 여기지 않으면서도 역사의 모든 모호한 현실에 대해 특별한 관심을 기울인다. 이와 같은 신학적 성찰들은 크게 세 가지 범주 또는 유형으로 제시될 수 있다.

첫째는 번역모델이다. 이는 그리스도교의 메시지에 덧붙여진 문화적인 요소를 가능한 한 철저하게 분리한 다음, 새로운 상황이나 맥락에 알맞게 번역한다. '알맹이와 껍질'의 이미지가 유효하다. 즉 '본질적'인 것은 건드리지 않는 범위에서 지역의 상황에 적용하려는 노력으로, 성서번역의 '역동적 동의어 찾기'에 비유될 수 있다. 물론 여기에는 한계성도 존재한다. 먼저는 문화를 실증적인 태도로 이해하려는 데 멈춘다는 것이다. 즉, 문화 자체가 아니라 그 문화 안에도 교회전통에 있는 양식들과 대등한 것이 있는지를 발견하는 데 더 관심을 둔다는 것이다. 그만큼 더 표면적인 문화 양식에만 관심을 기울일 우려가 있다. 또한 '알맹이' 자체가 문화라는 껍질과 공존한다는 사실이 짐짓 무시될 경우도 적지 않다. 그러면서도 교회전통이 우선권을 가지면서 물려받은 그리스도교 신앙의 전통에 충실하게 머물려는 성향이 농후하여 자칫 새로운 문화와 근본적으로 만나지 못한 채, 그 문화 안에서 낯선 목소리로 머물 수도 있다는 점에 유의해야 한다.

둘째는 적응모델이다. 여기에서는 다음과 같은 접근방식이 그 중 발전적인 것으로 간주되기도 한다.[67]

---

[67] 앞 책, p. 68.

이 하나의 신앙을 증거하는 데 사용되는 언어나 양식, 즉 표현 방식은 다양할 수 있습니다. 그리하여 이 신앙을 고백하는 사람의 언어나 생활 양식, 그리고 기풍과 문화에 적합하게 독창적으로 변용시킬 수 있습니다. 이러한 점에서 볼 때, 어느 정도의 다원론은 정당할 뿐 아니라 바람직한 일이기도 합니다. 사목 활동이나 전례 행위, 교리나 영성적인 활동 분야에서 시도되는 그리스도인의 삶의 적응화, 이것은 교회가 장려하는 것입니다. 전례의 쇄신은 이에 대한 산 증거입니다. 이러한 의미에서 볼 때, 여러분은 아프리카적인 그리스도교를 가질 수 있고, 또 그래야만 합니다. 여러분은 그리스도교 안에서, 그리스도교를 위해서 진정 우월한 충만성을 발견하는 것처럼, 여러분을 완성으로 끌어올릴 수 있는 인간적인 가치와 독특한 문화 양식을 지니고 있으며, 이 모든 것, 그리고 진정 아프리카적인 것을 충분히 표현할 수 있는 능력이 있음을 입증해 왔습니다. 이렇게 하는 데는 시간이 걸릴 것입니다. 또한 아프리카의 혼이 그리스도교의 신비스러운 카리스마와 함께 문화의 심층에 스며들어야 합니다. 그리하여 이 카리스마들이 아름다움과 지혜 안에서 참으로 아프리카적인 방식을 통하여 넘쳐흘러야 합니다.

아주 이상적이기는 하지만, 자칫 인간의 환경에 의해 빗나가기 십상이라는 약점 때문에 적응모델은 맥락모델로 접근하게 되는데, 맥락 모델은 전해 받은 사도적 신앙과 문화전통들 간의 상호작용을 더 직접적으로 다루고자 한다. 즉 적응모델이 전해 받은 신앙을 어느 정도 강조하는 데 반해, 맥락모델은 문화의 맥락을 출발점으로 하여 신학적 성찰을 시작한다. 여기에는 문화의 정체성에 관심을 갖는 민족지적 접근방법(ethnographical approaches)과 사회악이나 억압의 문제, 사회변화의 필요성에 관심을 집중하는 해방적 접근방법(liberation approach)이 구별된다. 한국의 경우에 비춘다면, 전자는 풍류신학, 후자는 민중신학에 해당될지 모른다.

전자는 대개 식민주의의 마지막 단계에서 발견되는 이른바 탈 식민주의적 접근과도 상통하면서, 그동안 거부되어 왔던 정체성이나 존엄성을 다시 주장하려 할 때 뚜렷이 나타난다. 이는 구체적인 상황에 있는 인간의 필요로부터 시작하여 신앙의 전통으로 옮겨간다는 점에서 적응모델의 관심사와 구별된다. 즉, 그것은 다른 교회에 의해 제시된 문제를 해결하기 위해서라든지 신앙을 체계적으로 이해하기 위해서가 아니라 지역주민들이 안고 있는 문제들을 해결하려고 하는 데서부터 신학적 성찰을 시작한다. 지역의 상황에 의해 제기된 문제들을 진지하게 다룸으로써 그리스도교 전통들과 대화하려고 노력한다. 그러나 자칫 정체성과 안정에 관심을 집중시키다 보면 조화와 평화를 유지하기 위해 그 환경에 나타나는 갈등적 요소들을 소홀히 여기는 경우가 종종 있고, 이에 따라 보수적인 세력으로 남을 가능성이 있다는 한계도 없지 않다. 이는 그 문화의 역사체험에 내재하는 죄를 보지 못하는, 이른바 문화적 낭만주의의 회상이 될 수도 있다는 지적과 연결되기도 한다. 아울러 문화 분석이 요구하는 전문성으로 인해 공동체를 상당한 범위에서 배제하게 된다는 약점도 있다. 그러나 복음의 전통들과 지역문화의 전통들 사이에 변증법적 관계가 밀접하게 유지된다면, 공동체에서 상당히 중요한 역할을 하는 정체성의 문제를 위해 이와 같은 접근은 거의 필수적이다. 그런가 하면 해방적인 접근방법이 사회변화의 비연속성에

대해 관심을 집중함에 반해, 민족지적 접근은 정체성과 연속성의 문제
에 관심한다는 점에서 양자는 상호보완적인 성찰을 요구한다고도 할
수 있다.

단순히 기존의 신앙을 전하려는 관심에서 한걸음 더 나아가 신앙이
받아들여져야 할 맥락에 관심을 가지면서, 우리는 토착화신학을 다음
과 같이 정의할 수 있을 것이다. 이는 맥락과 역사, 체험의 역할, 다른
공동체 안에서의 신앙전통들과 만날 필요성을 인식하면서 이루어지는
복합적인 과정이다. 변증법적 관계를 맺고 있는 것으로 이해되어야 하
는 이 요인들을 복음, 교회, 문화라고 요약한다면, 그 각각은 다음과 같
이 이해됨 직하다.[68]

복음은 예수 그리스도의 기쁜 소식과 그 분을 통하여 이루어진 구원
을 의미한다. 따라서 그것은 성서의 선포를 포함하기도 하고, 그것을 넘
어서기도 한다. 또한 그것은 지역 공동체가 예배하는 맥락과 거기에서
의 주님의 현존을 내포하기도 한다. 그리고 복음을 전하는 공동체 실천
의 여러 측면들과 선교사가 도착하기 전에 그 문화에서 이미 활동하고
있는 말씀을 내포한다. 그것은 공동체의 기초인, 구원하는 주님의 살아
계신 현존과, 그 공동체를 이끄는 부활하신 주님의 영, 그리고 문화와
전체 교회에 도전하는 예언적인 성령, 이 모두를 가리킨다.

그러나 '복음'은 하늘에서 뚝 떨어지는 것이 아니다. 우리의 신앙은 들
음으로써 형성된 신앙(fides ex auditu), 다른 사람이 들려 준 신앙이기도

---

[68] 앞 책, pp. 55-56.

한다. 복음은 언제나 육화된다. 복음은 그것을 우리에게 전해 준 사람들의 현실과, 그렇게 해서 비롯된 신앙을 자라도록 도와 준 사람들 안에서 육화되는 것이다.

'교회'는 복음이 살을 받은 문화 유형들의 복합체이다. 그것은 지역의 상황에 빠져들고, 현재나 과거의 공동체들을 통하여 확장되며, 하나님의 다스림이 충만한 종말론적 실현에까지 이르게 된다. 그러므로 전체 교회 없이는 토착 신학도 없다. 교회는 한 분이신 주님 안에서 말씀과 성사를 통하여 일치를 이루는 그리스도인들의 구체적인 공동체이다. 교회가 없으면 복음이 온전히 실현될 수 없으며, 복음이 없는 교회는 죽은 교회다. 교회가 없이는 복음이 온전히 육화될 수 없다.

'문화'는 이러한 일들이 일어나는 구체적인 맥락이다. 그것은 일정한 시간과 공간 안에서의 삶의 방식을 나타낸다. 그것은 가치와 상징, 의미들로 가득 채워져 있는가 하면, 꿈과 희망을 가지고 뻗어 나가기도 하고, 더 나은 세계를 위하여 투쟁을 벌이기도 한다. 이러한 문화의 맥락에 대한 감수성이 없는 교회나 그 교회에서 전개하는 신학은 외부를 지배하기 위한 도구가 되거나, 그리스도 가현론(docetism)에 빠지게 된다.

이러한 논지가 가톨릭을 배경으로 하고 있다는 점을 감안한다면, '교회'의 중요성이 강조되는 이유를 이해할 수 있게 되지만, 성공회를 포함하여 개신교 역시 신앙공동체 없이는 복음과 문화의 접점을 현실적으로 찾기 어렵다는 점에서 이와 같은 설명은 일단 전반적으로 수긍할 만하다고 보인다. 교회와 선교의 상호관계에 대해『하나님의 선교』에서 다음과 같은 해명을 볼 수 있다.[69]

교회는 물론 선교는 모두 하나님의 사랑의 의지 안에 그 기원을 두고 있기 때문에, 우리는 그것들이 독립적이 아니라고 이해할 때에만 언제나 교회와 선교에 관해 말할 수 있다. 교회와 선교는 모두 하나님의 도구이자 기구에 지나지 않는다.

여기에서 말하는 '하나님의 선교'는 "20세기 세계교회운동의 과정에서 발굴된 그리스도교 진리를 표현하는 대표적인 개념"[70]으로서, 1952년 7월 독일 빌링겐에서 개최된 제5차 국제선교협의회 총회는 이를 다음과 같이 규정한 바 있다.[71]

선교란 단순히 주님의 말씀을 향해 복종하는 것만을 뜻하지 않는다. 그것은 또한 공동체(Gemeinde)의 회집에 대한 의무만을 뜻하는 것이 아니다. 선교란 구원받은 모든 피조물 위에 그리스도의 주권을 세우려는 포괄적인 목표를 가지고 아들을 보내심, 곧 하나님의 선교에 참여하는 것이다. 우리가 그 한 지체로서 참여하게 되는 선교운동의 원천은 삼위일체 하나님 자신 안에 있다.

---

[69] 게오르크 F. 휘체돔, 박근원 옮김, 『하나님의 선교』(서울, 대한기독교출판사, 1989), pp. 16-17.

[70] 앞 책, p. 199(옮긴이의 붙임말).

[71] 앞 책, p. 16.이 회의의 보고서는 Norman Goodall(편), *Missions under the Cross* (London, Edinburgh House Press,1953)로 출판되었다.

나가며

이제까지 한국교회 내부에서도 토착화를 둘러싼 여러 가지 노력이 없었던 것은 아니다. 특히 유동식을 중심으로 한 '한 멋진 삶'의 신학이 그 대표적인 예가 될 것이다. 그러나 문화신학은 민중신학으로 대표되는 정치신학과 무관해서는 안 된다. 오히려 정치신학을 감싸 안는 몰트만 식의 '놀이신학'의 경지여야 한다. 그러기에 그것은 단순히 신학적인 사고의 전환에서만이 아니라, 교회 상황 전반, 즉 예배·교육·봉사·친교의 전 영역에서 표현되면서 세상과 더불어 축제하는 모습을 추구해야 한다.

이와 같은 지향을 위해서는 현재 단계로는 이른바 탈식민주의(Post-colonialism)의 이론과 실천을 눈여겨볼 만한데, 이는 포스트모더니즘과 연관되면서도 좀 더 해방지향적인 정향을 놓치지 않고 있다는 점에서 주목할 만하다. 그때에도 우리는 인간 이성을 단순히 도구주의적으로 이해했던 근대적 편향을 반성하면서 겸손한 자세, 우리에게 오늘날 주어지는 계시를 바로 이해하고 이를 실천하려는 자세를 견지해야 할 것이다. 그것이 아마도 17세기를 여는 시점에서 세상을 떠난 리처드 후커가 성서와 전통, 계시와 전통을 이성적·해석적 매개 속에서 새로운 가능성을 찾아보고자 한 정신을 창조적으로 계승하는 하나의 방편이 될 수 있으리라고 생각한다.

(7장)

문화시대의 목회적 대응[72]

들어가며

"문화시대의 목회적 대응"이라는 주제를 다루고자 할 때 우리는 무엇보다도 "문화시대"를 어떻게 이해해야 하는지를 문제 삼을 수밖에 없다. 특히 21세기에 들어서면서 그것이 마치 당연한 듯이 널리 사용되고 있는데, 무엇이 그와 같은 사태를 가져왔을까?

우선 우리는 인류 역사의 전개과정과 연관하여 이에 덧붙여지는 설명에 귀를 기울일 만하다. 굳이 누구라고 이름을 달 필요도 없이 인류 역사를 녹색혁명, 산업혁명, 그리고 지식혁명으로 파악하는 설명이 상당한 설득력을 얻고 있다. 단순한 채집이나 수렵을 통해 먹을거리를 구해왔던 인류가 농업을 통해 비교적 안정적으로 식량을 확보할 수 있었

---

[72] 이 글은 2004년 2월 2-4일, 이천 유네스코 청년문화원에서 있은 대한성공회 전국 성직자 신학연수 주제 강연을 위해 마련된 것이다. 이는 또한 신반포교회가 펴낸『새로운 교회의 모델을 찾아서』(서울, 동연 2012)에 약간의 손질을 거쳐 채록되었다.

던 변화가 가히 혁명적이라고 한다면, 인간의 손을 연장시킨 기계를 이용한 대량생산을 통해 인간의 물질적 필요를 충족시킨 산업혁명 역시 실로 인류의 생존 양식을 근본적으로 뒤바꾸어 놓은 사건이 아닐 수 없다. 자본주의, 시장경제, 관료체제, 제국주의, 식민주의, 통신기술 등등의 개념들이 복합되어 있는 이 '소품종 다량생산 체제'는, 한마디로 '힘'의 논리를 바탕으로 삼고 있으면서 인간의 개인적 내지 집단적 이기주의를 무한히 확장시켜 놓고 있다. 그리하여 자연을 이용의 관점에서만 대하게 되었을 뿐만 아니라, 동료 인간마저도 한갓 정복의 대상으로 여기는 일에 익숙해 있다.

바로 이와 같은 과정에서 이미 중요한 역할을 담당해온 지식의 역할이 너욱 강조되면서 이제 우리는 '지식사회'라는 새로운 개념에 접하게 된다. 군이 외국의 예를 들 것도 없이 우리 자신을 되돌아보면 이를 쉽게 이해할 수 있을 것이다. 한국사회는 영국이 250년, 미국·독일·프랑스가 80~100년 만에 이루어낸 산업사회를 별다른 자원도 없이 오직 지식사회의 기반인 우수한 인적 자원에만 의존하여 그 절반도 못되는 불과 40년 동안에 이루어냈기 때문이다. 조선, 자동차, 반도체 등 20여 개 산업 분야에서 한국은 세계적으로 단연 선두에 서 있다. 그러나 동시에 그와 같이 급속한 역사 단축 과정에서 인권 탄압 등 많은 문제들이 야기되는 등, 우리 자신이 아직도 이에 낯설어하면서 시대적 요구에 걸맞지 않는 사고 및 행동 양태를 드러내고 있다.

이처럼 변화된 시대의 화두로 등장한 핵심 개념이 바로 지식이요 문화이다. '지식사회'라는 개념을 40년 전에 예상한 피터 드러커는 지식사회에서의 지식은 전기나 돈처럼 오직 기능적으로 활용될 때에만 존재하는 에너지 같은 것으로, 일에 실제 적용가능한지가 중요하다고 설파한다. 이제 피할 수 없는 지식정보 혁명으로 인해 돈보다 더 쉽게 돌아다니면서 사회를 근본적으로 바꾸어 놓는 지식을 둘러싼 경쟁은, 그것이 조직이든 개인이든 국가든 모두 전 지구적 수준에서 이루어진다. 이에 지식사회는 상승이동이 무제한으로 열려있는 최초의 고도 경쟁사회가 되는 동시에 고도 불안사회를 뜻하기도 한다. 따라서 치열한 경쟁에서 느끼는 심리적 압박과 정신적 외상에 대비하고 스트레스를 이겨내기 위해 봉사활동과 같은 비경쟁적 인생을 설계할 필요가 증대된다. 이와 같은 상황을 염두에 둘 때, '문화'는 무엇을 뜻할 수 있겠는가?

1. 문화의 이해

문화의 서양적 어원은 원래 농업과 연관된다. 즉, 문화란 경작한다(cultura)는 것이 그 본래 의미이다. 그러나 단순한 물질적 필요의 충족이 인간생활의 전부가 될 수 없기에, 그것은 '살되 더 사람답게 살기 위한 노력'을 뜻하게 되면서, 당장의 필요와는 무관한 듯 하지만 자신에 대한 성찰을 통해 '사람답게 사는 길'을 감각을 통해 확인시켜 주는 예술과 거의 동의어처럼 사용되기에 이른다. 동양의 한자에서도 문화(文化)라는 글자는 자연을 마주하여 당당하게 맞서 있는 사람이 끊임없이 변화를 일으켜간다는 뜻을 함축하는가 하면, 예술은 문자 그대로 벼를 심고 있는 사람의 모습을 본 따고 있다. 마치 큰 양, 즉 기름지고 맛있는 큰 양을 뜻하는 미(美)라는 글자가 아름다움이라는 뜻을 가진 글자로 뜻을 바꾸듯, '살되 더 사람답게 살고자 하는 가치지향'을 내포한다. 그러면서 그것은 단순한 물질 중심적 사고를 견제하면서, 인간을 더욱 전인적인 존재로 바꾸어 나가고자 하는 의지를 집약해 보인다.

이와 같은 맥락에서라면, '지식사회'가 진행되는 중에 문화가 지닐 수 있는 함의는 사뭇 이중적이 된다. 첫째로, 그것은 지식의 일종으로, 경쟁전략의 일부라는 의의를 인정받게 된다. 산업사회를 '소품종 다량생산체제'라고 말한 바 있거니와, 후기산업사회 또는 지식사회에서는 그와 대비하여 '다품종 소량생산체제'가 주종을 이룬다는 표현이 통용될 수 있을 것이다. 기본적인 필요를 충족시킨 인간은 자신의 개성, 취향 등을 만족시키고자 하는 성향을 감추지 않는다. 구멍가게를 하자 해도 이제는 그와 같은 변화에 발을 맞추지 않으면 안 된다는 이야기가 된다. 이와 같은 관점에서 디자인이니, 브랜드니 하는 용어가 주목 대상이 되고, 미학이니 인류학이니 하는 인문학 분야들이 경제적 관점에서 응용되기도 한다. 즉, 지식이 단순한 암기가 아니라 창의적인 능력을 반영한다는 뜻에서 예술과의 연계가 당연시된다는 것이다.

그러나 문화가 지닌 의의가 고작 그것뿐일까? 오히려 지식사회의 경쟁이 지닌 여러 성향에 맞서 개인과 사회를 더욱 전인적인 존재로 확보하려는 이른바 통전적인 의의에 더 주목해야 하지 않을까? 그런 관점에서 본다면, 문화는, 특히 산업혁명이 가져다준 여러 가지 혜택에도 불구하고, 그것 때문에 상실 또는 망각된 요소들이 통전적 인간 발전에 보탬이 된다면, 현재와 미래의 관점에서 이를 되살려내고자 하는 노력으로 읽혀져야 하는 것이 아닐까?

이에 따라 우리는 무한 경쟁사회가 초래할 수 있는 여러 가지 폐해를 염두에 두면서 문화의 역할을 설명하는 접근방식을 일단 긍정적으로 인정할 수밖에 없다. 이 때 무엇보다도 획일화에 대항하는 다양화의 관점이 중시됨 직하다. 마치 자연계에서 생물다양성이 존중되어야 하듯 인간계에서는 문화다양성이 더욱 존중되어야 한다. 특히 우리처럼 식민지 경험에서 아직도 완전하게 해방되지 못한 경우에는 우리의 삶을 우리답게 만들어온 전통문화의 특성을 어떻게 창조적으로 살려나갈 수 있는지, 그리하여 그것이 우리 자신에게만이 아니라 세계 인류에게 어떻게 기여할 수 있도록 만들지 심도 있게 논의해야 한다. 이때 오늘의 세계를 석권하고 있는 정보매체들의 역할이 결코 무시되어서는 안 된다. 그보다는 오히려 그것들을 기능적으로 활용할 수 있는 방안이 모색되어야 한다. 특히 이에 젖어있는 청소년 세대들을 염두에 둘 때, 신·구 매체에 대한 올바른 이해는 더 이상 미룰 수 있는 과제가 아니다. 아울러 우리는 획일화와 짝을 이루는 파편화에 대비해야 한다. 획일화는 결국 인간을 개성 있는 주체로 만들지 못하고, 개개인들은 원자화, 파편화되고 만다. 여기에서 새삼스럽게 공동체성의 회복 문제가 제기된다. 그러나 이 공동체성이 자칫 또 하나의 몰 개성화를 초래하는 장치로 전락하여 개인들을 비인격적인 존재로 함몰시키는 전체주의적 기제가 되어서는 안 된다. 일찍이 19세기 독일철학자 쇼펜하우어는 무한 경쟁사회가 안겨주는 스트레스로부터 도피하기 위해 인간들이 창궐하는 새로운 향락 추구로 몰려가게 마련임을 날카롭게 지적한 바 있다. 그렇다고 금욕을 강조하는 것이 유일한 대안일 수 없다. 그것은 생명이 지닌 기본 성향에 위배되는 또 하나의 압제이자 타락일 뿐이다. 그러기에 우리로서는 이른바 재미와 함께 의미를 제공 받을 수 있는 인간 활동에 대해 관심을 키워가야 한다. 쇼펜하우어와 동시대인이자 철학자-시인인 쉴러가 이미 말한 대로, 그것은 '살아있는 형태'로서의 예술에 대한 관심으로 대표될 수 있다. 물론 여기에서 말하는 예술이 좁은 의미의 아름다움만을 추구하는 활동이어서는 너무나도 제한적이다. 그보다는 인간의 감성을 통해 지상에서 실현되고 있지 못한 이상을 끊임없이, 많은 경우에 있어서는 '부정의 부정'의 방식으로 형상화해가는 작업들을 포함하는 열린 개념이어야 한다.

마지막으로, 우리는 자연을 끊임없는 정복과 착취의 대상으로 간주하는 인간중심적 사고로부터 탈피해야 한다. 문화의 '문'(文)자가 자연을 향해 당당히 맞서 있는 인간의 모습을 상징한다고 이미 말한 바 있지만, 그것이 곧 자연을 인간이 마음대로 착취하고 드디어 자연의 반격을 초래하는 데까지 이르도록 부추기려는 것이 아님은 두말할 여지가 없다. 이미 자연을 이용의 대상으로 본격화한 산업혁명 시대에, 이에 대한 평형추로서 자연을 관조의 대상으로 삼고자 한 예술을 중시하여 미학이라는 새로운 교과가 탄생된 역사를 너무나 잘 알고 있는 우리로서는 자연과 더불어 살아가는 삶을 강조하지 않으면 안 된다. 마치 민주주의를 '인민의', '인민에 의한', '인민을 위한' 정치로만 강조하다가 '인민과 더불어'(with the people)를 망각한 결과로 오늘의 민주주의가 한계에 이르렀다면, 이는 자연에 대해서도 마찬가지일 것이다. 그런 의미에서 여러 유형의 생태학적 접근에 대한 검토와 이에 따른 행동강령 역시 시급히 모색되어야 할 것이다.

2. 목회적 대응

지식사회에 대한 통념적 이해를 바탕으로 문화시대가 갖는 의의를 앞서와 같이 설명하는 중에 이미 '목회적 대응'과 관계된 많은 시사점이 들어 있다. 그러나 이를 좀 더 구체화해본다면, 다음과 같은 부연설명이 가능할 것이다.

우선 '목회'라는 개념을 매우 신중하게 살펴볼 필요가 있다. 이 단어를 문자 그대로 푼다면. 아마도 '무리를 친다'는 것이 될 텐데, 이는 마치 목자가 양을 치듯 사제들이 교인들을 친다는 뜻이 됨직하다. 굳이 만인사제설을 내세우지 않더라도, 이와 같은 용법이 자칫 권위주의적으로 해석될 소지가 없지 않은지 곱씹어 볼 필요가 있다. 그러기에 이를 지식사회에서의 최고경영자의 역할에 견주어볼 만하다고도 생각해 본다. 앞에 거론한 드러커는 지식산업의 성격이 남녀 간의 차이와 무관하며, 따라서 자연스럽게 남녀평등(유니섹스)으로 연결된다고 말한 후에, 유능한 CEO는 절대로 '나'라고 말하지 않고 '우리'라고 말한다고 자신의 견해를 요약한다. 요컨대 유능한 CEO들은 결코 '내가 시키는 대로 하시오'라고 말하지 않고 '내가 하는 대로 하시오'라고 말한다는 것이다. 앞에서 '~더불어'라고 한 말과 상통하는 의미일 것이다. 그와 같은 관점에서 '목회적 대응'을 말한다면, 그것은 곧 사제나 일반신도나 구별 없이 어떻게 교회구성원 전체가 앞에서 말한 문화시대의 요구에 대응할 것인지의 문제로 이해될 수 있으리라고 본다.

이때 우리는 또 다시 교회란 무엇인가 하는 근본적인 질문에 당면하게 되겠지만, 일단 원론적인 논의는 접어놓은 채 통념적으로 접근한다면, 교회는 그리스도의 몸이요 그의 가르침을 실천하고자 하는 무리들, 하늘의 뜻이 땅에서도 이루어지도록 노력하는 무리들이라는 관점에서 예배·교육·봉사·친교 공동체라는 이해로부터 출발하기로 한다. 특히 그중에서도 예배와 교육 공동체의 성격을 강조하고자 하는데, 이는 예배와 교육이 그 밖의 모든 교회활동의 기초가 된다고 보기 때문이다.

성공회 감사성찬례는 말씀의 예전과 성찬의 예전이 잘 조화되어 있으면서 전통을 바탕으로 한 품격과 감동을 느낄 수 있도록 이루어져 있다. 다른 말로 하면, 성공회는 성사적인 교회로서, 말씀과 성사가 균형을 이루고 있다고 자부해도 좋을 만하다. 그러나 말씀에 감동되면 성사의 깊은 의미가 살아나고, 반복되는 성사도 지루하지 않게 된다는 것이 아무리 명백한 사실이라 할지라도, 성사에 해당하는 부분의 갱신 노력이 필요하지 않다는 논리는 성립되기 어려워 보인다. 그런 관점에서 진중한 토의가 요청된다.

첫째로, 예식의 전통이 지나치게 서양적이지 않은지 하는 문제이다. 물론 예컨대 성가에서는 교회가 추구해온 '다양의 일치'가 다소간 엿보이지만, 아직도 예복이나 예식 절차 전반에서 이른바 토착화가 필요한 부분이 없지 않다. 선교초기의 교회건축(예컨대 강화읍 성당)에서 보이던 한국적 문화요소에 대한 성찰이 더욱 강화됨 직하다는 것이다.

둘째로, 다양화라는 맥락에서 예술적 표현이 더욱 다각적으로 활용될 여지가 없지 않다. 물론 지금도 천주교회의 시각적 요소와 개신교회의 청각적 요소가 잘 어우러져 있기는 하지만, 문학적, 무용적, 연극적, 나아가 영화적 요소들의 통합은 거의 시도되고 있지 않다는 점에서 재고의 여지가 있다. 예컨대 독서와 설교 부분을 더욱 입체화·예술화할 수도 있을 것이다. 교인들의 자발성을 살려낼 수 있는 방안이 모색될 수 있었으면 하는데, 예컨대 공동기도에서 문학성과 자발성을 극대화할 방안이 연구될 만하다. 물론 기도하는 이가 중언부언하지 않아야 하겠지만, 그렇다고 매주 똑같은 기도문을 낭독하는 것으로 만족하기에는 우리의 구체적인 삶이 너무나도 긴박하다는 느낌이 강하다.

이와 같은 변화는 물론 즉흥적이어서는 안 될 것이며, 따라서 예배갱신위원회(예전갱신위원회) 등이 구성되어 지속적인 연구와 실천을 이어가야 할 것이다. 이러한 작업은 우선 절기와 긴밀하게 연결되어 시행될 수도 있겠거니와, 특히 추수감사절을 추석에서 가장 가까운 주일로 지키는 교회들이 없지 않고, 그 경우 한국적 문화요소들을 충분히 활용하고 있음을 참조해봄 직하다. 이와 같은 노력은 특히 교육과 연계해서 볼 때, 그 절실함이 더욱 커진다. 예수께서 '너희 중에 아들이 빵을 달라는데 돌을 줄 사람이 어디 있겠느냐?'라고 말씀하셨음에도 불구하고, 우리의 교회 교육현장에서는 생명의 말씀에다 교리라는 단단한 껍질을 씌워 자녀들의 입 속에 틀어넣고 있지는 않은지 반성해볼 필요가 있다. 더군다나 요즘의 청소년들은 시청각 매체에 더 익숙해 있다고 할 때, 교회교육의 매체활용에 개선의 여지가 없는지 잘 살펴봄 직하다. 물론 올드 미디어에 대한 숙달 없이 뉴 미디어에만 노출될 경우에는 사색의 깊이에 문제가 발생할 소지가 다분하지만, 활자매체를 통한 교육이라고 해서 반드시 그것이 굳어버린 빵과 같아야 된다는 법은 없다. 개 교회는 물론 교구와 관구 차원에서 이를 위한 제도적 장치가 마련돼야 할 것이고, 신학교육에서도 이 분야에 대한 강조가 있을 만하다. 이미 교회 안에 들어와 있는 하나님의 자녀들을 위한 교육차원뿐만 아니라 교회 밖에 있는 하나님의 자녀들을 위한 선교의 차원에서도 지속적이면서 다각적인 문화적 접근이 필요하다는 점은 아무리 강조해도 지나치지 않을 것이다.

　여기에서 이른바 문화선교의 의미와 방법에 대해 길게 논의할 수는 없지만, 비유적으로 말하자면, 그것은, '사랑과 감사의 언어에서 나오는 그리스도에 대한 전인적인 새로운 노래의 탐색'이라고 할 만하다. 다시 말해, 문화선교란 이 세상 안에서 이루어지는 하나님의 선교가 요구하는 전체성에 대해 교회가 어떻게 증언해야 교인들만 알아듣는 수준을 넘어설 수 있겠는가 하는 과제이다. 그것은 곧 세상과 분열된 인류를 구원하시고, 회복시키시고, 재창조하시는 '하나님의 선교'와 관련되는 문제로, 더욱 진지한 성찰을 요구한다. 다시 말해, 인간의 문화가 하나님의 창조와 부르심에 뿌리박고 있다는 사실을 바로 인식하는 동시에, 교회가 복음의 새로운 빛을 통해 모든 기쁨과 고통 가운데에서도 삶을 축하하고 희망과 실망을 경험하는 문화의 영혼 속으로 꿰뚫고 들어가야 한다는 것을 뜻하기도 한다. 이는 또한 예컨대 교회가 예술을 단순히 자신의 기존 이해를 선전하기 위한 수단으로 삼고자 하는 수준을 넘어서서, 현대예술이 펼쳐 보이는 새로운 세계를 통해 자신을 새롭게 하고자 하는 의지의 표명으로까지 나아갈 것을 요청한다. 그러자면 전문적인 예술가와의 허심탄회한 대화와 공동 작업을 주저하지 말아야 한다. 물론 이를 위해서는 비전문가들 역시 어느 정도는 예술가적 재능을 타고 났다는 사고가 전제되어야 한다.

끝으로 봉사와 친교의 차원에서도, 더욱 깊이 있는 만남을 시도하려면, 문화적 접근이 여전히 절실하다. 가령 외국인을 대상으로 한 활동에서도 그들의 역사와 문화, 그리고 오늘의 상황에 대한 심층적인 이해를 통해, 자칫하면 빠져들기 쉬운 위선으로부터 우리 자신을 구출해내지 않는 한, 진정한 의미에서의 섬김은 불가능할 것이다. 그 때에 우리는 특히 아시아적 문화들이 갖는 차이성과 함께 공통성을 실감하면서, 그리고 오늘의 한국문화를 가능케 한 역사 과정에 미친 그 문화들의 공헌에 대해 감사하면서 진정한 평화의 문화를 정착시키는 데 기여할 수 있게 될 것이다. 이는 또한 과거의 아시아적 문화전통이 지녀온 친환경적, 친 생태적 특성을 오늘의 문명 상태에서 어떻게 되살릴 수 있을 것인지에 대한 심도 있는 논의를 가능케 할 수도 있을 것이다. 이와 같은 자세가 외국 사람들에 대해서만 요구되지 않는다는 것은 두말할 여지가 없을 것이나, 이미 예정했던 지면이 다했으므로 상론은 생략하기로 한다.

나가며

정철범 주교의 2004년도 사목서신에 따르면 ①중단 없는 복음화와 교회개척사업, ②평신도의 영성과 지도력 개발, ③사회선교의 개발과 활성화, 그리고 ④해외선교의 활성화 등이 중점사항으로 명시되어 있고, 이밖에 교무구의 기능 확대와 행정 쇄신이 강조되어 있다. 이상의 항목들을 우리가 앞에서 논의한 문화시대에의 대응과 어떻게 조화시킬 것인지가 토론의 한 제목이 될 수 있으리라고 보는데, 일단은 크게 충돌

될 일은 없어 보인다. 오히려 여러 가지 면에서 조화를 이룰 수 있을 것으로 보이는데, 특히 복음화와 영성 개발이 그러하다. 이는 공동기도문 개정과도 연관된 것으로 이해될 수 있다. '1962년에 캔터베리와 요크, 두 관구에서 성직자가 관구의회에서 정한 공도문 책'을 표준으로 삼는 단계에서 한걸음 더 나아가 '교구 주교가 주교의 예전적 권리를 마땅히 행사함으로써 규례와 서식을 변경하여 사용케 할 수도 있다'는 내용을 어떻게 시의 적절하게 실현시킬 수 있겠는지 하는 문제와 직결되어 있기 때문이다. 또한 '여러 나라와 지방에 설립한 교회는 사람의 권한으로 제정한 법식과 예절을 변경, 소멸하여 제정(도덕을 세우기 위하여)할 권한이 있다' 하였으니, 만일 앞에서의 논의가 그 타당성을 인정받을 수 있다면, 그 근본취지를 적절히 살릴 수 있는 방안이 검토될 만하다.

유한한 인간이 무한한 초월적 세계를 안다고 해도 그 모두는 결국 상징에 불과하다. 그렇다고 해서 옛것에 집착하여 새것을 물리친다든지, 새것만을 추구하여 옛것을 내버린다든지 하는 행위가 능사일 수만은 없다. 우리는 어차피 유한한 존재들이면서 무한한 세계를 나름대로 담아보려고 애쓰면서 행여 나의 터득이 다른 이들에게 더 나은 지혜를 일러주는 방편이 된다면, 이를 무한한 기쁨으로 삼고 즐겨 그 일을 행하는 수밖에 없다. 일찍이 장자는 「양생주」(養生主) 편에서 백정의 소 잡는 이야기를 통해 그와 같은 도리를 일러준 바 있다.

백정이 문혜군을 위하여 소를 잡는데, 손으로 움켜잡고, 어깨로 받치며, 발로 밟고 무릎으로 누르면서 쓱쓱 칼질을 하는 동작이 마치 음악에 맞추어 춤을 추는 것 같았다. 문혜군이 "참 훌륭하구나. 기술이 어찌 그런 경지에 이를 수 있단 말이냐?"하고 감탄했다. 백정이 칼을 거두고 대답했다. "신이 추구하는 것은 도(道)이지 기(技)가 아닙니다. 도는 기(技)를 정진해 나아가야 얻어지는 것입니다. 처음 신이 소를 잡을 때에는 보이는 것이 소뿐이더니 삼 년 후에는 소가 보이지 않았고, 지금은 육감으로 소를 알아차릴 뿐 눈으로 보지 않습니다. 소의 몸체 기관의 마디에는 틈이 있고 칼날은 두께가 없는 즉, 두께가 없는 것을 틈 있는 데로 넣으니 상대적으로 공간이 넓어 칼날을 휘두르기가 자유롭습니다. 그래서 십구 년이나 쓴 칼인데도 지금 막 숫돌에서 갈아낸 것 같습니다. 그렇지만 막상 뼈와 심줄이 엉켜 붙은 것을 만나면 신도 조심하여 정신을 모으고 칼을 천천히 섬세하게(미묘하게) 움직입니다. 이윽고 그 곳이 풀려지면 마치 흙덩이가 땅에 떨어지듯 소는 와르르 해체됩니다. 그때야 칼을 비껴들고 일어서서 사방을 둘러보면서 숨을 크게 들이쉬고 흐뭇한 마음으로 칼을 닦아 집어넣습니다." 문혜군은 이 말을 듣고 "참으로 훌륭하구나. 나는 오늘 백정의 말을 듣고 양생의 도를 배웠노라"하였다. [73]

김충열 교수는 이를 "백정은 소 잡는 것이 직업이고, 그 업에 종사하려면 소 잡는 기술이 뛰어나야 하는데, 그렇지 못하면 공구는 공구대로 망가지고, 힘은 힘대로 들고, 해놓은 일도 깨끗하지 못할 수밖에 없으니, 그러면 그 일이 하기 싫어지고, 그래도 그 일을 해야 할 때는 짜증이 날 것이다"라고 해설한다. 이제까지 문화를 말한 취지가 단순히 기론(技

---

[73] 김충열,『노장철학강의』(서울, 예문서원,1995), pp. 320-321

論)으로 받아들여지지 않고, 그것이 목회의 지고한 경지를 높은 곳, 먼 곳에서가 아니라, 바로 우리 삶의 깊은 속에서 찾아야 한다는 뜻과 상통하는 것으로 여겨질 수 있다면, 그리하여 삶을 예술로 승화시켜 향유하는 보람과 즐거움을 더하자는 권유로 받아들여질 수 있다면, 이 글은 그런대로 구실을 다 한 셈이라고 여기고자 한다.

제2부

창조적 예배의 사례들

창조적 예배[1]

들어가며

목회자를 위한 계속 교육의 일환으로 실시되는 이 세미나에서 창조적 예배에 관해 논의할 시간이 마련된 것을 이에 관심하고 있는 사람의 하나로 기쁘게 생각한다. 그러나 주최 측에서 요청한 강의 방향, 즉 창조적 예배의 컨텍스트와 의미, 여러 유형들과 그 특징 및 준비, 고려할 사항, 예배 갱신의 과제와 문제들, 창조적 예배의 신학적 과제와 그 가능성 등은 여러 가지 제약에 비추어 볼 때 제대로 충족되기 어렵다. 그러므로 여기에서는 이와 연관된 극히 일부만을 다루게 될 것이다.

오늘날 새로운 예배니 실험 예배니 하는 이름 아래 적지 않은 관심과 노력이 기울여져 있고, 많은 사람들이 그렇게 이루어진 사건들에 의해

---

[1] 이 글은 원래 연세대학교 연합신학원 목회자 하기 신학 세미나 강의집(1986)에 '현대교회 예배연구(1): 그 신학적 접근(3)'으로 수록된 것이다.

고양된 느낌을 받았다고 말하기도 한다. 그러나 정작 그것이 '기독교 예배'였던가 하는 질문에 대해서는 별로 생각이 미치지 않는 것 같다. 특히 미국 교회에서 그러한 새로운 형식의 예배들이 그야말로 '실험'되고 있고, 때로는 그로 인해 굉장한 은혜를 받았다고 생각하고 돌아오는 사람들도 적지 않다. 그러나 과연 그것이 예배일까 하는 데 대해 나는 의문을 갖는다.

내가 독일에 있을 때에도, 특히 청년들을 대상으로 하는 많은 행사들이 상당히 새로운 요소들로 확장되는 경우들을 보았다. 그 중에 특히 '키르헨 탁'(Kirchentag)이라고 하는 행사가 있는데, 이는 전국의 개신교 교인들, 그 중에서도 평신도들이 중심이 되어 준비하는 행사로서, 2년에 한 번씩 개최된다. 행사가 대개 5~6일 간 계속되기 때문에 우리말로는 '교회주간'이라고 옮길 만하다. 행사기간 중에는 청년층을 겨냥하여 음악, 연극, 무용, 그림, 환등, 영화 등등의 요소들을 섞어서 기독교적 의미와 신앙 고백의 새로운 형식들이 펼쳐진다. 세계적 안무가 존 노이마이어가 바흐의 〈마태수난곡〉을 활용한 모던 발레를 공연하기도 했고, 가톨릭계에서 나름대로 이름난 작곡가가 〈아베 에바〉라는 교회용 음악극을 발표하기도 했다. 후자는 경동교회에서 공연된 바 있는데, 어머니 마리아의 눈으로 본 예수의 생애라는 독특한 관점과 마지막에 성찬을 대신하여 모든 참석자에게 백합꽃을 나누어주는 장면이 인상적이다.

그러나 어떤 것들은 너무 지나쳐서 그것이 정말 예배일까 하는 의심이 들 경우도 적지 않다. 이런 상황을 염두에 두면서 우리는 이른바 창조적 예배의 실천 문제보다는 그 이론적 기초에 더욱 치중할 필요를 느긴다. 특히 미학을 전공하는 나의 입장에 따라 다분히 기독교 예배와 예술의 상관관계 내지 접합 가능성에 대한 질문을 전면에 내세우게 될 것이다.

1. 예배와 예술 관계의 역사적 개관

오늘 강의 제목이 '창조적 예배'인데, 나로서는 '실험 예배'라는 용어를 별로 사용하고 싶지 않기 때문에, 참으로 적합한 표현이다. 왜냐하면 예배는 어디까지나 우리가 하나님 앞에서 드리는 제사로 우리 자신을 되살리는 것이기 때문에, 거기에 '실험'이라는 낱말을 붙일 수는 없다고 보기 때문이다.

우선 우리는 서론삼아 교회 생활, 그 중에서도 예배와 예술이 역사적으로 어떤 연관을 맺어 왔는지 살펴보는 것이 좋을 듯하다.『예배와 예술』의 저자 로버트 분더리히는 기독교 예배가 항상 다양한 형식으로 예술을 이용해 왔음을 인정한다. 그의 입장은 다음과 같이 요약된다.

역사적으로 볼 때 여러 예술은 교회 생활에서 기능적인 역할을 충족시켜 왔다. 여러 예술이 행해 온 기능은 기본적으로 이중적이라고 하겠는데, 그것을 우리는 상호 소통과 응답이라고 기술할 수 있을 것이다. 예술이라는 매체를 통해 하나님의 구원이라는 위대한 메시지가 힘 있게 선포되며, 그 의미가 우리에게 더욱 분명하게 밝혀진다. 똑같은 매체를 통해 기독자는 자신의 존재를 깊은 곳으로부터 하나님의 구속사에 응답하도록 이끈다.

이런 입장에서 그는 기독교와 예술, 교회 생활과 예술, 또는 예배와 예술의 접합 가능성을 역사적으로 증명해 보였다. 그 세세한 내용을 여기에서 나열할 수 없기에 생략하거니와, 그러한 상관관계를 강원용 목사가 시무하던 경동교회를 예로 들어 살펴본다.[2]

일반적으로 개신교 교회의 예배 형식은 사실상 매우 드라마적인 요소를 가지고 있지만 대부분이 고정적인 형식에 매여 있기 때문에, 생생한 '몸으로 드리는 산 예배', 또는 '신령과 진정으로 드리는 예배'가 될 수 있도록 만들고자 하는 것이 각종 절기 행사의 기본취지였다. 예배와 예술의 거리를 좁히려고 하는 것도 이러한 '산 예배'를 위한 것으로, 선교 2세기를 맞이한 오늘날의 한국교회가 어떻게 하면 교회 생활을 질적으로 더욱 향상시킬 수 있겠느냐 하는 질문에 직면하면서, 문화적 측면의 접근을 가능한 대안 중 하나로 고려했던 것이다.

경동교회가 새롭게 시도한 추수감사절 행사가 이런 문제를 고려한 대표적인 사례가 된다. 추수감사절은 결국 한 해 동안의 수고하여 거둔 곡식을 하나님 앞에 바친다고 하는 간절한 뜻에서 비롯된다. 그러나 그 구체적인 날짜에는 상당한 이견(異見)이 있을 수 있다. 우리나라의 추수감사절은 미국인들이 지키는 11월 셋째 주일이기 때문인데, 감사의 뜻

---

[2] 당시 이 교회에는 여러 위원회들 중 행사위원회가 있었는데, 이 행사위원회는 예술위원회적 성격을 겸하고 있으면서, 주로 교회의 절기 행사 등을 꾸미고 있었다. 당회는 최후적인 결정을 내릴 뿐 교회 업무의 대부분은 집사들 중 하나가 위원장을 맡은 각종위원회가 중심을 이루었다. 전문성을 살리기 위한 것으로, 당시 필자는 30년 가까이 행사위원회를 주도했다. 이후 당회원들이 각종 위원회를 책임지는 체제로 바뀐 것으로 아는데, 나로서는 그 성과에 대해 아는 바 없다.

은 받아들여야 하겠지만 굳이 그 날짜까지 받아들여야 할 필요가 있겠느냐 하는 반성이 경동교회 안에서 오래전부터 일고 있었다. 연세대 유동식 교수도『司牧』(사목)이라는 잡지에서 '우리가 추수감사절을 꼭 미국 사람이 지키는 날짜에 지켜야 하겠느냐'라는 질문을 제기하면서 추석과 추수감사절을 연결시키기 위한 제안을 내놓은 바 있지만, 강원용 목사 역시 이 같은 주장을 주도적으로 펼치면서 교회의 추수감사절을 우리 고유의 명절인 추석과 연결시킨 것이다. 굳이 신학적으로 말한다면, 한국문화의 거듭남을 위한 시도라고나 할까? 이에 따라 우리의 전통 문화 요소를 살리는 것이 어떻겠느냐 하는 문제가 신중히 검토되었다. 예컨대 추수감사절 아침 예배 때에는 찬송을 드리고 묵상할 때 조용한 음악을 짧게 연주한 후에 징을 한 번 울리는 순서가 있었는데, 징을 울린다고 하는 것은 개막의 표현이다. 이는 우리의 전통적인 소리를 되찾는 분위기를 가져왔다. 또한 조성(調聲) 음악만이 아니라 일종의 소음을 녹음해서 도시생활의 복잡한 면모들을 실감하는 순서들도 넣어 보았고, 또 추수감사절 때마다 흔히 하는, 곡식을 제단에 바치는 순서도, 교인의 직업 군(群)을 학문, 상업, 예술, 의료, 가사 등 몇 개로 나누어서 기도문을 미리 작성하여 생활의 봉헌으로 진행하였다. 이러한 봉헌이 주로 시(詩)로 표현되었기 때문에 전체 분위기가 예술적 방향으로 잘 다듬어졌다고 평가된다. 그날 저녁에는 탈춤을 배경으로 해서 기독교와 유대 민족의 역사를 비교해 보는 행사를 했다.

마침 안병무 박사의 요청에 따라 나는 한국신학연구소에서『축제와 일상』이라는 책을 묶어 보았는데, 이 책의 전반부는 내가 독일에 있을 때 친한 친구 중 하나였던 마르부르크 대학의 실천 신학 교수 마르셀 마르틴의 저서를 번역한 것이고, 후반부는 나의 글들로 구성되었다. 부록으로 1975년에 경동교회에서 드렸던 탈춤예배의 대본을 수록했다. 이 책에 재록되어 있으니 참고가 가능하리라 본다. 어떻게 그것이 예배가 될 수 있겠느냐고 할 사람도 있겠으나, 교회로서는, 우리의 문화와 생활을 바탕으로 '몸으로 드리는 산예배'를 통해 신앙을 고백했노라고 자부했다.

작게는 이런 교회 내 행사가 사례가 되겠지만, 선교 100주년을 맞는 축제 역시 그러한 범주에 속한다. 만 14개월 동안 준비해서 잠실 체육관에서 이루어진 〈빛과 하나 되어〉라는 이 행사에 대해 당시에도 여러 가지 말씀들이 많았으나, 우리의 목표는 우리가 갖는 신앙 고백을 어떻게 더욱 가다듬고, 정성스럽고, 질적으로 더욱 승화된 것으로 할 수 있겠느냐 하는 것이었다. 이것은, 전반적인 테두리에서 말하자면, 하나의 문화선교라고 할 수 있겠으나, 이를 기획했던 나는 그것을 하나의 예배로 준비했다. 이런 사례를 드는 것은 아직 우리나라에서 교회와 문화가 밀착되지 않은 상황에서 나름대로 시도가 진행되고 있다는 것을 설명하기 위함이다.

앞에서 말했듯이, 본 강좌의 내용을 이처럼 구체적인 사례를 통해 구성하는 것도 가능하겠으나, 나는 사례들이 사실상 그다지 중요하지 않다고 생각한다. 왜냐하면 어떠한 형식의 예배가 가장 창조적인 예배냐 하는 것보다 예배를 어떻게 이해하느냐, 또는 예배와 예술이 어떻게 관련 맺을 수 있느냐 하는 초보적인 탐색이 더욱 중요하고, 그것이 어느 정도 해결된 뒤에야 사례들이 생겨날 수 있다고 생각하기 때문이다. 그러므로 여기에서는 원론(原論)적인 이야기를 하고자 한다.

이러한 기본 전제 아래 우리는 구약을 통해 모세로부터 그리스도에 이르기까지 예술이 히브리 민족의 예배에서 어떻게 기여해 왔는지를 살펴볼 수 있고, 나아가 신약 및 초대교회, 즉 주후 6백 년까지의 그리스도 교회의 역사를 같은 맥락에서 살펴 볼 수 있을 것이다. 뿐만 아니라 중세기(1,000~1,500년), 문예 부흥기(1,450~1,600년), 바로크 시대(1,600~1,750년), 로코코 및 고전 시대(1,725~1,800년), 낭만 시대(1,800~1,900년), 그리고 현대 역시 예배와 예술이라는 관점에서 고찰될 수 있다.

시편 150편 1~2절을 보면 이런 말씀이 있다.

> 할렐루야, 그의 성소에서 하나님을 찬양하며
> 그의 권능의 궁창에서 그를 찬양할지어다.
> 그의 능하신 행동을 찬양하며
> 그의 지극히 위대하심을 따라 찬양할지어다.

우리가 잘 알고 있는 대로 구약 안에는 상당히 많은 악기들이 등장하고 있고, 상당한 정도의 시편들이 있다. 그러므로 우리는 시편이라든지 악기가 하나님 찬양에 매우 적합한 방법으로 이해되어 왔다는 것을 넉넉히 짐작할 수 있다. 그런데 우리가 아는 바대로 구약시대는 우상 숭배의 금지를 제1계명으로 삼았다. '내 앞에 다른 신을 섬기지 말라.' 모세와 아론의 대결은 이런 의미에서 조형 예술에 대한 히브리 민족의 극단적인 기피를 대표한다고 볼 수도 있다. 음악이나 문학 그리고 무용까지도 사용된 사례가 있으나, 유독 조형 예술의 분야에서 만큼은 히브리 민족이 상당히 인색하였다고 보여진다.

　신약 시대와 초대 교회에서도 여전히 유대의 전통이 상당히 전승되어 시가와 음악이라는 요소는 예배에서 매우 빈번하게 사용되었던 것을 알 수 있다. 물론 초기 기독교에도, 가령 물고기 상징에서 보듯, 조형적인 요소가 제한된 범위에서나마 활용되었던 것을 알 수 있다. 그러나 전반적으로 볼 때, 그리스도로부터 600년에 이르기까지 초대 교회는 찬송가와 시가를 중심으로 예술과 접촉한 셈이다. 그 이후 기독교가 차츰 민족 종교가 아니라 세계 종교로 바뀌면서, 특히 로마 제국의 후광으로 하나의 국제적인 종교로 되어가면서 이교도와의 접촉은 불가피했다. 이처럼 이방 문화와의 접촉이 잦아지자 기독교의 복음 전파에 조형 예술이 갖는 장점이 새롭게 부각되었다. 특히 당시에는 미사의 집전이나 성경 봉독이 라틴어로 이루어져 일반 사람들은 그 성경의 내용에 쉽게 접근할 수 없었기 때문에 ‘보는 성경’으로서 조형 예술품들의 역할이 결코 가볍지 않았다.

　그렇지만 민도가 점점 높아지면서 교회는 일방적, 무조건적으로 권위를 내세울 수 없게 되었을 것으로 추측된다. 무엇인가를 가르치고 이해받아야만 교인들이 그나마 따라오는 시대가 되었다는 사실이 기독교와 조형 예술의 접합에서 제일 중요한 계기가 되었다고 짐작된다. 말하자면, 성서의 기본적인 핵심은 ‘예수 그리스도께서 우리를 위해 십자가에서 돌아가셨다’는 것인데, 그 내용을 가장 생생하게 전달하기 위해 결국은 조형 예술을 통해서 벽이나 천장 등에, 십자가 위에서 돌아가실 때까지의 장면을 14개처로 나눈 그림과 조각을 둔 것이 아닐까? 당시 작품들을 보면 또한 지옥을 그린 그림들이 상당히 많다. 거기에는 ‘너희가 교회의 명령을 따르지 않으면 이렇게 고생한다'는 일종의 위협적 교훈이 담겨진 것으로 읽혀질 수 있다. 여하 간에 중세 교회가 조형 예술을 상당히 많이 활용하였던 것은 틀림없는 사실인데, 연극적인 요소도 이에 가세한다. 특히 부활절에 '우리 주님이 부활하셨다'라는 환희를 실감나게 보여주기 위해 예수의 빈 무덤, 세 마리아의 등장, 천사의 깨우침 등을 연극으로 꾸며 교회 한 부분에서 부활절 예배 시간에 행했던 것이 중세에 연극이 부활하게 된 중요한 계기가 되었다. 그런데 차츰 그 규모가 커지고 내용이 번다해져 가면서 연희 장소가 교회당에서 마당으로 옮겨간다. 교회 마당으로 옮겨 간 이런 종류의 행사가 연극적인 요소를 강조하게 되자 세속화로 흐른다 하여 교회 밖으로 쫓아낸 것이, 오히려 중세 이후에 연극이 본격화되는 계기가 되었던 것은 역사적 역설에 속한다.

앞에서 잠깐 언급한 바와 같이 교회와 예술이 굉장히 친밀한 관계를 가져왔다는 것은 숨김없는 사실이다. 그런데 개신교의 전통에서 문제가 생겼다. 특히 칼뱅도 그렇거니와, 루터는 종교개혁을 일으킬 때 '믿음으로만 구원을 받는다!'라는 명제를 내세웠다. 그래서 이제까지 천주교에서 활용되었던 조형 예술은 상당히 위험시되었다. 공적인 권위가 아니라 인간의 영혼에 대한 직접적인 호소를 통해 기독교 복음이 전달되어야 한다는 강조점 때문에 루터 이후로 개신교에서는 조형 예술, 연극, 무용이라는 요소들이 거의 배제되고, 오로지 음악에 의존하는 역사가 시작되었다.

바로 그 루터의 종교개혁 품 안에서 바흐라는 위대한 합창 음악가가 탄생했던 것이다. 그 이후로 우상 숭배를 배격하고 믿음에 의한 구원의 교리를 강하게 지키려 했던 개신교 전통에서는 은혜 받는 수단이 청각적으로만 발전했다. '말씀으로만'이 목사의 설교와 동일시되면서 설교가 모든 예배의 중심이 되고, 그것을 보조하는 수단으로 음악이 활용되는 변화가 있게 된 것이다. 더군다나 낭만주의 시대를 지나가면서 이러한 전통은 더 강화되었다. 낭만주의는 인간이 갖는 유한한 성격에 회의를 느끼면서 무한한 것에 대한 동경을 강조하던 시대였고, 따라서 인간의 정서가 의식보다 훨씬 더 확대되었던 시대였다. 그러한 과정 중 음악에서 큰 변화가 일어났는데, 그것이 이른바 복음성가의 출현이다. 그런데 복음성가는 신앙의 대상인 하나님보다 신자의 심정을 강조한 부분들이 많이 나타났기 때문에, 하나님보다는 하나님을 믿는 신도들 또는 개인들에 대한 강조가 이루어지면서, 자칫 기독교의 본질을 왜곡할 위험이 생겨났던 것이다. 이는 낭만주의 시대의 복음성가의 출현과 함께 검토해 보아야 할 문제이다. 그러던 중 낭만주의에 대한 반대가 일어나면서 '예전'에 대한 관심이 다시 제기되자, 그것을 깊이 있고 윤택하게 만드는 방법 중의 하나로 예술적인 요소들의 가미가 여러 가지로 검토된 바 있다. 특히 두드러진 변화들 중 하나는 교회 건축이다. 고딕시대에는 무한한 하나님을 향한 동경으로 뾰족한 첨탑들을 세웠다고 한다면, 근자에는 교회의 세속적 기능을 참조하면서 생활과 밀착된 조형미가 상당히 강조되고 있다.

20세기라는 시점은 '오늘 아침 일어났을 때 세계는 새로운 곳이 되었다'라는 말이 유행할 정도로 20~30년이라는 짧은 시간에도 철학, 과학, 미술, 그리고 건축 부분에서 오랜 세기 동안 간직되었던 생각들의 대부분이 뒤흔들리고, 따라서 우리가 지금까지 지켜왔던 예배 형식에서도 상당한 변화가 일어나 예술에서 또 다른 르네상스가 만들어지고 있다. 교회 건축에서만 보아도 고딕 양식이라든지 그레고리안 양식, 또는 미국의 '작은 갈색 교회'라는 것들이 그 나름대로 시대에 따라서 세워졌지만, 현대에서는 이 시대에 맞는 기독교적 신앙을 표현하고, 현대 신앙 공동체에 봉사하기 위한 새로운 형식들과 시도들이 강하게 적용되었다. 그리하여 우리는 우리 세대의 훌륭한 예술가들이 이룩한 질적 수준과 그 수준으로 제작된 작품의 가지 수가 이 시대를 교회 생활에서 매우 고무적이고 희망적인 세대로 만들고 있다는 사실을 분명히 확인할 수 있게 될 것이다. 그러므로 교회 양식도 단순히 네모난 공간이 아니라, 하나님께 예배드릴 수 있는 분위기를 적절하게 만들어 낼 수 있는지에 대해 관심을 가질 것이다.[3]

2. 예술에 대한 체계적 이해

이와 같은 역사적 이해 못지않게 우리는 예술 자체에 대한 체계적 이해를 필요로 한다. 특히 한 교회의 수준은 목회자의 수준을 넘어서지 못한다는 목회학의 일반 원리에 비추어볼 때, 신학 교육기관에서 예술이 차지하는 비중은 관심 대상이 되지 않을 수 없다. 보스턴 신학원의 원장이었던 월터 웨이거너의 신학 교육과 예술의 상호 관계에 대한 글은

---

[3] 예를 들어 경동교회는 건축가 김수근을 통해 시대에 흔들리지 않는 기도하는 손과 초대 교회의 암굴 속에서의 신앙생활을 상징하는 듯 한 예술적인 교회 건물을 완성했다. 즉 단순한 공간이 아니라 예술과의 만남을 통해 기도드리는, 예배드리는 자세의 표현이 가능해진 것이다. 참조. 이정구,『교회건축의 이해』(서울, 한국학술정보, 2012)

이 점에서 참고가 된다.[4] 그는 다음과 같은 네 가지 관점을 분명히 한다.

첫째, 신학도들로 하여금 예술과 교회 간 관계의 역사에 친숙하도록 해주는 노력이 이루어져야 한다.

둘째, 신학도들에게 예술적 성취에 상응하는 약속과 함께 예술적 성장과 발전을 위한 기회를 마련해줄 필요가 있다.

전에 읽은 서광선 교수의 글에 이런 이야기가 있었다. 어떤 땅재주를 잘 넘는 광대가 있었는데, 이 광대는 무척 신부가 되고 싶었다. 그가 너무나 졸라대서 할 수 없이 신학교 교장 신부가 그 땅재주꾼을 신학교에 입학시켰다. 그러나 졸업시험칠 때가 되어도 그는 도저히 강의들을 알아들을 수 없었고, 따라서 제대로 준비할 수도 없었다. 이때부터 그는 이상한 짓을 시작했다. 그는 밤중마다 어디로 사라졌다. 소문에 따라 이 교장 신부가 지켜보니까 밤 12시쯤에 과연 그가 빠져나갔다. 그래서 뭘 하는가 보니까 성당에 가서 기도하는데, "하나님 저는 시험을 통해서는 도저히 당신을 기쁘시게 해 드릴 도리가 없습니다. 제 재주는 이것뿐입니다." 하고서는 열심히 땅재주를 넘더라는 것이다. 그래서 교장 신부가 이를 보고 기특하게 여겨 졸업장을 주었다는 이야기이다. 이렇게 극단적인 예로 재주만 믿고 신학적인 훈련을 하지 말라는 이야기는 아니다. 그러나 예배라는 것은 그 안에 상당한 극적인 요소가 가미되어 있기 때문에 예술적인 접근도 가치가 있다.

셋째, 예술적 표현 자체가 존엄성과 자율성을 가지고 있다는 점에서

---

[4] 참고. Walter Wagoner, "MonaLisa and Melchigede" in: Howard Hunter(ed.), *Humanities, Religion and the arts tomorrow*(NY: Hall Rinehart and Winston, Inc., 1972).

신학과 예술, 또는 신학 교육과 예술가의 관계가 성실해야 한다. 좋은 예술작품들은 더 많은 사람들에게 복음의 의미를 독창적인 방식으로 대변하기에 충분한 호소력을 가지고 있다. 한 예로 폴 틸리히는 피카소의 〈게르니카〉를 '20세기의 가장 훌륭한 프로테스탄트 작품'이라고 칭찬한 바 있다. 이 작품은 스페인의 독재 정권이 독일의 독재 정권과 야합하면서 무차별적으로 공중 폭격을 가한 스페인의 어느 조그만 마을에서 일어난 사건을 배경으로 하고 있다. 즉 게르니카라는 작고 평화롭던 시골마을에 대한 무차별적인 공습으로 그곳에서 처참하게 죽어간 어린이를 비롯한 여러 인간들, 그리고 동물들의 모습을 전해들은 피카소가 이에 분노하여 그림을 통해 그 비극적 참상을 고발했던 것이다. 그러므로 웨이거너는 '예술에서 배워라'라고 말하고 있다.

넷째, 예술에 호응하여 이를 개입시킬 때, 신학과 사회는 기독교의 언어와 신화를 강화시킬 수 있다. 예컨대 1985년은 바흐 출생 300주년이 되어서 그런지 그에 대한 관심이 높았는데, 내게는 이전에 함부르크에서 바흐의 〈마태수난곡〉을 바탕으로 한 현대 발레를 보았던 기억이 남아 있다. 1986년도 고난절에 그 공연과 연습 과정을 담은 사진 책자를 활용하여 음악과 시와 성경 구절을 배합한 입체낭독, 그리고 슬라이드와 무용 실연을 통해 깊은 감명을 받은 바 있다. 이때 〈마태수난곡〉 중에서 우리 찬송가에도 들어 있는 코랄을 함께 찬양하였다. 이러한 사례는 근원적인 예술에 대한 이해와 예술을 예술로 대접할 때, 그로 인한 감흥이 충분히 활용될 수 있다는 것을 보여준다. 예술을 거의 대등한 입장에서, 심지어는 배워보자는 입장으로까지 접근해 갔을 때, 예배는 그 모습을 상당히 달리 할 수 있을 것이다.

이런 맥락에서 웨이거너는, 심지어 틸리히마저도 예술과 문화에 대한 엄청난 공헌에도 불구하고, 〈게르니카〉 벽화의 프로테스탄트적 속성들에 관해 설교를 늘어놓음으로써 이를 망쳐 놓았다고 비난한다. 다시 말해, 개신교는 성급한 도덕화와 교훈적 신학에 너무나 쉽사리 빠져드는 경향이 있다는 것이다. 그는 기독교 교육기관들이 신학도들의 세계관과 삶을 온갖 색채와 명암 그대로 볼 수 있도록 하는 능력을 신장시키는 일에 관심하려면, 예술과 심미적인 감수성에 주어지는 관심이 진지하고 꾸준해야 한다고 강조한다.

요컨대, 교회는 예술을 함부로 부려먹을 수 있는 종복처럼 대해서는 안 된다는 것이다. 교회는 오히려 예술과 인격적인 관계를 맺으면서 그로부터 자신을 갱신할 수 있는 배움을 얻어야 한다. 그러나 그 전에 다시금 생각해 보아야 할 문제가 있다. 도대체 기독교 예배란 무엇인가? 아니, 무엇이어야 하는가? 이에 대한 관점이 분명해지지 않으면 이른바 예배 갱신의 방향을 세우기 어렵게 된다.

신학이 전공이 아닌 나로서는 이에 대해 함부로 말하기가 꺼려진다. 그러나 여러 유형의 예배에 정통했던 퍼킨스 신학원의 제임스 에프 화이트의 『새로운 예배 형식들』에 따라 기독교 예배를 일단 다음과 같이 정의해 본다.

기독교 예배란 그리스도 예수 안에서 그리고 그를 통해서 하나님을 알게 되고 이러한 인식에 응답함으로써 가장 깊은 차원에서 현실에 접근하고자 하는 신중한 행위이다.

말을 바꾸면, 기독교 예배란 먼저 이야기하시고, 그의 말씀 속에서 행동하시는 하나님께 대한 우리의 응답이다. 예배를 구성하는 여러 요소들, 즉 예배에의 부름, 죄의 고백, 용서의 약속, 선포, 신앙 고백, 감사, 찬양, 기도, 헌금 등등의 요소들은 모두 이를 위한 것이다. 연극이라는 예술에 특별한 관심을 가지고 있는 나는, 현재 대부분의 개신교회에서 드리는 예배 순서조차도 상당한 정도로 극적 구조를 지니고 있다고 본다. 예배 준비를 위한 묵상, 예배에의 부름, 송영, 참회 시간, 찬양, 시편, '우리를 도와주십시오'라는 공동기도, 그것에 대한 응답송, 말씀, 말씀 성취에 대한 노래, 공동기도, 중보기도, 친교와 소식, 헌금, 축복 등등은 하나의 완벽한 드라마다. 성찬의 예전을 중시하는 성공회의 경우는 이 극적 구조에서 그것이 정점을 이룬다. 예컨대, 예배는 전장(戰場)에서 부상당해 치료가 필요한 군인들이 치료를 받고 다시금 전쟁터로 나가는 극적 구조를 가지고 있는 셈이다.

문제는 우리의 기독교 예배 순서들이, 내적인 극성(劇性)에도 불구하고, 살아있기보다는 습관화되어 있다는 것을 반성해 볼 필요가 있다. 다시 말해, 믿는 자들은 그리스도 안에 살고 그리스도는 그들 안에 산다는 연합의 가시적인 표시로서 예배가 갖는 생명력을 북돋우고 새롭게 하자는 것이다. 그러자면, 많은 신앙 시(詩)들이 예배드리는 대상보다는 나를 내세우고 나의 감정을 앞세우는 경우가 있어 예배 기도문으로 적합하지 않는 경우가 있으나, 가장 적절한 언어가 시일 수밖에 없기 때문에 얼마든지 다듬어서 사용할 수가 있다. 즉 구약의 시편처럼 오늘날의 우리 시들도 예배에 활용될 수 있어야 한다. 찬송의 경우도 서양의 것만을 고수할 필요는 없다. 가락, 장단도 우리의 것으로 할 수 있다. 연극적 표현도 매우 친근성을 가져다준다. 더구나 시청각 기재가 오늘날처럼 많은 이때에 그것의 충분한 활용이 이루어져야 할 것이다. 우리가 '살아있는 예배'라고 할 때, 그것은 곧 우리의 온 영과 혼을 드리는 것인데, 지금처럼 귀만 가지고 드리는 예배는 마땅히 수정되어야 한다. 특히 부활절 때에는 무용이 크게 활용될 수도 있고, 성례전 역시 우리가 온몸으로 드리는 예배에 크게 도움이 될 것이다.

나가며: 예배 갱신을 위한 명제들

독일 마르부르크 대학교의 실천 신학 교수인 마르셀 마르틴 박사는 예배 갱신을 위한 명제들을 다음과 같이 정리한다.

명제 1 구세적(救世的) 교회들과 구세적 교회 내 집단들은 진보적인 하부 문화들이거나 반문화들이다. 즉, 과거에 머물러 있지 않고 항상 새롭게 사고하고 대응해 나간다는 의미에서이다. 예컨대 이 점에서 굳어버린 것을 배격하는 청년문화를 말할 수 있다.

명제 2 구세적 신앙은 죄에 얽매이지 않고 이를 극복한다.

명제 3 구세적 축제 이론과 실천은 성서와 교회사의 전통으로부터 발화한다. 이는 곧 구세적 축제가 왜 지평선 없는 현실 속에서는 발생되지도 않고, 또 단순히 이 현실 자체를 축하하는 것이 아닌가라는 질문에 대한 답이 된다. 구세적 축제는 기억과 기대의 상호 관계 속에서 실현된다. 아울러 미래를 전망하는 교회가 되어야 하며, 예배 역시 과거의 전통을 중시하는 것만큼이나 새롭게 변화되고 있는 세대들과 호흡을 같이 하고자 하는 노력을 기울어야 한다. 특히 몸으로 드리는 예배, ‘몸의 신학’에 대한 강조가 예배를 새롭게 할 수 있다.

명제 4 예배적 표현은 사람들에게 인상을 남기고자 하는 어떤 강제에도 꼭 들어맞는 표현일 수 없을 것이다. 어떤 경우에나 표현은 오로지 상징적일 수밖에 없을 것이며, 상징들의 성격은 마음속에 간직되어야 한다. 그렇지 않은 경우, 오해된 상징들이 금기와 고착으로 연결될 것이다. 우리는 상징들의 놀이스러운 처리라는 수단에 의해서만 이에 성공할 수 있을 것이다.

특히 한국교회는 오랜 유교사회의 전통 가운데 기독교가 들어온 까닭에, 그 안에 유교적, 가부장적인 전통이 완고하게 자리 잡고 있어 질서를 엄격하게 강조하는 반면, 모성적인 부분이나 부드러움이 너무나 억제되어 있다. 서양 교회는, 그 오랜 역사에도 불구하고, 새로움을 찾아 동양적 요소를 더하려는 노력을 드러내는 반면, 한국교회는 단지 100여 년 사이에 너무나 늙어 버린 것이 아닌가 생각된다. 이 같은 의미에서 교회의 여러 부분들, 또는 교회 공동체의 성원들이 갖는 갖가지 능력들이 예배에 반영될 수 있어야 한다.

명제 5 만일 축제가 생활과 의식의 확충과 강화를 자극한다면, 예컨대 신비적 침잠, 황홀경, 그리고 난장트기 등 현실의 경계선에서 일어나는 경험들이 교회 축제들로부터 전적으로 제외되어서는 안 된다. 역사를 통해 볼 때, 오히려 이러한 요소들이 예식과 하례들에 속해 있다. 그렇다고 광신적 표현을 용허하자는 것이 아니다.

명제 6 축제의 틀 안에서 이루어지는 인상과 표현의 다양한 가능성은 서로 다른 단위들이 형성하는 더욱 복잡한 구조들에서 구체화 되어야 한다.

결국 기독교 예배는 하나님 뿐 아니라 인간에 대한 고려도 포함한다. 둘 중 어느 한 쪽이 경시될 경우에도 우리는 더 이상 기독교 예배에 관해 이야기하고 있지 못하게 된다. 또한 인간의 경우에는 그 전체가 관여되어야 한다. 우리의 예배가 일부의 인간에게만 집중되고 있지 않은지를 생각해 보아야 한다. 아울러 형식적인 변화를 시도하기에 앞서 즉, 예배에 대한 어떤 실험에 앞서 우리는 기독교 예배가 무엇인지, 그리고 기독교 예배가 기독교 생활에서 왜 그토록 중요한지에 대한 질문을 스스로에게 집요하게 제기하고, 끊임없이 이에 대한 답을 모색해야 한다. 이 글이 사례보다 원리에 치중했던 것도 바로 그런 이유에서였다. 즉, 이와 같은 질문을 통해 어떤 공통적인 바탕이 마련될 때, 우리는 비로소 형식에 대한 구체적인 검토를 시작할 수 있으리라고 생각한다. 이후의 사례들은 그와 같은 모색의 일부일 뿐이다.

1. 횡재(橫財)

서곡 .... 희망의 속삭임 .... 출연진 일동

기도 .... 김활란 총장(강신명 목사 대독)

　사랑하는 하나님, 시대는 새로워지고 도덕은 날로 퇴폐해가고 있습니다. 그러나 이 시대는 젊은이들의 시대이자 내일의 시대인 것을 우리는 알고 있습니다. 새 시대의 주인공들에게 복음을 전파하는 일은 지극히 어려운 작업인 줄 알면서도, 이 시대야말로 특유의 윤활유가 없이는 돌아갈 수 없는 기계와 같은 세계인 것을 알기 때문에, 우리는 우리의 선교 활동을 멈추지 않으려고 합니다. 주여, 힘주시옵소서! 여기 엮어놓은 〈뮤지컬 플레이 횡재〉는 젊은이들이 만들고 구성한 순서입니다. 이로 인해 젊은이들이 공감을 일으키고, 실의와 무의미에 사로잡혔던 생활에서 벗어나 명랑하고 건설적인 생으로 나아가려는 생각이 일어나게 하소서. 그리하여 주님께서 계획한 뜻에 부합하게 하소서. 그리고 더 나

은 선교의 예술적 표현이 기폭제가 되어 더 많은 사람들이 함께 즐기는 가운데 의미 있는 시간을 보내는 은혜를 내려 주십시오. 이를 준비하느라고 애 쓴 모든 손길 위에, 그리고 이 시대의 수많은 젊은 지성인들에게 하나님의 은총을 내려주십시오. 예수 그리스도 이름으로 빕니다.

찬송과 무용 ....63장..............이대 무용단(안무: 육완순)
(출연자들이 촛불을 켜 들고 둘레에 선다.)

> 1. 어느 민족 누구 게나 결단할 때 있나니
>   참과 거짓 싸울 때에 어느 편에 설건가
>   주가 주신 새 목표가 우리 앞에 보이니
>   빛과 어둠 사이에서 선택하며 살리리.
>
> 2. 악이 비록 성하여도 진리 더욱 강하다
>   진리 따라 살아갈 때 어려움도 당하리.
>   우리 가는 그 앞길에 어둠 장벽 넘쳐도
>   하나님이 함께 계서 항상 지켜 주리라.

해설자 .... 황광은 목사

여러분, 안녕하십니까? 오랜만에 이렇게 젊은 대학생 여러분 앞에 서니까 마치 젊은이가 된 듯이 얼굴이 붉어지고 가슴이 뛰노는군요. 역시 젊음이란 무언가 전염병 같은 것인가 봅니다. 아차, 제 소개는 않고 딴소리만 했군요.

제 이름은 황광은이고, 직업은…글쎄요…직업이라 긴 뭐하지만, 목사 일을 보고 있습니다. 하~ 어쩐지 냄새가 나더라고요? 저런, 목사라는 말을 하니까 벌써 저 뒤에선 하품을 하는 분이 있군요. 그럴 겁니다. 목사가 고작해야 듣기 싫은 설교밖에 더하겠냐고 미리부터 취침 준비를 해두자는 거죠. 하하하. 그러나 오늘 제가 이 자리에 설교를 하려고선 것은 아닙니다. 그저 젊은이들과 함께 이야기를 하고 싶어서 일뿐입니다. 무슨 이야기를 하겠느냐고요? 허허, 이거 너무 늙었다고 얕잡아 보는데요. 이래봬도 난 꿈꾸는 사람입니다. 여러분 중에도 제가 쓴 동화들을 읽으면서 소년시절을 보낸 사람들이 더러 있을 겝니다.

이런, 또 잔소리가 길어졌군요. 그럼 이제부터 이야기를 꾸며 볼까요? 주인공을 누구로 한다? 그렇지. 젊은이들 앞이니까 주인공도 젊은 대학생으로 해둡시다. (이때 스포트가 이상인에게 들어온다.) 저 사람의 이름은? 그저 이상인이라고 하는 게 좋겠군요. 이상 속에서 사는 사람, 그래서 남들에겐 오히려 이상하게 보이는 사람. 그는 불우한 사람들에게 공부를 가르치면서 그 운영에 필요한 자금을 모금하려고 분주한 중입니다.(라이트 아웃. 이상인의 스포트도 아웃.)

봄철 캠퍼스

(화려한 빛깔과 무늬들로 가득하다. 꽃 색과 어울리는 복장을 한 청년들이 벤치에 모여 앉아 노래하고 있다)

남성 사중창 ………당신 때문에/써니/꿈속의 캘리포니아…………밀알남성

(무대 한편 피아노 앞에서 윤현주 노래한다………카로미오벤 이어 뒤쪽으로부

터 여성들이 몰려온다.)

맹계식의 독창이 뒤따른다...언덕 위의 집

(이윽고 밀알여성들이 함께 어우러져 노래한다.............우리 할아버지의 시계/ 버밍햄 감옥/ 커다란 콘트라베이스의 현. 여성들이 밖으로 나와 벤치를 둘러싸고 자연스럽게 자리 잡으며 남녀 혼성으로 불린다......사운드 오브 뮤직 주제가)

(노래가 무르익을 때, 이상인이 무대 오른쪽에서 모금함을 메고 등장)

남성: 어이, 잘 돼가나? 잘 될 리가 없겠지만.(익살스럽게 노래한다....나만을 사랑해 주.)

여성: (이상인의 여자친구에게) 행복하겠어! 배는 조금 고프겠지만 말이야. 호호호.

(일동 두 사람을 둘러싸고 노래로 야유한다....넬리의 집을 찾아서/행복한 방랑자/스페인의 기사/황금색 슬리퍼. 노래가 끝나면, 일동 두 사람을 비웃으며 퇴장. 이상인의 여자 친구는 분함을 이기지 못한 채 토라진 기분으로 노래한다....돈나, 돈나. 친구가 퇴장하면 메아리가 들려온다...좋았던 시절. 노래를 들으며 이상인 고뇌한다.)

해설자: 이상인은 자기의 이상 때문에 결국 친구들에게 멸시를 당하고 게다가 여자 친구로부터 절교를 선언 받았습니다. 잠깐, 그 여대생의 이름은 뭐라고 할까요? 그렇지. 오현실이 좋겠군. 오로지 현실에만 사는 사람. 그렇지만 어쩌면 잘못된 현실주의자.

하여튼 이상인군이 바라는 '훌륭한 세상 되리' 운동은 새마을운동처럼 외적인 전시효과도 더디고 퍽 외롭고 힘들어 보입니다. 자, 그럼 이상인군의 훌륭한 세상을 찾아가 볼까요?

훌륭한 세상 되리

(1경: 빌딩으로 둘러싸인 뒷골목에 초라한 판잣집 야간학교. '훌륭한 세상 되리'라는 간판이 붙어있다. 우중충한 분위기. 조명이 들어오면 6명의 여자들이 청소를 하며 노래한다....상당굴레/노을/잘했군, 잘 했어. 노래 도중 사람들이 속속 몰려들어 같이 어울린다. 혼성합창...옛 이야기. 독창과 합창...여자가 제일이야. 노래가 끝날 즈음 조금 술에 취한 지게꾼이 들어선다.)

지게꾼: 집어쳐! 뭐, 이상? 꿈? 그래서 어려운 현실을 참아 가자고? 헹, 나는 돈만 있으면 최고더라.(지게꾼과 합창....돈이면 최고야. 이때의 노래는 비관적 현실주의자의 대표 격인 지게꾼과 긍정적 현실주의자의 대표 격인 넝마주이가 리드한다....철도공사/ 장타령 등 이것저것 주워대는 지게꾼과 넝마주이에 휩쓸려 노래가 계속된다. 그들과는 조금 떨어진 앞쪽에 찔뚝이가 앉아서 무언가를 열심히 들여다보고 좋아한다. 합창이 끝난 후)

지게꾼:(찔뚝이를 보고) 야, 찔뚝아? 넌 이 세상에서 뭐가 최고냐?

찔뚝이: 나? 난 이게 최고야!

(이제껏 혼자서 들여다보고 좋아하던 것을 내두른다. 일동, 그것이 무엇인지 알아보려고 찔뚝이에게 다가가면 찔뚝이는 안 보여주려고 도망치다 이상인과 부딪친다. 나둥그러지는 두 사람. 그 바람에 놓친 물건을 허겁지겁 집어넣는 찔뚝이.)

이상인: 왜들 이러십니까?

일동: 아무것도 아녜요.

(잠시 침묵이 흐른다. 힘없이 의자에 주저앉는 이상인에게 다가서는 지게꾼.)

지게꾼: 그래, 어떻게 됐습니까?

(이상인, 힘없이 고개를 젓는다.)

지게꾼: (의기양양해서 일동을 보며) 그것 보라구. 세상에 돈이 없어가지고는 아무 일도 안 된다구. 헹, 뭐 '훌륭한 세상 되리'? 잘도 되겠다. 아, 돈이 없어 배고픈 놈이 공부는 무슨 공부? 그나마 이제까진 몇 푼 안 되나마 풀빵이라도 저녁 끼니로 나눠주니까 그 맛에 여길 왔지만, 이제 그것도 돈이 없어 못 주겠다니, 헹, 끝났지, 끝났어. 다들 언제 헐릴지도 모르는 여기서 뭘 배움네 하고 어정거리다가 괜히 경찰한테 몽둥이 찜질이나 당해 그나마 막벌이도 못하는 병신들 되지 말고, 다 나가자, 아, 나가!

(이상인, 분함을 참지 못해 벌떡 일어나 지게꾼의 멱살을 잡는다. 이때 호각소리와 함께 경찰이 인솔한 돌격대원들이 곡괭이 등을 지고 밀어 닥친다. 한바탕 몰아치며 판잣집을 짓부수고는 나가버린다. 판자 위에 쓰러진 이상인, 그를 내려다보며 지게꾼이 또 일동을 선동한다.)

지게꾼: 자, 보라구. 내 말이 어디 하나나 틀리는가? (이상인을 지게 작대기로 툭툭 치면서) 이봐, 젊은이! 속 좀 차려. 헹, 지금 세상이 어떤 세상인데, 끙끙대다가 이 꼴을 당하나? 헹, 학생이면 학생답게 공부나 열심히 해서 졸업하구, 회사에서 월급 받다가 장가가서 마누라 궁둥이나 두들길 일이지. 뭐 중뿔나게 이런 짓을 하다가 욕을 보나? 헹, 듣자 하니 자네 집은 남부럽지 않게 산다던데, 어서 일찌감치 돌아가서 그동안 빠진 살, 고깃점이나 씹으면서 보충하시게, 헹. 시건방지게 네가 뭐 '훌륭한 세상 되리'? 어림없다, 어림없어. 괜히 우리네 같이 불쌍한 사람들한테 되지도 않은 소릴 지껄여서 맘만 들뜨게 해 놓지 말고 어서 돌아가란 말이야, 돌아가! (일동을 바라보며) 아, 내 말이 안 들려?

일동: (고개를 주억거린다.)

지게꾼: (더욱 의기양양해서) 자, 모두들 여길 떠남세. 아, 빨리 나가자고! (일동이 퇴장한 후 이상인 천천히 머리를 든다, 그의 얼굴은 고통과 좌절로 일그러진다.)

이상인: (허공에 대고) 뭐가 잘못입니까? 도대체 뭐가 잘못입니까? (절망에 찬 음성으로 토스티의 〈기도〉를 부른다. 이때 찔뚝이가 이상인 곁으로 다가온다.)

찔뚝이: 선생님!

이상인: (획 돌아보며) 뭐야? 이 병신아! 넌 왜 돌아왔어? 너도 뭐 나한테 훈계할 게 있어 왔냐? 해볼 테면 해봐라!

찔뚝이: 그게 아니구, 저…이거(종이에 싼 물건을 내민다.)

이상인: 아니, 이게 뭐야?

찔뚝이: (어색한 듯이 그러나 자신 있게) 다이아몬드 반지예요.

이상인: 뭐? 다이아몬드?(황급히 풀어본다. 찬란한 광채에 놀라며) 아니, 너 이거 어디서 났니? 응, 어디서 났어?

(다이아몬드를 얻게 된 경위와 소년시절을 회상하는 찔뚝이의 내면적인 심리묘사가 무용으로 형상화된다. 어두운 소년시절 다이아몬드 반지를 건네주며 죽는 어머니. 반지를 내놓을 것인가, 안 내놓을 것인가 결심: 사랑을 위해.)

(무용이 끝나면 이상인, 찔뚝이를 껴안는다.)

이상인: (눈물을 흘리며) 고맙다. 정말 고맙다. 이제 우리는 다시 시작할 수 있어. 다시 시작할 수 있단 말이야. 자, 찔뚝아. 빨리 우리 이 다이아몬드의 위력을 보자꾸나. 다이아몬드란 보석은 이 세상에서 제일 단단한 광물이기 때문에 유리 같은 건 그냥 잘라진단다. 자, 봐라.(주위에 있는 유리창 조각을 들고 쫙 긋는다. 유리에 아무 이상이 없다. 의아해하며) 내가

너무 흥분한 모양이지? 자, 이렇게!(아무리 그어도 유리는 그냥 있다. 맥이 풀린 이상인, 풀썩 주저앉는다.)

찔뚝이: 선생님, 왜 그러세요. 네?

이상인: (힘없이 쳐다보며) 찔뚝아. 실망하지 마라. 이 반지는 가짜야. 그냥 유리에 지나진 않는 가짜 다이아몬드란 말이야.

찔뚝이: (놀라며) 네? 뭐라고요?

이상인: 가짜라고.

찔뚝이: (미친 듯이) 아녜요. 그럴 리가 없어요. 정말 그럴 리가 없어요. 전쟁 통에 어머니가 돌아가시면서 직접 내 손에 끼워주신 거란 말이예요.(마구 울부짖으며 제 손으로 유리를 그어본다, 역시 마찬가지. 절망하여 마구 울어버린다.)

이상인: (우는 찔뚝이를 바라보다 조용히 그의 얼굴을 들어주며) 찔뚝아, 울지 마라. 네가 준 이 반지는 가짜지만 이 반지를 내게 준 네 마음은 진짜다. 그래, 네 그 진짜 마음이 있는 한, 우리에게 절망은 없다. 일어서라. 나하고 함께 우리가 가진 이 진짜 다이아몬드, 아니, 다이아몬드보다 몇천 배나 더 귀한 진짜 마음, 진짜 사랑을 가지고 훌륭한 세상 만들기에 다시 한 번 나서보자. 그래, 임마!

(이상인, 〈사랑의 꿈〉을 노래한다. 조용히 백 코러스가 울리면서 일동 다시 등장한다.)

해설자: 어떻습니까? 이만하면 나도 꽤 훌륭한 이야기꾼이지요? 하하하. 그러나 여러분에게 꼭 한 가지만 묻고 싶습니다. 여러분의 다이아몬드는 어떻습니까? 혹시 그것은 가짜는 아닌지요? 정말로 바라고 싶

습니다. 여러분들 모두가 진짜 다이아몬드를 간직하시기를 바랍니
다. 자, 이제 우리 모두를 위해 크게 노래해 볼까요?

(〈희망의 속삭임〉을 출연자 전원, 그리고 이어서 관객 모두가 함께 부른다. 조명
이 켜진 상태에서 커튼콜이 이어진다.)

작품 배경

이 자료는 1968년 11월 4일, 이화여대 강당에서 개최된 공연을 바탕
으로 한다. 김활란 총장이 주도한 새시대복음운동본부가 주최한 이 공
연에는 밀알 사중창단, 밀알 여성 사중창단, 밀알 남성 사중창단, 싸인
더블 트리오, 이대 무용단, 그리고 한국 레크리에이션 회원들이 힘을 합
했다.

이 행사를 주관한 당시 한국 레크리에이션 실장 이경열 교수는 대학
시절에 후배 서울고등학교 학생들로 밀알회라는 하이-와이 클럽을 조
직, 지도하던 중, 네 명의 노래 좋아하는 단원들로 밀알 중창단을 조직
하여 10여 년 간 활동했다. 또한 이화여중 때부터 함께 노래하던 여성
중창단이 고등학교 2학년 때 YMCA에서 첫 발표회를 가진 후, 밀알 여
성 사중창단으로 이름을 짓고 계속 발표회를 가졌다. 한편 서울고등학
교 동년배들이 밀알 남성 사중창단의 이름으로 활동하면서 가끔 합동
공연을 갖기도 했다. 이 공연을 마련하면서 사인 여성 복삼중창단(Sign
Double Trio)이 합세했는데, 이들은 1967년 이대 약대생들로 발족되어
게스트로 초청되었다.

새시대복음운동본부의 위촉을 받아 김문환이 극본의 초안을 마련하여 당시 교회 청소년 교육 지도자 황광은 목사의 감수를 거쳐 공연에 이르렀는데, 당시 좋은 반응을 얻어 이대 89주년, 90주년을 축하하는 〈복음의 축제〉(Godspell)로 이어지는 계기를 마련했다.

당시 캐스트, 스태프 명단을 수록하여 이 개척적인 사업에 참여한 의의를 기린다.

스태프

원작: 김문환(감수: 황광은)

총지휘: 이경열, 기획: 밀알회(대표: 김영일)

연출: 김문환(홍의봉)

음악지도: 한필동

안무: 육완순, 무용: 이화여대 무용과 무용단

효과: 염기철, 조명: 유경환

반주: 윤현주, 원승교, 작곡 및 편곡: 최영희, 윤현주

캐스트

해설자: 황광은

이상인: 김문환

오현실: 최영희

찔뚝이: 한필동

순 경: 김남일

대학생(남): 밀알 남성 사중창단

한세창, 홍세봉,

송보순, 서복동

대학생(여): 밀알 여성 사중창단

윤현주, 이순덕,

맹계식, 최영희,

(피아노: 원승교)

성인학교(여): 싸인 더블 트리오

이인수, 서귀숙, 이정희

김양순, 노은숙, 장희옥

성인학교(남): 오현택, 김지홍, 이규진, 이경열

2. 해방과 감사

이 극본은 1975년 경동교회의 추수감사절 축제예배를 위해 김문환이 구성한 것이다. 후에 서울 연세대 노천극장에서 개최된 세계 개혁교회 총회를 위해 대형 탈춤 형식으로 꾸며진 〈한국 문화의 밤〉(표재순 연출)에서도 활용된 바 있다.

〈등장인물〉

말뚝이　하인, 30대

샌님　양반, 50대 후반

노친네　양반의 처

취발이　상인, 40대 초반

타관 사람(다윗)　이스라엘 사람 대표, 60대

동네 사람들(남1, 여2)

타관 사람들(남4)

사자

잽이

첫째 마당

(등장인물 전원이 등장하여 장내를 한 바퀴 춤추며 돈다. 복장은 가급적 각자의 성격에 따라 한복과 평상복을 섞는 것이 바람직하며, 역시 성격에 맞는 탈을 쓰는 것을 원칙으로 한다. 굿거리장단으로 한바탕 춤춘 후에 샌님과 말뚝이, 동네사람만 남는다.)

샌님: 쉬ㅡ(음악과 동작이 멎는다.)

　여봐라, 말뚝아!

말뚝이: 예잇ㅡ.

샌님: 떵쿵하기에 나도 한몫 끼기는 했다만 뭔 좋은 일이라도 있느냐?

말뚝이: 허허, 어찌 그리 세상 물정에 어두우시오? 오늘이 조상 대대로 물려 내려오는 우리들의 명절이 아닙니까요?

샌님: 애, 말뚝아! 말 듣거라. 내 아무리 세월을 잃고 들어앉았기로서니 오늘이 추석인 것쯤이야 어찌 모르겠느냐? 다만 추석치고는 노는 마당도 좀 이상하고 뭔가 색다른 뜻이 있어 보이기에 하는 말이 아니냐?

말뚝이: 예예, 양반님 네들 눈치는 아주 발바닥인 줄만 알았더니만 그래도 느낌은 좀 있으신 모양입니다요.

샌님: 이노옴, 양반을 놀리면 벌 받느니.

말뚝이: 아이구, 겁나라. 내 그러면 자세히 일러 드리리다. (샌님 끄떡) 실상 추석은 어젯밤이었는데, 오늘이 마침 일요일인데다가 작년부터 이 교회에서는 추석을 추수감사절로 지키게 되어 넉넉한 마음으로 놀기에 좋을 것 같아 이렇게 모인 것이고, 좀 색다른 뜻이 있어 보인다는 것은 올해가 해방 30년인데, 하나는 음력 8월 보름이요, 또 하나는 양력 8월 보름인지라, 그 느끼는 감회가 좀 특별한 때문이 아닙니까요.

잽이: 여보슈들(동네 사람들 그 쪽을 본다.) 여러 소리 말고 놀이나 시작하시오. 심심하구랴.

샌님: 그럽시다. 얘, 말뚝아! 놀이판을 벌리잡신다. 쳐라!

　(전체 한바탕 춤을 춘다.)

말뚝이: 쉬-(동네사람들을 앉힌다.) 그런데 무엇부터 시작을 한다? 옳지. 이왕 샌님하고 입씨름을 벌렸으니 샌님잡이부터 하면 되겠구나. (샌님에게) 저, 그 샌님 이야기부터 할깝쇼?

샌님: 내 이야기부터 하자고? 그거 참 좋은 소리로구나.

말뚝이: 아따, 이런 한심한 양반! 그저 자기 이야기라니까 무조건 좋아하시네. 그게 무슨 이야긴 줄이나 아시오?

샌님: 무슨 이야긴데?

말뚝이: 그게 바로 양반 망신 주는 이야기요.

샌님: 뭐, 뭐, 뭐야? 그럼 난 안 한다. 그만 두자. (도망치려고 한다.)

말뚝이: 이제 와서 그만 두면 어쩌란 말이요? 그냥 시작하고 말랍니다.

샌님: 에-라, 할 수 없다. 그럼 시작한다.

말뚝이: 시작합시다. 덩더덩 덩더러쿵(장죽을 물고 부채, 지팡이를 든 샌님과 그

뒤를 쫓는 노친네만 마당을 한 바퀴 돈다.)

샌님: 쉬―(노친네로부터 떨어지면서) 아이고, 이 주책바가지야― 늙은이 주

제에 왜 내 궁둥이만 졸졸 따라다녀? 창피하게스리!

노친네: 아니, 마누라가 영감 따라다니는 게 뭣이 창피할꼬?

샌님: 아니, 이 할망구야! 쭈그렁 밤탱이가 다 된 것이 뭣이 어쩌구 저째?

야야, 이것아! 누가 볼까 무섭다. 아, 도무지 창피하게스리….

노친네: 원통하고 절통해라. 저 놈의 영감이 젊었을 때는 내 고쟁이 가랭

일 따라다니던 생각은 안하구. 아이고! 아이고! (이때 잽이 중에서)

잽이: 여보시요! 웬 영감이 남의 놀음청에서 난만히 떠드시오?

샌님: 여보게! 내가 웬 영감이 아니라 저 경상도 선산 땅 사는 한다하는

양반으로서, 팔도강산 유람차로 나온 사람일세. 아, 이 주책바가지 마

누라가 강짜를 놓는 바람에 내 부리던 하인 녀석을 잃어 버렸소.

잽이: 하인을? 그럼 그 하인 이름이 무엇이요?

샌님: 아차 그놈 성이 뭣이더라. 이름이 뭣이더라.

잽이: 아따, 하인의 성도 이름도 없이 어떻게 찾으시나?

샌님: 가만있자. 내 이 할망구 때문에 정신이 없어 모르겠구나. (생각난 듯

짚고 있던 지팡이를 꽂는 시늉을 하며) 거 막대기를 땅에 콰악 꽂으니, 거

이름이 뭐고?

잽이: 뭐긴 뭐여! 막대기지.

샌님: 아니, 아니. 그 소고삐를 끌어다가 땅에 콰악 박는 게 뭐고?

잽이: 아―, 뚜드려 박는 거요?

샌님: 옳지?

잽이: 그야 말뚝이지.

샌님: 옳지, 옳지. 말뚝이지.

잽이: 그럼 댁 하인이 말뚝이란 말이요?

샌님: 옳지, 옳지, 그나저나, 우리 말뚝이란 놈이 원래 놀기를 좋아하는 놈이라. 여기 이렇게 사람이 많이 모여 흥거이 노니, 혹 이런데 있지 않나, 내 한번 불러 봐야겠다.

잽이: 불러 보시게.

샌님: 뚝아, 뚝아, 말뚝아! (반응이 없자 갸우뚱하고) 이놈이 꼭 이런 데 있을 법한데, 다시 한 번 불러 봐야겠다. 뚝아, 뚝아, 말뚝아!

말뚝이: (뛰어나오며) 예예, 아 이 제밀헐 놈의 양반인지 쌍반인지 허리 꺾어 절반인지, 개다리소반인지, 꾸레미 전에 백반인지, 말뚝아, 꼴뚝아, 밭 가운데 첫뚝아, 오뉴월에 밀뚝아, 잔디 뚝에 메뚝아, 부러진 다리 절뚝아, 호도 엿장수 오는데 할애비 찾듯 왜 이리 찾소?

샌님: 이놈, 뭐야?

말뚝이: 아, 아니올시다. 저 말뚝이 대령이라는 말씀이요. (구성지게) 샌님 샌님, 큰댁 샌님, 작은 댁 샌님, 똥골댁 샌님, 샌님을 찾으려고 이리저리 다 다녀보아도 못 보겠더니, 여기 와서 이렇게 만나보니 안녕하고 절령하고, 무사하고 태평하고, 아래 위가 빠끔합니까요?

샌님: (어이없어) 네 이놈, 양반을 만났으면 절을 하는 게 아니라 뭣이 어쩌구 저째?

말뚝이: 절이요? 잘 압지요. 서울을 일러도, 새절, 덕절, 도곡사, 마곡사, 물 건너 봉은사, 합천 해인사, 수원 용주사, 이런 절 말씀입니까요?

샌님: 이놈, 누가 그런 절 말이냐?

말뚝이: 그럼 무슨 절 말이요?

샌님: 너, 절 모르느냐?

말뚝이: 나, 절 모르오.

샌님: 너, 그럼 절을 배워라!

말뚝이: 절도 배웁니까?

샌님: 그렇지.

말뚝이: (우스꽝스럽게) 그럼 배웁시다.

샌님: 이놈, 나 시키는 대로 한 가지도 빼놓지 말거라.

말뚝이: 샌님이 하라는 대로 무엇이든지 빼놓지 말고 해요?

샌님: 그렇지 미륵님을 가로 잡아라.

말뚝이: 미륵님이라니? 옳지, 이 부채 말이로구나. 이건 부처가 아니고 부
    재요, 부채!

샌님: 아 그놈 말도 많다. 하라면 하지 않고 (부채로 때리는 시늉)

말뚝이: 아이쿠, 가로 잡았습니다요.

샌님: 옳다, 번쩍 들어라.

말뚝이: 옳다. 번쩍 들어라.

샌님: 구부려라.

말뚝이: 구부려라.

샌님: 이놈, 구부려라.

말뚝이: 이놈, 구부려라.

샌님: 야 이놈아, 이놈!

말뚝이: 야 이놈아, 이놈!

샌님: 햐, 이놈이!

말뚝이: 햐, 이놈이!

샌님: 아, 이놈이! 이놈을 패줄까?

말뚝이: 아, 이놈이! 이놈을 패줄까?

샌님: 허허―.

말뚝이: 허허―.

(이윽고 샌님과 말뚝이가 서로 엉켜 씨름을 하다가 말뚝이를 때리는 샌님.)

샌님: 이놈, 이놈아! 다 배웠다, 다 배웠어! 그만 두자, 그만 둬!

말뚝이: 아이구, 절 배우기 참 힘듭니다요.

노친네: 양반이 시키는 대로 하지 않고, 양반 흉내를 내? 이 고연 놈!

샌님: 그렇지! 아니, 나를 메다꽂져?

말뚝이: 아니, 샌님이 뭐든지 한 가지도 빼놓지 말고 다 하래서 했소.

노친네: 그렇지, 말뚝이 말이 맞소.

샌님: 이놈의 여편네, 누구 역성을 드는 거여? 저리 물러섰거라.

샌님: (노친네를 쫓은 후 혼잣말로) 허허, 따는 그렇구나. 내가 미련했구나. (말뚝이에게) 그럼 초판부터 새로 하자. 내가 구부려라 할 적에 너는 조둥아린 놀리지 말고 구부려라! 알것냐?

노친네: (살며시 다가서며) 조둥아린 놀리지 말고 꾸부려라! 알것냐?

말뚝이: 알겠소, 알겠소.

샌님 · 노친네: 번쩍 들어라! 구부려라 ! 번쩍 들어라! 구부려라!

(말뚝이 처음엔 따라 하는 척하다가 번쩍 서서 절을 받는다.)

말뚝이: (의젓하게) 어, 모시고 가시고 잘 있었느냐?

샌님 · 노친네: (놀라며) 아니, 이놈! 양반에게서 절을 받어? 이 죽일 놈! (둘이 달려들어 팬다.)

말뚝이: (도망가며) 아이고 용서하시오! 샌님, 샌님, 노샌님-!

(노샌님 소리에 맞춰 타관 사람 1 흑인영가 〈가라, 모세〉를 부르며 뛰어든다. "모세, 가라! 너 가서 바로 왕에게 이 말 전하라! 해방시키라!" 일동 주춤한다. 그 사이에)

말뚝이: 어이쿠, 살았다. 어이쿠, 살았다. 휴우. (타관 사람에게) 댁이 뉘신지 모르겠으나 맞아 죽게 된 것을 면케 해주셨으니 대단 감사요! 그런데 그게 무슨 소리요? 모센지 말센지 코가 바로 붙은 왕하고 훼방을 놓으라고요? 뭘 훼방 놓는다는 거요?

타관 사람1: 경황 중에도 귀가 보배라 듣긴 들었구랴, 좀 삐딱하게 들어서 그렇지. 훼방이 아니라 해방이라 하였소.

샌님: 훼방이든 해방이든 무슨 까닭으로 여길 뛰어 드셨소?

타관 사람1: 예, 다름이 아니오라 아까 저기서 듣자 하니 "모세님"하고 부르기에 난 또 우리들 이야긴가 해서…

말뚝이: 당신이야말로 삐딱하게 들었구랴. "모세님"이 아니라 "노샌님"이라 하였소.

타관 사람1: 그렇습니까? 죄송합니다. 그럼 물러갑니다. (돌아선다.)

말뚝이: 여보, 여보! 거 무슨 인사가 그렇소? 사람이 얼굴을 디밀었으면 통성명이라도 해야지 그냥 가는 법이 어디 있소? 어험! 날로 말할 것 같으면 이 대한민국 땅에서 노샌님 끌고 다니는 (양반, 반응) 아니, 모시고 다니는 말뚝이님이요.

타관 사람1: 그 듣고 보니 인사가 안 됐구랴? 나는 저 바다 건너 이스라엘에서 온 다윗이라는 사람이요.

말뚝이: 이스라엘이라? 이가 슬슬 기어 다닌단 말이오? 아, 그 천하의 노랭이라는 유대인 말이구랴. 그런데 그 이름이 뭐 그렇소? 다윗이라

니? 요 따위, 조 따위 하는 그 따위란 말이요?

샌님: 이노옴, 외국 손님께 그 무슨 말버르장머리냐? 따위, 아니 따귀나 한 대 맞으려고…. 관광을 오셨는지 시찰을 오셨는지는 모르나, 다 우리를 도우러 오신 분일 텐데. (다윗을 보고) 그런데 아까 우리들 이야기라고 하셨는데, 무슨 그만한 사연이라도 있으신가요?

타관 사람1: 사연이 있다마다요. 사연도 아주 기막힌 사연입니다. 그러니 누가 비슷한 소리만 해도 이렇게 펄쩍 뛰어 나오지요.

샌님: 호오, 그래요? 그러면 어디 그 기막힌 사연을 한번 들어봅시다.

타관 사람1: 댁의 놀이도 바쁘실 텐데 언제 저희들 사연을 듣고 계시겠습니까? 더구나 하도 긴 내력이라서….

샌님: 아니요. 우리는 한 동네 사는 사람들이니 언제고 같이 놀 수 있으나, 댁은 먼 곳에서 오신 분이니 지금 가시면 영영 듣지 못하게 되지 않겠소? 그러니 한번 그 이야기를 들려주시오.

말뚝이: 그러시구랴, 내 아까 버릇없이 군것을 사과하리다.

　(동네 사람들 "그렇게 하시오", "좀 들어 봅시다" 등으로 이야기를 청한다.)

타관 사람1: 그럼 들려 드리리다. 그렇지만 다 듣고 나서 재미없다고 탓하지는 마시오. (어조를 바꾸어) 그런데 한 가지 부탁이 있소이다.

말뚝이: 부탁이라니요?

타관 사람1: 이왕 이야기를 하려면 나 혼자 하는 것보다 마침 우리 일행이 저기 밖에 있으니 들어와서 같이 했으면 합니다만.

일동: 좋지요.

타관 사람1: 그런데 사람이 한명 부족하니 (말뚝이를 보고) 당신, 절뚝이께서 한몫 해주시오.

말뚝이: 절뚝이가 아니라 말뚝이요. 그런데 한 몫 하라니 무슨 소리요.

타관 사람1: 미안 하외다. 이름이 틀려서…. 다름이 아니라 임금이 한 사람 필요한데 꼴뚝이 당신이 해주시면 해서….

말뚝이: 꼴뚝이가 아니라 말뚝이요, 말뚝이!

타관 사람1: 미안 하외다, 이름이 비슷해서….

말뚝이: 그렇지! 그런데 임금이라니 그게 무슨 소리요? 아, 이 말뚝이님께서 임금 따위를 어떻게 하란 말이요? 난 싫소. 정 원한다면 우쭐대기 좋아하는 친구 취발이를 소개하리다.

타관 사람1: 그러면 그렇게 해주시오.

말뚝이: (큰 소리로) 취발아! 취발아!

취발이: (취한 걸음으로 나오다가) 아케아 취이! 아케아 취이! 아, 그 어떤 개 아들 놈이 돈 잘 쓰고 노래 잘 하는 천하 오입쟁이 이 취발이님께서 천하미색을 옆에 거느리고 술 한 잔을 딱 걸치는데 재수없게시리 불러대고 지랄이시냐? (타령장단으로 춤.)

말뚝이: 쉬ㅡ. 아, 그 녀석 잡질해서 돈푼깨나 만진다고 되게 거드름을 피우는구나. 아냐! 내가 불렀다.

취발이: (노랫조로) 왜 불러, 왜 불러? 양반 놈들 하고 짜고 또 내 돈냥이나 뜯어먹으려고….

말뚝이: 그 녀석 그저 말끝마다 돈, 돈일세. 그런 것이 아니라 이 손님이 너 좀 보잔다. (다윗에게) 이만하면 되겠소?

타관 사람1: 딱! 왔소이다.

취발이: 뭐가 왔다 갔다 한다구?

말뚝이: 그런 것이 아니라, 이 손님이 무슨 이야기를 하는데 임금이 필요

하다고 해서 너를 임금 놈으로 부른 거다.

취발이: 이놈, 임금님이면 임금님이지 임금 놈은 또 뭐냐? 그런데 내가 임금님이라? 햐아ー! 그래 뭘 어떻게 하라는 게요?

타관 사람1: 어려울 것 없외다. 그저 "안 된다", "안 된다" 하는 소리만 가끔 해주면 되는 것이니까.

취발이: 안 된다, 안 된다? 햐아, 그거 누워 떡먹기로구나. 어디 한 번 해볼까? (고개를 살살 흔들며 짧게) 안 된다, 안 된다.

타관 사람1: 그건 너무 짧고 체신 맞아서 못 쓰겠소.

취발이: 그럼 이렇게? (길고 청승맞게) 안 된다ー, 안 된다ー.

타관 사람1: 그건 너무 길고 청승맞아서 못 쓰겠소.

취발이: 길다, 짧다 도대체 어떻게 하란 말이요?

타관 사람1: 더두 말고 한번 고집스럽고 역정스럽게 해보시오.

취발이: 고집스럽고 역정스럽게? (알았다는 듯이 고개를 끄덕인 뒤에) 옳지. 이 몸이 이래 뵈도 왕년에 노승을 내쫓고 그 색시까지 뺏은 몸이니 한 번 그 기분으로 해보아야겠다. (만사위로 뛰어 오르며) "안 된다, 안 된다"

타관 사람1: 아, 됐소이다. 그럼 거두절미하고 이야기로 들어가리다. 조금만 앉아서 기두려 주시오. (퇴장한다.)

(동네사람들 "그럽시다" 하고 앉아서 기다리는데 취발이는 가운데 서서 연신 "안 된다, 안 된다"를 외치며 춤춘다. 타령장단)

둘째 마당

(취발이가 춤을 추는데 얼룩덜룩한 옷과 탈을 갖춘 타관 사람 2가 뛰어들어 취발이 앞에 마주선다.)

타관 사람2: 쉬ㅡ. 너 바로왕 들거라. 내 하나님 음성으로 말하는 것이니 그리 알고 듣거라. 네 오랜 애비, 할애비 시절에는 우리 조상이 너희에게 지혜를 빌려주어 굶어죽지 않게 해주었건만, 이제 이 백성을 노예로 부리느냐? 너 맛 좀 보아라. 온 강물이 피가 되고 물고기가 썩어 악취가 나서 목이 타 죽으리라. 자 이놈을 한번 혼내주는데…. 혼나봐라, 혼나봐! (불림으로 외친 후 취발이를 공격한다.) 쉬ㅡ. 이래도 우리 백성을 놓아주지 않겠느냐?

취발이: (갑작스러운 공격에 당황하다가) 뭐라고 하렸더라? 그렇지! 안 된다, 안 된다. (대들어 타관 사람2를 내몰고 다시 혼자 춤춘다. 타관 사람 3 등장.)

타관 사람3: 쉬ㅡ 네가 강한 자에겐 약하고 약한 자에겐 강하다더니만 고맙다고 같이 살아줍시사 하던 때가 언젠데, 이제 제법 밥술깨나 뜨고 방귀깨나 뀐다고 우리 백성을 노예로 부리면서 안 놓아 주느냐? 너 어디 맛 좀 보아라. 개구리, 벼룩, 빈대, 파리 떼들이 온 들과 집과 잠자리와 온 몸과 밥그릇 속에 들끓을 것이다. 이놈을 한번 혼내 주는데…혼나봐라, 혼나봐! (취발이에게 다가가 간지럼을 태우는 시늉을 하며 주위를 돈다.) 쉬ㅡ 이래도 우리 백성을 놓아주지 않겠느냐?

취발이: (긁적거리며) 아이구 징그러워! 아이구 가려워! 아이구, 숨 막혀! 무슨 놈의 임금 노릇이 이렇게 거지발싸개 같으냐? 좋다, 나도 오기가

있는 놈이다. 안 된다, 안 된다! (맞서서 내몰고 다시 중앙에서 춤춘다. 타관 사람4 등장.)

타관 사람4: 쉬−. 허, 이놈이 그래도 마대? 어디 한번 견뎌 보아라. 네가 자랑하는 그 재물이 온전할 것 같으냐? 말과 나귀와 약대와 소와 너희 놈들에게 죽을병이 붙어야 정신을 차리겠느냐? 에라−, 엠병, 땀병, 오듯가지 속병, 종기, 연주창 몽땅 들거라. 자, 이놈을 한 번 혼내 주는데… 혼나봐라, 혼나봐! (취발이를 땅에 꿇리고 타고 넘으며 주위를 돈다.) 쉬−, 이래도 우리 백성을 놓아주지 않겠느냐?

취발이: (땅에 엎드린 채) 어림없는 소리마라! 이 없으면 잇몸으로 산다고 고기가 없으면 곡식과 채소를 먹으면 되지 않느냐? 게다가 요즈음은 인구폭발이 되어서 좀 굶어죽는 것이 국가정책상 덕이 되나니라. (일어서면서) 안 된다, 안 된다! (맞서서 내몰고 다시 중앙에서 춤춘다. 타관 사람 1 등장)

타관 사람1: 쉬−, 에라, 이 무지막지한 놈! 네가 곡식을 믿고 버티는 모양이니, 우박과 불을 내리고 동풍을 일으켜 메뚜기를 불러다가 푸른 것이라곤 모조리 씨를 말려 버리리라. 이놈을 한 번 혼내주는데…. 혼나봐라, 혼나봐! (취발이를 마구 때려 땅위에 엎어놓는다.) 쉬−. 이래도 우리 백성을 놓아주지 않겠느냐?

취발이: (엎드린 채) 이왕 부린 고집인데, 내가 쉽게 손 들 줄 알았더냐? 어림 서푼 어치도 없다. 내 것이 없으면 남의 것 뺏어먹고, 빌려먹으면 되지 그냥 앉아서 굶어 죽을 줄 아느냐? 전쟁은 괜히 하고, 외교는 괜히 하는 줄 알았더냐? 네놈들이 암만 그래도 내 말 듣고 나 도와줄 놈들이 얼마든지 있다. (엎드린 채 팔을 저으며) 안 된다, 안 된다!

타관 사람1: 쉬ㅡ, 하긴 남의 집 귀한 사내아이들을 강에다 갖다 버리게 한 놈이니 그리 쉽게 손을 들지는 않으리라 짐작을 했다만, 이렇게 질긴 놈인 줄은 몰랐구나. 오냐, 좋다! 네 눈에 아직도 뭐가 보이고 자식들이 재롱을 부리니까 천하에 무서운 것이 없는 모양이니, 이제 온 세상을 깜깜 절벽으로 만들고 네 첫 자식은 물론 그나마 살아남은 네 백성과 모든 생물들의 처음 난 것들을 모조리 죽이리라. (밖을 향한 동료들을 부른다.) 아나야잇!

타관 사람들: 그래야잇! (뛰어들어 엎드린 취발이를 에워싼다.)

타관 사람1: 이놈을 단단히 혼내주는데….

타관 사람들: 혼나봐라, 혼나봐! (취발이의 사지를 붙들어 공중제비를 하는 등 극도의 고통을 가하고 팽개친다.)

취발이: (기진맥진하여) 아이구 죽겠다 죽겠어. 쉬ㅡ. 이거 정말 야단난 일이로구나. 각본에는 없지만 내 마음대로 지어서라도 빨리 도망가야 되겠다. "잘 된다, 잘 된다, 돼두 아주 잘 된다…" (기어서 도망간다.)

타관 사람들: 그러면 그렇지! 영락 아니면 극락!

타관 사람1: 쉬ㅡ. (한바탕 웃어젖히고 나서) 이제 우리를 못살게 굴던 바로가 손을 들었으니 우리끼리 한바탕 뭇동춤이나 추고, 젖과 꿀이 흐르는 우리 땅으로 가는 것이 어떠하냐?

타관 사람들: 좋다. 한번 신나게 놀아보는데…. 내 집 길 터지니. 질나래비 훨훨!

(앉아 구경하던 말뚝이, 양반, 동리사람들도 같이 어울려 한바탕 춤추고 돌아간다. 취발이도 돌아와 함께 춘다.)

말뚝이: 쉬ㅡ, 아참 그거 깨소금 맛이다. 우리 속까지 다 후련해지는구나.

(취발이에게) 야, 아주 고생했다. 그래 임금 맛이 어떻더냐?

취발이: 에라 이 잡놈! 네놈 때문에 아주 똥줄이 빠질 뻔했다.

타관 사람1: 허허허…. 정말 고맙수다. 덕분에 이야길 잘 끝냈구랴.

말뚝이: (타관 사람1에게) 그러나 저러나 그 듣자 하니 우리가 당한 것보다는 나은 편인 걸.

타관 사람들: 뭐라고? 그러면 임자들은 더 당했단 말이요?

말뚝이: 말도 마시오, 우리는 성도 이름도 다 빼앗겼소. 어디 그 뿐인 줄 아시오? 내 이를 터이니 잘 들어 보시오.

온 세상이 다 못해도 왜놈만은 하는 그 짓/ 남의 나라 빼앗고도 민족마저 죽이는 짓/ 없는 트집 세워놓고 악형으로 죽이는 짓/ 온 세상이 다 못해도 왜놈만은 하는 그 짓/ 단근질에 주리 틀고 다라매어 죽이는 짓/ 물 안주고 밥 굶기어 애를 태워 죽이는 짓/ 죄 없는 성한 몸을 내 손으로 죽여 놓고/ 엄살로 잘 죽는 놈 또 죽어라 때리는 짓/ 악마도 아닌 놈이 악마보다 더한 왜놈/네가 내게 행한 대로 천추에 잊지 않고 그대로만 갚으리라/ 왜놈이 좋다하되 왜놈이니 왜놈 좋지/ 왜놈이 아닌 놈이 왜놈 되라면 왜놈 되랴/ 열네 번 죽어 봐도 조선 놈을 어이하리.

동리사람들: (일어나 원을 그리며 노래한다.)

〈후렴〉 아리랑 아리랑 아라리요

　　　　 아리랑 고개를 넘어간다.

　1. 문전의 옥토는 어찌되고

쪽박의 신세가 웬 말인가.

　2. 말 깨나 하는 놈 재판소 가고

　　일 깨나 하는 놈 부역을 간다.

　3. 아 깨나 낳을 년 갈보 만들고

　　대장부 쓸 만 한 놈 징병 간다.

　4. 쓰라린 가슴을 움켜쥐고

　　백두산 고개로 넘어간다.

　5. 원수로다 원수로다 원수로다.

　　총 가진 포수가 원수로다.

타관 사람1: 아이고, 우리는 손님으로 갔다가 괄시를 받은 셈만 쳐도 그렇게 서러운데 가만히 앉아서 날벼락을 맞으셨구려.

샌님: 그래도 천우신조로 서양 양반들이 도와서 우리도 해방을 만났지요.

말뚝이: 그 무슨 말씀을 고 따위로 하시오? 물론 그 분 네들이 우리를 도운 것도 사실이지만 어디 그뿐입니까요? 숱하게 죽은 동학군들이며, 만세꾼들이며, 광복군들이 흘린 피는 아무것도 아니란 말입니까요? 아따, 그 양반, 무슨 소릴 그렇게 섭하게 하시오?

동리사람들: (노래로) 아무렴 그렇지 그렇구 말구, 이름 없는 백성들이 나라 지킨다. 왜놈의 지원병 죽으면 개죽음되고요, 광복군이 죽으면 혁명 열사된다.

셋째 마당

말뚝이: 쉬―, 이거 손님대접이 말이 아니구랴. 손님 앞에서 우리끼리 말다툼을 벌이고…. (동리사람들 앉는다.)

타관 사람1: 천만의 말씀이요. 당신들 이야기를 듣고 보니 우리가 되레 부끄러워졌소이다.

말뚝이: 부끄러워지다니?

타관 사람1: 말도 마시오. 그렇게 해서 그나마 하나님 덕분에 풀려난 우리가 후에 무슨 짓을 한지 아시오?

타관 사람들: 그만 두오. 그런 것까지 다 털어 놓아서 어쩌자는 거요?

타관 사람1: 아닐세, 잘못된 것은 잘못된 대로 솔직히 털어놓는 것이 더 나은 법이지.

말뚝이: 정 부끄러우면 그만 두시구랴.

타관 사람1: 아니외다. 내 죄다 이야기하리다. 우리를 묶어놓았던 애굽에서 풀려나와 처음은 퍽 의기양양했지요. 그러나 이내 사막이 나오고 먼 길을 끝도 없이 가게 되니 불평불만이 터져 나오게 되었지요.

타관 사람들: (중구난방으로) 도대체 우리를 어디까지 끌고 가려는 거요? 아, 애굽에는 죽을 자리가 없어서 땡볕에서 말려 죽이려는 거요? 물을 주시오. 먹을 것을 주시오.

타관 사람1: 그래서 하나님께 빌었더니 먹을 것도 마실 것도 넉넉히 주시고, 혹시 길을 잃을까 하여 밤에는 불기둥으로, 낮에는 구름기둥으로 길을 밝혀 별 탈 없이 나아가던 중, 하루는 하나님께서 모세님을 불러 산위로 올라오게 했습니다. 그랬더니 그 사이에 우리 백성들이 금송아지를 만들고는 그 주위를 둘러싸고 절하고, 노래하고, 춤추고 아주 난장판을 벌렸소이다.

(요란한 음악과 함께 황금송아지를 둘러싸고 야단하는 슬라이드가 비친다. 음악에 맞춰 수 명의 사람들이 요란한 춤을 벌인다.)

말뚝이: 쉬ㅡ, 아앗쉬! (순간 밝아지며 조용해진다.) 그 무슨 노래가 그 모양인고? 춤 꼬락서니하고…. 이제 그만들 두시오.

타관 사람1: 아니, 조금만 더 들어보시오. 이런 난장판이니 왜 당신에게만 시끄럽겠소? 모세님이 산에 올라가서 하나님하고 중요한 약속을 하고 내려오는데 이 야단지랄법석이니 그인들 좀 한심했겠소.

말뚝이: "시끄이" 그랬겠지.

타관 사람 1: 그랬지. 그래서 결국 그 따위 노예근성과 우상 숭배하는 심뽀를 가진 사람들과 잘못 지도한 사람들이 다 죽고 난 40년 후에야 우리는 겨우 약속 받은 땅에 발을 딛게 되었지요.

샌님: (일어서면서) 40년이라? 거 우리보다 10년이나 더 많네그려.

타관 사람1: 10년이나 더 많다니?

샌님: 우리는 지금 해방이 되고 30년이 됐다 그런 말씀이지. 그렇지만 중요한 건 그게 아니외다.

타관 사람1: 그게 아니라니요?

샌님: 우린 지난 30년 동안 당신네들처럼 그런 난장판을 벌이진 않았다 이 말씀이야, 어험! 그러니 당신들하고는 하늘과 땅 차이지. 안 그런가? 여보게들! (동리사람들 어리둥절한 채로 끄덕인다.)

말뚝이: 아니, 난장판을 벌이지 않았다니, 그럼 우리가 해온 짓이 난장판이 아니면 개장 판입니까요?

샌님: 이노옴, 듣자듣자 하니까 방자하기 이를 데 없구나. (동네사람들을 둘러보며) 이놈을 그냥 두었다가는 외국손님들 앞에서 망신을 당할 것이니 좀 나서지 못하게 하렸다.

(동리 사람들 이제껏 뒷전에 쳐져 있다가 호령하는 샌님의 위세에 눌려 말뚝이를 만류한다.)

말뚝이: 놔요, 이거! 무슨 거짓말을 하려는지 훤하다구요, 훤해!

샌님: 허어, 저놈이 그래도 떠들어? 얘, 취발아, 저놈 좀 주물러 줘라.

취발이: 고것 참 깨소금 맛이다. 이놈! 아까는 내가 네 덕분에 고생을 했으니 이번엔 네가 혼 구멍이 좀 나봐라(말뚝이를 때려눕힌다. 동네사람 몇이 함께 한다.)

샌님: 쉬이ー, 이제야 좀 조용해졌군. (타관 사람들에게) 그럼 아까 하던 이야기를 마저 하리다. (동네사람들을 돌아보며) 다 같이 따라 한다.

우리는 같은 민족끼리 서로 싸우지도 않구.

동리사람들: 서로 싸우지도 않구.

샌님: 민족반역자들은 제때 지도적 위치에서 물리치구.

동네사람들: 지도적 위치에서 물리치구.

샌님: 중구난방으로 떠들면서 제 이익만 찾지 않구.

동리사람들: 제 이익만 찾지 않구.

샌님: 하기 싫은 짓을 '죽었소' 하고 억지로 따르지도 않구.

동리사람들: (작은 소리로) 억지로 따르지도 않구.

샌님: 큰소리로 한다.

동리사람들: (악을 쓰며) 억지로 따르지도 않구.

샌님: 눈에 보이는 것만 좋아하지 않고.

동리사람들: 좋아하지 않고.

샌님: 항상 원대한 것만 바라보구.

동리사람들: 바라보구.

샌님: 아참 기분 좋다. 우리가 제일이구나. (혼자 흥이 나서 춤을 추다가 동네 사람들을 보고) 왜들 이러고 섰느냐? 자— 즐겁자!

(일동 기계적인 동작의 춤을 춘다. 이 때 사자가 슬그머니 끼어든다. 사람들에게 춤추라고 몰아세우면서 샌님, 사자에게도 손질을 하려다가 깜짝 놀란다.)

샌님: (아직도 아까의 의기양양한 기분에 젖어) 쉬, 이놈! 네가 무엇이냐? 무엇이길래 남의 놀이판에 함부로 끼어들었느냐? 어디 한 번 물어보자. (사자 곁으로 가까이 가서) 네가 무슨 짐승이냐? 우리 조상 때부터 보지 못했던 짐승이로구나. 네가 노루냐?

사자: (머리를 젓는다.)

취발이: 사슴이냐?

사자: (부정)

샌님: 옳다, 알겠다. 예로부터 성현이 나면 기린이 나오고 군자가 나면 봉이 난다드니, 나 같은 성현이 났으니 네가 분명 기린이로구나.

사자: (부정)

취발이: 이것도 아니다, 저것도 아니다 하니 이거 참 야단났구나.

일동: 이거 참 야단났구나. (제각기 떠든다.)

샌님: 쉬—, 옳다 이제야 알겠다. 제 나라 때 전단이가 소에다 횃불을 달아가지고 수만의 적군을 물리쳤다더니 우리가 이렇게 굉장히 떠들고 노니까 전쟁터로 알고 뛰어든 소냐?

사자: (부정)

취발이: 소도 아니야? 소도 아니고, 개도 아니고, 네가 도대체 짐승은 짐승이냐? (사자 끄덕. 자세히 살펴보고 뒤로 물러서며) 오, 이제야 알것다. 네 몸에 긴 털이 푸수수 하구 입이 쭉 찢어진 것을 보니 사자일시 분명하구나.

사자: (머리를 상하로 크게 끄덕인다.)

샌님: (조금 놀라며) 네가 본시 사나운 짐승이라. 네 할애비 애비를 잡아먹으려고 내려 왔느냐? 나 같은 성현이 났으니, 더 위엄 있어 보이라고 깔고 앉으라고 왔느냐?

사자: (부정)

말뚝이: (샌님 뒤에 가서 샌님소리로) 야 이놈, 사자야! 그럼 나의 하는 말을 자세히 들어라. 우리가 이제껏 우리 사정을 잘 모를 것이다 하여 시침 뚝 떼고 허풍을 떨었다고 우리를 벌주려고 하늘이 내려 보냈느냐? 그래 우리를 잡아먹으려느냐?

사자: (끄떡하고 샌님에게 덤벼들어 발로 딛고 입을 크게 벌린다.)

샌님: (떨면서) 사자야, 말 듣거라, 우리가 진심으로 뉘우쳐서 깨끗한 마음으로 다시는 앞에 나서지 않구, 쓸데없이 큰 소리 안하구, 큰 욕심 안 내구, 거짓말로 속이지도 않구, 먼저 옳은 일이 이루어지는 나라를 구하면 용서해 주겠느냐?

사자: (좋다고 끄덕하고 샌님을 놓아준다.)

샌님: (동네사람들에게) 여러분, 내가 그동안 양반이랍시구 공연히 기침이나 하고 여러분과 하나 되지 못한 잘못을 빌 터이니 받아주시겠소?

동네사람들: (절하려는 샌님을 만류하면서 그를 맞아들인다. 샌님 쓰고 있던 정자관을 땅에 내던지고 발로 밟는 시늉을 한다.)

말뚝이: (취발이에게) 여보게, 취발이! 우리가 이렇게 모든 잘못을 용서받

았으니 하나님께 감사하는 뜻으로 저런 좋은 음률에 맞춰 춤이나 한

자락 흥겹게 추고 가는 것이 어떠한가?

취발이: (면구스러운 입장을 벗어 기쁜 듯이) 그거 듣던 중 좋은 소리로구나.

자, 그러면 모두 한바탕 놀아보는데, "놀아보세, 놀아보세, 사자하고

놀아보세."

(모두 흥겹게 춤춘다. 손님들도 함께 끼어들어 떠들썩한 축제를 이루면서 끝을

맺는다.)

* 놀이 중 〈양반 잡이〉는 〈덧뵈기〉에서, '민요'는 『항일민족시집』에서, 〈사자춤〉은

봉산탈춤에서 인용하였다.

추수감사절의 기원과 오늘의 의의

들어가며

감사절 예배 때 모든 교회에서 반복해서 설명하는 내용이 바로 추수감사절의 기원과 의의에 대한 것이리라 보는데, 이에 대한 전문적인 연구가가 아닌 나로서는 극히 상식적인 선에서, 상식을 대표하는 의미로 대영백과사전의 추수감사절(Thanksgiving Day)의 항목을 찾아본다. 거기에는 다음과 같은 내용이 적혀 있다.

추수감사절: 추수와 지난해에 받은 그 밖의 축복들을 기리는 미국 국경일. 그것은 1621년 가을의 어느 날로부터 기원한다. 이날 플라이마우스(Plymouth)지사 윌리엄 브래드퍼드(William Bradford)는 사흘에 걸쳐 계절의 풍요를 감사하는 레크리에이션과 향연의 축제를 벌이는 청교도들의 잔치에 인근의 인디언들을 초청했다.

19세기 말에 이르러, 추수감사절은 뉴잉글랜드 전역에 걸쳐 하나의 제도가 되었고, 1863년에 에이브러햄 링컨(Abraham Lincoln) 대통령에 의해 공식적으로 국경일로 선포되었다. 그 이후 칠면조와 호박파이가 주식이 되는 전통적 향연은 미국 문화의 고유한 부분이 되었다. 전통적으로 11월의 마지막 목요일에 축하되었으나, 1941년 의회의 결의에 따라 그 달의 넷째 목요일로 변경되었다. 캐나다는 추수감사절을 1879년 11월에 처음으로 국경일로 채택하였는데, 지금은 매년 10월 둘째 월요일에 축하행사를 갖는다.

여기에 있는 설명을 넘어서는 내용을 더 찾아볼 수도 있겠으나, 그들 자신이 이 정도로 만족하고 있는 바에야 우리가 그보다 더 자세한 것을 알려고 할 필요가 있을까? 물론 자료에 따라서는 설명이 다르게 되어 있기도 하다. 예컨대 미국이 독립하던 1789년에 워싱턴 대통령은 11월 26일을 감사절로 책정했는데, 링컨 때에 11월의 마지막 목요일로, 루즈벨트가 1939년에 또 다시 11월 셋째 목요일로 책정했다는 것이다. 그러나 오늘날에도 미국에서는 실상 11월 셋째 목요일조차 통일되어 있지 않고 각 주마다 다르다고 하니, 문제는 그 날짜가 아니라 기본 취지라 할 것이다.

1. 추수감사절의 기본 취지

미국의 국경일인 추수감사절의 기본취지는 무엇인가? 신앙의 자유를 찾아 새로운 땅을 찾아 미국으로 건너온 청교도들이 일 년 간의 노력

끝에 신앙의 자유는 물론 풍성한 추수의 축복까지 받게 된 것을 감사하면서 하나님께 예배드리고 그 기쁨을 문화와 신앙이 다른 원주민과 함께 나누었다는 사실에 입각해 볼 때, 그것은 한마디로 해방과 감사의 축제로서, 이웃과 기쁨을 함께 나눈다는 내용이 핵심을 이룬다.

그러나 이러한 해방과 감사의 축제는 반드시 미국 청교도들만의 전통은 아니다. 구약성경을 기초로 유대인의 축제를 살펴보면, 예컨대 유월절 혹은 과월절에서도 거의 같은 취지가 읽혀진다. 전문학자들의 연구를 요약하자면, 그것은 이미 유목생활에서부터 시작된 것으로서, 춘분에서 가장 가까운 만월 때 그 해에 난 어린 동물을 야훼께 바치는 종교의례에서 유래한다. 본래 가축의 첫 새끼를 신에게 봉헌하던 목축제가 시간이 지나면서 무교절, 즉 누룩 없는 떡을 먹는 농경제와 융합한 듯싶다(출 12:15-20). 원래 무교절 축제는 햇곡식을 바치는 축제와 함께 지내기도 했던 것인데, 성경에 보면 유월절과 무교절이 어떤 때는 구분되고, 어떤 때는 혼동되어 종잡을 수 없다. 그러나 그것들이 이집트로부터 해방되던 출애굽의 사건과 결부됨으로써 유월절 곧 해방절이라는 새로운 의미를 갖게 된 것만은 틀림없다.

이 같은 유태교의 전통인 유월절이 그리스도의 복음과 유대를 갖게 됨으로써 또 다시 새로운 의미를 갖게 된다. 그리스도 자신이 유월절의 어린 희생양이 됨으로써 유월절의 만찬은 그리스도가 친히 제정한 성찬식으로 변하였던 것이다. 이제 우리는 성찬식을 가짐으로써 단순히 해방절을 기념하는 것이 아니라, 그리스도의 살을 먹고 피를 마심으로써 인간인 우리가 그리스도와 하나 되어 그리스도의 생애와 행적을 우리 자신의 것으로 만들어 구원에 이르게 된다.

봄 축제 못지않게 가을 축제인 초막절도 해방과 감사로 요약된다. 유월절과 함께 맥추절과 초막절이 유대인의 삼대 명절로 손꼽히는데, 맥추절은 밭에 뿌린 것의 첫 열매인 밀을 거두어들인 감사절이요, 초막절은 가을에 포도를 거두어들인 추수감사절이다. 이 초막절의 날짜 역시 다소간 종잡을 수 없게 되어 있다.

신명기에는 "밭에 서 있는 곡식에 처음 낫을 대던 그 때로부터 시작하여 칠 주간이 지나거든 너희 하느님 야훼께서 너희에게 복을 내려주신 만큼 마음에서 우러나는 대로 예물을 바치며 너희 하느님 야훼께 추수절 축제를 올려라"(신 16:9-10, 공동번역성서)라고 되어 있는데, 이는 추수절을 지칭하는 듯하다. 뒤이어 초막절에 대한 기록이 나온다. "너희는 타작마당과 포도즙을 짜는 술틀에서 소출을 거두어들일 때 이레 동안 초막절 축제를 올려라"(신 16:13, 공동번역성서). 그런데 레위기에는 "여호와께서 모세에게 말씀하여 이르시되 이스라엘 자손에게 말하여 이르라 일곱째 달 열 닷샛날은 초막절이니 여호와를 위하여 이레 동안 지킬 것이라"(레 23:33-34)라고 되어 있다. 더욱 분명한 후자를 택한다면 칠월 십오일이라는 날짜가 문제가 되는데, 이는 추분에 가까운 만월 날로 읽혀진다. 즉 음력으로 팔월보름에 해당되는데, 이때부터 한 주간 동안 추수감사절을 지낸 셈이다. 이 날을 초막절이라 함은 본래 포도원에 초막을 치고 지키던 농사법과 관련된 까닭이라 하는데, 그 연유야 어떻든 이 축제 때에는 '아들과 딸, 남종과 여종, 한 성문 안에 사는 레위인, 떠돌이, 고아, 과부까지 함께 즐겨야 한다.'(신 16:11) 이 즐김의 의미가 또 다시 역사적인 출애굽 사건과 관련되어 있다는 것이 우리의 관심을 끈다. 즉, 이집트에서 해방되어 가나안으로 들어가기까지 광야에서 장막을 치고 방황하던 때를 기념하는 데서 초막절의 새로운 의미가 창조되었다는 해석이 있다. 농경의례의 하나였던 초막절이 이제 민족해방의 사건과 결부되어 새로운 역사적 종교적 의미를 갖게 되었음을 뜻한다.

미국과 유대의 경우를 살핀 이상의 논의를 바탕으로 우리는 추수감사절이 나름대로의 역사적 연관에서 재해석된 계절 축제로서, 해방과 감사를 축으로 하여 이웃과 더불어 기쁨을 나눈다는 데 그 핵심적 의의가 있다고 결론내릴 수 있다.

2. 한국문화와 추수감사절

추수감사절의 의의를 이렇게 규정할 때, 한국교회가 우리 문화를 배경으로 추수감사절을 지킬 경우 무엇이 가장 중요한 위치를 차지해야 하는지는 자명해진다. 문제의 핵심은 그것이 한국적 계절축제와 결합되어 있으면서도 역사적 사건을 기념하는 기념제적 성격을 가진 채 해방과 감사의 의의를, 오늘을 살아가는 우리의 생활 속에 심어놓을 수 있느냐의 여부에 놓여 있다.

추석은 분명 하나의 농경의례에 속한다고 할 수 있다. 그러나 그 핵심은 감사요, 축제다. 단지 그 감사의 대상이 하늘님이기도 하고 조상님이기도 한 것은 당시의 지배적인 종교가 갖는 특징과 연관해서 설명될 수 있을 것이다. 만일 기독교인의 입장에서 말한다면, 우리가 이전에는 희미하게 보던 것을 얼굴과 얼굴을 마주 보듯이 분명하게 보게 된 이후, 그 감사의 대상을 바로 알게 된 것 뿐이다. 그리스도를 알기 전에 우리는 어린이의 말을 하고, 어린이의 생각을 하고, 어린이의 판단을 따랐다. 그러나 이제 어른이 되어 어렸을 때의 것들을 버렸다고나 할까?(고전 13:11) 그러나 감사축제만으로는 미흡하다. 농사의 수확을 감사하는 날들이 단순한 감사절이 아니라 민족이 구원받은 감격스러운 경험과 연결될 때 더 큰 의의를 지닐 수 있게 된다. 우연의 일치일까, 군국주의 일제의 노예생활로부터 해방된 역사적 사건이 일어난 날이 비록 양력이나마 8월 15일이라는 것이? 아니, 우연이라도 좋다. 우리는 그러한 감격을 추석이라는 단순한 추수감사절에다 덧붙임으로써, 말하자면, 해방과 감사라는 복합 관념을 창출함으로써 복음의 토착화라는 과제를 수행하기 위한 하나의 기초로 삼고자 하는 것이다.

필자가 출석했던 경동교회(담임 강원용 목사)가 1974년부터 추석에서 가장 가까운 주일을 추수감사절로 지키고, 가급적이면 우리의 전통문화 요소들을 십분 살린 축제를 꾸리게 된 배경에는 이와 같은 신학적 탐색이 작용했던 것이다. 그것은 "뭔가 착각한 것 같다. 농촌의 현실을 모르니까 추석 때가 되면 수확이 끝나는 줄로 착각한 것이 아닌가?"라는 정도의 가벼운 시빗거리가 아니다. 누차 말하지만, 우리가 추수감사절을 지키고자 하는 것은 단순한 계절 축제를 회복하자는 것이 아니다. 또 설혹 계절 축제를 회복한다 해도 첫 수확을 기점으로 삼는 것이 오히려 더 의의 있다고 생각된다. 다 거두어보고 수확이 많으면 감사하고 그렇지 않으면 감사하지 않거나, 시큰둥하게 보낼 것인가?

나가며

그러나 추석을 해방과 감사의 축제로 지키자는 의의는 단순히 과거지향적인 발상이 아니다. 그것은 오늘의 우리가 누리는 삶을 바로 해방을 기리는 축제의 삶으로 살아가자는 결의이자, 아직 그 해방을 미완의 상태로 머물게 하고만 우리 자신의 죄책 고백이다. 또한 그것은 이를 완성할 수 있도록 우리에게 힘과 용기를 주십사는 기도여야 한다. 그러기에 그것은 또한 현재적이자 미래적이다. 그것이 추석이어도 좋고, 고대축제인 동맹, 영고, 무천 등등의 날짜를 추적하여 이를 계기로 삼아도 좋다. 아니, 지금처럼 미국 명절을 그대로 받아들인들 무엇이 잘못되랴? 그러나 11월 셋째 주일을 추수감사절로 지키는 습관 속에 만일 우리에게 복음을 전해준 미국교회에 대한 감사가 더 무거운 비중을 차지한다면, 이는 복음과 미국교회 습관을 일치시키는, 그래서 해방과 감사라는 기본취지를 놓치고 마는 비복음적 태도에 불과하다. 이 땅의, 이 오랜 문화 전통을 지닌 민족에게 복음이 전해진 까닭을 우리가 제대로 이해한다면, 추석의 가까운 주일을 추수감사절로 지키고자 하는 '거듭남', 곧 부활 또는 중생이 지니는 의미를 더욱 깊이 있게 이해하게 될 것이다. 그로써 이 날을 더욱 의미 있게 보낼 수 있는 프로그램을 짜낼 수 있는 지혜가 분명히 떠오르리라 믿으면서, 글을 이쯤에서 줄인다.

3. 돌들의 소리[5]

(애찬용 빵과 포도주를 중심으로 각 사람은 적당한 크기의 돌을 하나씩 준비한 채 바닥에 둘러앉는다.)

교독(또는 묵도 중 낭독) … 시편 130편 1-7(공동번역성서) ………………… 다 같이

야훼여, 깊은 구렁 속에서 당신을 부르오니,

주여, 이 부르는 소리 들어 주소서.

애원하는 이 소리, 귀 기울여 들으소서.

야훼여, 당신께서 사람의 죄를 살핀다면,

감당할 자 누구이리까?

---

[5] 이 자료는 1979년 2월 독일 라인 마인지구 한인교회 임원, 이사 신년 수양회 특별예배를 김문환의 원안에 준하여 정리한 것이다. 자아개방과 헌신, 그리고 축제적 신앙생활을 주안점으로 하고 있다.

그러나 용서하심이 당신께 있사오니,

이에 당신을 경외하리이다.

나는 야훼를 믿고 또 믿어

나의 희망 그 말씀에 있사오니,

새벽을 기다리는 파수꾼보다

내 영혼이 주님을 더 기다리옵니다.

새벽을 기다리는 파수꾼처럼

이스라엘이 야훼를 기다리옵니다.

송영 .... (깊은 곳에서 당신께 부르짖나이다. 3번) .... 다 같이

깊은 곳에서

참회기도 .... 맡은 이

　　한결같은 나날을 새해라 가름하고 무엇인가 새롭게 살고자 한 것이 어느새 여러 날 전의 일이 되었습니다. 그와 함께 우리들 사이에는 또 다시 회의와 불신의 어두운 그림자가 드리우고 있습니다. 생각 없이 지내고 싶은 안이함과 남을 원망하는 타성이 다시금 깃을 드리우고 있습

니다. 내게 유익한 것만 찾고 다른 이와 더불어 사는 뜻을 애써 버리려고 하고 있습니다. 그리스도인이라는 것을 단순히 교회에 드나드는 사람이라는 뜻으로 타락케 하며, 당신에게 드리는 예배는 바리새인의 제사만도 못하게 만들고 있는 우리들입니다. 그리고는 다 되었다고 손을 털고, 그 손으로 여전히 갈고리처럼 자신을 움켜쥐고 좀체 열려고 하지 않습니다. 때로 기도도 합니다. 그러나 그 기도 소리는 살아계신 당신과의 대화가 아니라, 더 많은 것을 얻기 위해 잡아당기는 슬롯머신의 기계 소리와 별로 다르지 않습니다. 그리스도께서 몸 바쳐 사랑한 이웃에 대한 고백이 아니라, 이웃과의 화해를 위한 겸허가 아니라, 자신의 우월을 과시하기 위한 독선과 위선을 그리스도인의 사랑인 양 꾸미고 있습니다. 각 사람이 자신은 힘쓰지 않고 자신의 문제를 집단에 맡겨 버린 채, 그 집단의 발전을 위한 협력과 비판은 꺼려하고 있습니다. 그리하여 교회가 사회 전체와 아무런 상관없이 떠도는 '방주'가 되어도 상관없는 것처럼 여기고, 또 어쩌면 그렇게 되기를 바라고 있습니다. 주님! 이것이 어쩔 수 없는 우리의 모습입니다. 그러나 우리 속에는 아직 새롭고자 하는 작은 불꽃이 아주 꺼지지는 않았습니다. 부끄러워 할 줄 아는 양심과 더 나은 것을 궁리해 낼 수 있는 지혜가 아주 고갈되지는 않았습니다. 남과 더불어 사는 뜻을 살리려는 의지가 아주 잠들지는 않았습니다. 도와주셔야겠습니다. 이런 우리를 다시 건강한 지체로 만들어주셔야 하겠습니다. 우리들의 모든 모임이 당신과의 진정한 사귐으로서 보람과 기쁨을 회복하는 기회가 될 수 있도록 도와주셔야 하겠습니다. 오직 당신만이, 당신의 가르침과 행함만이 이를 이루어주실 줄 믿습니다. 소용돌이 속에 있는 조국의 진정한 민주적 발전에 동참하여 아픔을 같이 하면서 해결을 모색할 수 있는 열쇠도 바로 이것임을 굳게 믿으며, 우리와 함께 하심으로 기뻐하실 예수 그리스도 이름으로 기도합니다. 아멘.

찬송 .... 229장, 주 예수 대문 밖에, 1-2절 .... 다 같이

1. 주 예수 대문 밖에 기다려 섰으나
   단단히 잠가두니 못 들어오시네.
   나 주를 믿노라고 그 이름 부르나
   문 밖에 세워두니 참 나의 수치라

2. 문 두드리는 손은 못 박힌 손이요
   또 가시면류관은 그 이마 둘렀네.
   이처럼 기다리심 참 사랑이로다
   문 굳게 닫아두니 한없는 내 죄라

돌의 소리 1 .... (마 4:1-4, 막 1:12-13, 눅 4:1-13) .... 맡은 이

나는 예수께서 당신을 보내신 이의 뜻을 알고자 광야로 나왔을 때 만났던 돌입니다. 당신 자신도 오랜 금식기도로 몹시 시장하셨겠지만, 그것보다도 당신처럼 가난한 이웃들을 생각할 때, 참으로 모든 문제는 바로 굶주린 배를 채우는 것에 있지 않을까 하시면서 움켜쥐어 보셨던 바로 그 돌입니다. "뚫어진 저 입들을 메워라! 그러면 모든 것이 해결 된

다"는 너무도 강한 속삭임이 제 귀까지 들려올 때, 저는 참으로 이렇게 비슷하게 생겼으면서도 굶주림을 채워주는 데 아무런 구실도 하지 못하는 돌 같은 제 자신의 모습이 원망스러웠습니다. 그러나 예수께서는 입가에 웃음기마저 띠우시면서 말씀하셨습니다. "사람이 빵으로만 사는 것이 아니다. 하나님의 입에서 나오는 모든 말씀으로 살리라." 나는 하나님의 말씀이 무엇인지 모릅니다. 그러나 제 자신 속으로 움츠러들어 마침내 돌처럼 굳어진 모든 것과는 달리 남을 위한 존재가 되고자 애쓰는 예수에게서, 허기와 목마름 속에서도 단지 먹고 마시고 뒹구는 것 이상으로 귀한 것이 있다고 하는 예수에게서 그 말씀의 뜻을 알 수 있을 것 같습니다. 저를 움켜쥐던 그 강한 힘과 젖은 눈으로 잔잔히 띠우시던 미소를 늘 기억하면서, 나는 언제나 굳어진 사람, 굳어진 체제를 만날 때마다, 또 먹고 마시는 것이 중요한 것은 알지만 그것을 내세워 사람답게 사는 길을 막는 세력을 만날 때마다 이야기하렵니다. "사람이 빵으로만 사는 것이 아니라 말씀으로 살리라."

돌의 소리 2............................(요 8:1-11)................................. 맡은 이

  나는 죄인들을 다스리는 돌입니다. 그래서 뭔가 속이 켕기는 사람들, 뒤가 수상한 친구들, 남몰래 무슨 짓거리를 꾸미는 녀석들은 나를 보면 외면조차 합니다. 하긴 나 자신도 내가 못마땅할 적이 있습니다. 카인으로부터 흘러온 피가 온통 내 몸에 묻어있기 때문입니다. 그렇지만 거의 모든 경우, 그러한 죽음은 근거가 있었기에 부끄러워하지마는 않습니다. 율법이 내 신분을 보장해 줍니다. "옳은 일을 위해서는 죽여도 좋

다.” 무엇이 사람의 목숨을 잃게 하는 것보다 더 옳은 일인지 궁금한 적도 많았지만, 아무도 묻지 않기에 나도 그냥 그러거니 하고 정말로 사명감 있게 죄인들 면상을 향해 날아가 그들을 박살내곤 했습니다. 그런데 하루는 사람들이 간통하다가 현장에서 잡힌 여자를 끌고 왔습니다. 남자는 어디 갔느냐고요? 모릅니다. 또 안다고 해도 마찬가지였을 겁니다. 남자를 유혹한 것은 여자니까 죄는 여자가 더 많다는 관습이 있었으니까요. 이 여자를 끌고 사람들이 웬 30대 장년에게 갔습니다. 그리고 물었습니다. “율법에는 이런 죄를 범한 여자는 돌로 쳐 죽이라고 했는데 어떻게 생각하십니까?” 이렇게 묻는 데는 이유가 있습니다. 평소에 이 예수라는 사람이 하나님도 쉬신다는 안식일조차 “사람이 안식일을 위해 있는 것이 아니라 안식일이 사람을 위해 있다”고, 죄인들, 율법 곧 체제에서 밀려난 사람들과 사귀면서 그들을 위해 일했기 때문입니다. 그 율법이 왜 있어야 하느냐는 묻지 않고, 아니 오히려 그렇게 함으로써, 남을 정죄함으로써 자신을 의롭다고 하는 사람들에게 이는 심히 못마땅한 일이었습니다. 그래서 절대적인 율법을 올가미 삼아 예수를 얽어매고, 여차하면 없애버리려고 한 거지요. 그런데 예수는 이렇게 대답합니다. “누구든지 죄 없는 사람이 먼저 돌을 던지시오.” 나는 처음 알았습니다. 율법보다 더 큰 것이 있다는 것을. 사람들은 하나둘씩 돌아섰습니다. 나는 그냥 힘없이 땅바닥에 나동그라졌습니다. 이윽고 모두가 사라진 후 여인에게 말하는 예수의 음성이 쨍한 햇빛 밑에서 조용히 퍼져갔습니다. “어서 돌아가시오, 이제부터는 다시는 죄짓지 말고.” 그 이후로 누구든지 다시 나를 쳐드는 자가 있으면, 나는 힘껏 외칩니다. “정죄냐? 아니면 생명을 살리는 비판이냐?” 그러나 흔히들 “어느 세월에 내가 깨끗해진 다음에 비판하느냐?" 하고는 팔매질 칩니다. 말귀도 못 알아듣는 사람들! 비난과 비판도 구별 못하다니.

돌의 소리 3 .... (창 28:10-22) .... 맑은 이

　나 역시 흔한 돌입니다. 이스라엘 어느 곳에서나 깔린 숱한 돌중의 하나, 이름도, 얼굴도 없는 돌입니다. 낮에는 뜨거운 태양 볕을 온몸으로 받고 밤에는 싸늘한 냉기에 온몸을 떨며 거칠어질 대로 거칠어진, 몇천 년을 버려진 채 뒹구는 돌, 그것이 저입니다. 그런데 어느 날 밤. 한 사람이 한밤중에 헐떡이며 내 있는 곳으로 왔습니다. 축복을 가로채여 앙심을 품은 형을 피해 달아나는 야곱입니다. 급한 걸음에 아무런 준비도 없이 떠난지라 그는 나를 베개 삼아 잠을 청했습니다. 그러면서 한 꿈을 꾸었습니다. 꿈에 그는 하늘로 닿는 층계와 그 층계를 오르락내리락 하는 천사들과 하나님을 보았답니다. 뿐입니까? 축복의 약속까지 받았답니다. "네가 지금 누워있는 이 땅을 너와 네 후손에게 주리라." 야곱은 꿈에서 깨어 일어나 "참말 야훼께서 여기 계셨는데 내가 모르고 있었구나"하고, 나를 세워 석상을 삼고, 왕의 머리에나 붓는 기름을 내게 붓고는 "베델"이라고 했습니다. "하나님의 집"이라는 뜻입니다. 저는 못생긴 보잘 것 없는 돌입니다. 흔하디 흔한. 그런 제가 감히 "하나님의 집"의 상징이 되었습니다. 야곱이 베고 자니, 그가 뒤척이는 중에도 잠이 들어 꿈속에 하나님을 만난 즉, 저는 "하나님의 집"의 상징이 된 것입니다. 하룻밤 사이에 엄청난 변화가 일어났습니다. 지금도 나는, 그러나, 여전히 보잘 것 없는 돌입니다. 누구나 그렇듯이 쓰임을 받아 영광

스러운 이름을 받게 되었다 해도 바탕은 여전히 광야에 흔히 뒹구는 하나의 돌입니다.

돌의 소리 4 .... (행 6-8장) .... 맡은 이

   저는 모든 돌들 중 가장 부끄러운 돌입니다. 사람을 죽인, 그것도 의인을 죽인 돌이기 때문입니다. "우리가 하나님의 말씀을 전하는 일을 제쳐놓고 식량배급에만 골몰하는 것이 옳지 않다"고 한 열두 사도들의 말을 옳게 여긴 신도들이 이 일을 맡을 사람으로 뽑은 "신앙이 두텁고 성령과 지혜가 충만한" 일곱 사람 중 하나인 스데반을 죽인 돌입니다. 그러나 스데반은 식량배급만이 아니라, 백성들 앞에서 많은 놀라운 일을 행하고 스스로 옳다고 하는 이들을 향해 불꽃같은 말씀을 던졌습니다. 드디어 사람들은 그의 소리를 듣지 않으려고 크게 소리를 지르고 귀를 막았습니다. 그리고는 한꺼번에 달려들어 그를 성 밖으로 끌어내어 돌로 치기 시작했습니다. 어쩌다 나는 그의 입에 맞았습니다. 그의 입술이 터지고 이빨이 톱니처럼 부서졌습니다. 그러나 그는 굳어져 가는 혀를 억지로 일으켜 말했습니다. "주님, 이 죄를 저 사람들에게 지우지 마십시오." 그리고는 피투성이가 된 채 이내 눈을 감았습니다. 그 후로도 수없이 많은 돌들이 그 위에 덧쌓였습니다. 이전에 나는 보잘 것 없는 처지를 한탄하고 한번 뽑힘을 받아 뽐내 보았으면 했습니다. 그러나 그의 음성을 들은 후, 선택의 엄숙한 의미를 참으로 알게 되었습니다. 정도의 차이는 있겠지만 결국 자기희생 없이 뽑힘에 대한 욕망만을 키우는 이들에게 나는 조용히 제 부끄러운 이야기를 들려 드리고 싶습

니다.

돌의 소리 5.....................(눅 13:1-2, 13:34-35................................맑은 이

　나는 예루살렘 성전을 받치고 있던 기둥 돌입니다. 그 시절에는 큰 건물을 지을 때 돌과 돌 사이에 쇠붙이를 녹여 부어서 접착을 시켰습니다. 국세가 성할 때는 금과 은으로, 약할 때는 납으로 했지요. 전쟁에 이겨 도시를 점령하게 되면 건물들을 모조리 부수고 기둥의 돌 하나하나를 들어내는 것은 바로 그 사이에 있는 금붙이들을 긁어가고자 하는 욕심 때문입니다. 큰 기둥을 넘어뜨리는 잔인한 쾌감도 쾌감이지만, 사람들이 "저 돌들이며 건물이며 얼마나 웅장하고 볼만합니까?" 할 때, "저 돌들이 어느 하나도 제 자리에 그대로 얹혀 있지 못하고 다 무너지고 말 것이다"라고 한 예수의 말씀대로, 예루살렘 성전도 이처럼 후에 로마 군에 의해 산산이 부서지고 말았습니다. 나로서는 이야기는 들었지만 꿈에도 생각 못했던 일입니다. 어리석다고 비웃지 마십시오. 어디 나뿐입니까? 실상 모든 사람들이 자기가 쌓은 탑들은, 성전들은 무너지지 않는다고 굳게 믿고 있습니다. 물론 많은 건물들이 부서졌던 역사를 알기에 더욱 더 좋은 것으로, 더 확실한 것으로 돌과 돌들을 이어 보려고 합니다. 번쩍이는 금으로, 번쩍이는 명예로, 번쩍이는 이권으로, 번쩍이는 업적으로, 번쩍이는 야망으로. 예루살렘 성전은 그 한 표본입니다. 그런데 이게 웬일입니까? "너희의 순례절이 싫어 나는 얼굴을 돌린다. 축제 때마다 바치는 분향제 냄새가 역겹구나. 그 시끄러운 노랫소리를 집어치워라. 거문고 가락도 귀찮다. 다만 정의를 강물처럼 흐르게 하라.

서로 위하는 마음이 개울같이 넘쳐흐르게 하라."(암 5:21,23,24, 공동번역성서) 지금도 예수의 음성이 귀에 쟁쟁합니다. "예루살렘아! 예루살렘아! 너는 예언자들을 죽이고 너에게 보낸 이들을 돌로 치는구나. 암탉이 병아리를 날개 아래 모으듯이 내가 몇 번이나 네 자녀를 모으려 했던가. 그러나 너는 응하지 않았다. 너희 성전은 하느님께 버림을 받아 황폐해지리라."(마 23: 37-38, 공동번역성서) 그런데도 바벨탑을 쌓으려는 온갖 노력들이 끊이지 않고 있습니다. 나둥그러져 있는 나를 보면서도.

침묵의 시간 .... 다 같이

  (각 사람이 '돌의 소리' 후에 중앙에 가져다 '쌓아놓은' 돌들을 바라보며 잠시 '절대 침묵'의 시간을 갖는다.)

애찬에의 초대 .... 담임목사

  예수께서는 "너희가 아무리 악할지라도 자녀가 떡을 달라는데 돌을 주고, 생선을 달라는데 뱀을 주겠느냐"고 하셨습니다. 그러나 실상 우리는 많은 경우 이런 짓을 저지르고 있습니다. 교회 안의 일만 보더라도 여러 가지 교육 프로그램과 예배들이 생명력 있는 말씀을 전해주는 것이 아니라, 그 위에 교회와 형식을 덧씌워 못 먹게 굳어진 돌을 내주는 격이 되어 왔습니다. 어디 비단 그런 프로그램뿐이겠습니까? 기독교의 비종교화를 외치게 된 배후에는 우리의 그러한 잘못된 시도들이 치쌓여있습니다. 그런데 예수께서는 스스로를 생명의 빵이라고 하셨습니다. "내가 바로 생명의 빵이다. 나에게 오는 사람은 결코 배고프지 않고

나를 믿는 사람은 결코 목마르지 않을 것이다. 내가 이미 말하였거니와 너희는 나를 보고도 나를 믿지 않는다. 그러나 아버지께서 내게 맡기시는 사람은 누구나 나에게 올 것이며 나에게 오는 사람은 내가 결코 외면하지 않을 것이다. 나는 내 뜻을 이루려고 하늘에서 내려온 것이 아니라 나를 보내신 분의 뜻을 이루려고 왔다. 나를 보내신 분의 뜻은 내게 맡기신 사람을 하나도 잃지 않고 마지막 날에 모두 살리는 일이다. 그렇다. 아들을 보고 믿는 사람은 누구나 영원한 생명을 얻게 하는 것이 내 아버지의 뜻이다. 나는 마지막 날에 그들을 모두 살릴 것이다."(요 6:35-40, 공동번역성서) 생명의 떡을 돌로 만들지 않으려는 뜻에서, 기적의 뜻을 깨달았기 때문이 아니라 빵을 배불리 먹었기 때문에 예수에게로 가지 않으려는 뜻에서, 영원히 살게 하며 없어지지 않을 빵을 얻도록 힘쓰려는 뜻에서 이제 애찬을 나누고자 합니다. 모두 즐거운 마음으로 빵과 포도주를 나누시기 바랍니다.

노래 .... (흑인영가, 함께 공손히) .... 다 같이

(위의 노래를 몇 번 반복하면서 서로에게 빵과 포도주를 권한다. 노래에 이어 흑인영가를 중심으로 즐거운 노래를 함께 부르거나, 아니면 전축을 틀어도 좋다. 자연스럽게 자리에서 일어나 서로 '평화와 화해의 포옹'을 하는 것으로 예배를 마쳐도 좋으나, 적당한 시간에 원으로 둘러서서 서로 손을 잡고 다음의 순서로 마감하는 것이 권할 만하다.)

함께 공손히

한글 가사 : 김 문 환

흑인영가

D   A   D   G
1. 함 께 공   손 히 떡 을 떱 시 다
2. 함 께 공   손 히 잔 을 넵 시 다

D   A   E7   A
ㅡ   함 께 공   손 히 떡 을 떱 시 다
ㅡ   함 께 공   손 히 잔 을 넵 시 다

A7   ,   D   Bm   Em
숫 는 해   향 하 여   우 리 무 릎 을 꿇 을

A7   D   Bm   Em A7   D
때 오!   주   여,   살 피   소 서

찬송 ....(값비싼 향유는 못 드려도, 1,2,3절) .... 다 같이

1. 값비싼 향유는 못 드려도 큰 제사보다도 더욱 귀한
   사랑의 행위를 주님께 바치리.
   (후렴) 사랑의 주, 오, 주님께.
2. 연약한 자에게 힘을 주고 어두운 세상에 빛을 비춰
   성실과 인내로 내 형제 이끌리.
3. 두려운 마음에 희망주고 슬픔에 쌓인 자 위로하며
   길 잃은 자들을 친절히 이끌리.

주기도문 .... 다 같이

* 여기에 적은 '돌들의 소리'는 한 예에 지나지 않는다. 가급적이면 예배 전에 성경 본문을 일러주어 각 사람, 또는 각 팀별로 성경연구 시간을 갖게 한 후, 그것을 바탕으로 본문과 현실을 묶는 '돌들의 소리'를 작성토록 할 것을 권한다. 돌은 가급적 모든 사람이 하나씩 가지고 있다가 자기(팀)의 소리가 끝난 후 중앙에 점차로 쌓아가도록 한다. 예배 순서는 미리 알려주고, 모르는 노래는 미리 익혀 사회 없이 진행하는 것이 좋다. 인원이 많을 경우, 걸림돌, 흰돌, 모퉁이돌 등을 추가해도 좋으나, 지루해지지 않도록 배려해야 한다. 그 밖에 성경에 나오는 여러 상징들을 활용하여 '~의 소리'들을 만들어 보기를 권한다.

4. 새는 난다

해설자: (등장해서) 여러분, 하늘에 날아다니는 것이 뭐지요? 뭐라구요? 파리요? 아니, 거 날개가 달린 짐승 말예요. 네? 네! 새지요, 새. 게임을 하나 할까요? ("난다 난다…가 난다" 게임) 자, 그만하고, 본론으로 들어갑시다.

이제부터 여러분에게 보여드릴 얘기는 바로 "새는 난다"하는 얘깁니다. 물론 물고기는 헤엄치고, 길짐승들이 기는 것처럼, "새는 난다"하는 것은 뻔한 얘기지요. 왜 이런 당연한 일을 얘기하는고 하니, 날지 않는, 아니면 날지 못하는 새들이 있기 때문이지요. 물론 날개를 갖고도 말입니다. 예를 한번 들어볼까요? (대답을 들으며) 그렇죠, 타조. 그리고 저는 보지 못했습니다만 오스트레일리아에 산다는 키위, 그리고 칠면조가 나는 것도 보지 못했고, 거위도 좀 시원치 않고…

그런데 닭은 어떻습니까? 좀 어중간하지요? 보통 때는 날지 못하는 것 같다가도 개들이 쫓아오면 펄쩍 담장이나 지붕 위로 날아오르지요. 그래서 '닭 쫓던 개 지붕 쳐다본다'는 속담도 있지 않습니까? 그런데 도대체 닭이 나느냐 안 나느냐, 날짐승이냐 길짐승이냐 하는 것을 가지고 크게 시비가 벌어졌습니다. 아니, 벌어질 것입니다. 언제, 어디서? 바로 여기서, 이제 곧 말이죠.

여기가 어디냐면, 닭장 안입니다. 그러니까 여러분은 모두 닭이 되는 셈입니다. 그런 의미에서 닭소리를 한 번 내 봅시다. (시험 삼아 소리를 내본다.) 좋습니다. 그러면 이야기가 진행되는 중에 제가 손짓을 하면, 같이 닭소리를 내 주십시오. (몇 번 해본다.) 잘 됐습니다.

그럼 등장인물을 소개하겠습니다. 여기, 우리, 즉 닭들은 날지 않는다고 주장하는 분이 계십니다. 이 분은 저희들의 대표자, 즉 왕초입니다. 환영하는 의미에서 (일동 같이 *꼬꼬댁 꼬꼬댁*).

여기에 닭이 또 한 마리 있습니다. 새로 들어온 놈인데, 처음 들어올 때부터 지가 새라느니 어쩌느니 하면서, 뭔가 수상하게 굴더니만 급기야 우리를 웃기는 일이 시작되었습니다. 글쎄 이놈이 우리 닭장 제일 중앙에 높직이 있는 상석을 차지하겠다는 것입니다. 거긴 우리 왕초님 외엔 아무도 얼씬거리지 못하는 구역이거든요. 그런데 들어온 지 반나절도 못 되는 놈이 거기에 올라앉는 거예요. 뭐, 권위의식을 깬다나요? 그게 있으면, 민주주의가 안 된다나요? 나 참 웃겨서. 그래서 닭 새끼 주제에 무슨 민주주의냐고, 왕초 깨기 전에 얼른 내려오라고, 우리까지 야단 맞히지 말라고 하면서. 모두 구구구 거리며 야단들을 했습니다. (일동같이, *구구구구*)

왕초: 워째 그런 디야? 어른 낮잠도 못 주무시게스리…

해설자: 죄송합니다. 저 새로 들어온 녀석이, 왜 말씀드리지 않았습니까? 정신이 좀 돌았다는…

왕초: 아아아, 알겠구만, 거 뭐시냐 지가 새라구 혔다는 놈, 그놈 아닌감, 헌디 저놈이 머리가 약간 히뜩거린다는 얘기를 듣기는 들었지만 말이여, 워째 저기에 냉큼 앉았는 거여, 앉았기를. 거참, 별일이구만 그랴.

해설자: 글쎄, 그래서 우리가 그 놈을 내몰려고 법석을 좀 떤 게 아닙니까?

왕초: 거 별놈 다 봤네. 비키어라. 내 손 좀 볼 모양이니까. (다가가서) 야 이, 닭 새끼야! 야이, 닭 개새끼야! 너, 워디서 굴러먹던 버르장머리가 그려? 냉큼 내려서지 못혀? (신참 가만히 있는다.) 아니, 똥구멍에서 빨랫줄이 슬슬 쏟아져 나와야 말을 듣것냐? (사이) 아, 그래도 꼼짝 않을 거여? 야, 이 닭 개새끼야, 아니 이 병아리 개새끼야!

신참: 나는 닭이 아니라, 샙니다.

왕초: 웃기시네. 야, 생긴 거 하구. 우린 닭이여, 닭. 알것냐? 주는 대로 먹고, 살라는 데서 살고, 낳으라는 대로 낳고, 드시겠다면 아낌없이 몸을 바치고, 조용히 하라면 조용하고, 떠들라면 떠들고 하는 닭이란 말이여, 닭.

신참: 나는 닭이 아니라, 샙니다.

왕초: 시꺼! 니가 닭이 아니고 새라는디, 워디 그럼 니가 새라는 것을 한 번 보여봐. (신참, 날개를 떠 보인다.)

왕초: 그게 뭐여, 앞발에 종기라도 났남?

신참: 이건 앞발이 아니라, 날갭니다.

왕초: 뭐여?

신참: 이건 날갭니다.

왕초: 날개? (자기 날개를 펴본다.) 이건?

신참: 그것도 날갭니다.

왕초: 흐흐, 그려, 그럼 이게 날개라 혀. 그래서? 날갠지 삶은 갠지 이게
먹을 걸 주남.

신참: 먹을 걸 주진 않습니다.

왕초: 그럼 뭐여, 이 개새끼야! 아니 새새끼야!

신참: 이 날개로 우리는 날아다닙니다.

왕초: 뭐. 날아? 거참. 웃겼다야! _꼬꼬댁 꼬꼬꼬 꼬꼬댁 꼬꼬꼬_. (일동, 같이
구구구구)

신참: 우리들도 옛날에는 제비나 비둘기처럼 날아다녔습니다, 아니, 가
까운 조상들이 땅에서 먹이를 구할 때도 우리는 나르는 능력을 그대
로 유지하고 있었습니다. 그러나 우리가 사육되면서부터, 말하자면,
저 넓은 야산에서 자유로이 지내는 것이 아니라, 이 닭장 안에 갇히기
시작하면서부터 우리는 사육사가 갖다 붙인 갖가지 이유 때문에 그
날개를 까다로운 규칙 밑에서만 사용하게 되었습니다. 그뿐 아니라,
은근히 그것을 사용하지 못하도록 하는 사육사의 압력에 눌리어서
오랜 시간이 흐른 지금에 와서는 우리가 날개를 가졌다는 사실, 즉 우
리가 날아다니는 새라는 사실조차 잊어버린 것입니다.

왕초: 그놈 말 한번 잘 혀 쌌네 그랴. 그럼 니는 날 수 있냐, 날 수 있어,
엉?

(사이, 신참은 날개를 펴서 날아오른다. 팬터마임. 오르다가 철조망에 부딪치고는
땅에 떨어진다.)

왕초: (놀라서) 저런 저런, 철조망에 부딪쳤구먼, (쓰러져 있는 신참에게 다가

가서) 괜찮냐? 니가 참말로 새는 새구나야.

신참: 당신도 샙니다.

왕초: 뭐 내가 새라고? 근데 나는 워째 내가 새라는 걸 모르고 있었는감?

신참: 그건 날지 않았기 때문입니다. 날아보지 않았기 때문입니다.

왕초: 음! 날아보지 않았기 때문에 새라는 걸 잊어버렸다, 그 말씀?

신참: 그렇습니다. 당신도 샙니다. 그러니 당신도 날 수 있습니다.

왕초: (놀라서) 내가? 아니, 워떻게?

신참: 날개를 크게 치면서 두 발로 땅을 박차면 됩니다. 자 이리 오십시오.

(신참, 왕초를 높은 단위에 올라가 날기를 가르쳐 준다)

왕초: 이렇게? 이렇게? 폼은 됐냐?

신참: 됐습니다. 날아 보십시오.

왕초: 저― 이거 올라가기도 전에 풍 떨어져서 다리 모가지가 작신 부러지는 건 아니것재?

신참: 날아오를 저 하늘을 쳐다보십시오. 우린 저기서 살았습니다.

왕초: 그랴 (준비하고 닭 졸개들을 둘러본 후) 혹 내가 실수하더라도 웃지들 말거라이. (겁을 준 후에 몇 번 망설이다가) 우랏챠차챠! (날아오르다 곧 떨어진다. 털고 일어서며) 그거 기분 괜찮구먼 그려. 맞어! 새는 뭣보다도 훨훨 날아야 하는디, 워째 우린 그런 생각을 안 했을까? 야들아, 뭣들 하냐? 니들도 혀봐라! 아, 날아보란 말여, 어서. (해설자를 끌어내어 함께 돌아간다. 한참 돌다가 가운데로 나온다. 둘은 뒤에서 계속 돈다.)

해설자: 자, 이렇게 되면 일단은 이쪽 신참의 주장이 이긴 것 같군요. 분명

닭은 날짐승, 즉 새인가 봅니다. 우리는 모두 한 번씩 저 단 위에 올라가서 공중으로 힘껏 날아 올라갔다간 떨어졌습니다. 정말이었습니다. 우리는 날 수 있었습니다. 아직 날아다닌다기보다는 그저 펄쩍 뛰어오르는 정도이지만, 연습에 따라선 우리의 이 두 앞발, 아니 날개가 우리의 몸을 공중에 띄워 줄 수 있으리라는 것을 충분히 알게 되었습니다. 그러나 문제는 그것으로 끝난 것이 아닙니다. 왜냐하면 "닭은 새가 아니라"는 반대자가 왕초 뿐만은 아니었기 때문입니다. 왕초보다 더, 몇 십, 몇 백 배 무섭고 힘이 센 상대자, 즉 우리 닭들의 사육사가 있기 때문입니다. 사육사는 사나운 개들을 시켜 우리들을 감시하고 있었습니다. 우리가 한창 날 수 있다는 것이 신기해서 떠들고 서로 해보겠다고 수선을 떨고 있을 때, 바로 그때, 사육사가 개들을 앞세우고 우리들에게 왔습니다. 그러고 보니 오늘이 바로 우리들의 발톱을 깎는 날입니다. 이제부터는 제가 사육사 역을 합니다.

(검은 안경으로 바꿔 쓴다. 가위를 꺼내들고 주위를 한번 휘돌아다본 후 "이것들이 왜 지랄이냐? 모두 통닭집으로 보내 버릴까보다" 하고 욕설을 퍼부은 후, 곧 어조를 바꾼다. 간사하달까, 소름이 끼친 달까. 왕초와 신참은 가까운 관중석 가까이 몸을 숨기듯이 가 앉아 있다. 해설자는 왕초로부터 가서 발톱을 깎는다.)

해설자: 통닭집에 가서 홀라당 발가벗고 전기구이통으로 들어가 대낮에 뺑뺑이를 돌기 싫으면 얌전히들 있어요. 지랄들 떨지 마시고요! 자, 특식을 줄 테니 발톱을 내놔요. 오늘은 개구리 다진 것을 버무려 줄 꺼예요. (왕초를 다 깎고 다음은 신참, 신참 반항한다. 사육사 본래의 음성으로)

가만있지 못하겠냐? 닭 새끼 주제에 주인을 그렇게 빤히 쏘아보면 어쩌겠다는 거냐? 건방지게시리. 왜 개들한테 한번 콱 물리고 싶냐? 오, 이 녀석은 주둥이까지 잘린 놈이군 그래. 그렇지. 바로 네놈이로구나. 얌전히 있어라. 알겠냐? 또 한번 말 안 듣고 그따위 짓을 하면 이번에는 목을 비틀어 개들한테 던져줄 테니까, (신참 다 깎이고 다음 관중석으로, 신참과 왕초는 슬슬 중앙으로 나온다.)

해설자(사육사): 여러분들! 이게 뭐 내가 좋아서 하는 일인 줄 아세요? 다, 여러분들을 위해서예요. 쓸데없이 발톱이 자라 있으면 혹 싸움이라도 하게 될 때 피 보는 건 여러분들 뿐 아니겠어요? 또 이 철조망이 여러분을 가두는 게 아니라 보호하는 거라는 사실을 알아야 해요. 이 철조망 밖을 한 번 나가 봐요. 웬통 여러분을 잡아먹으려는 놈들뿐이지. 족제비, 살쾡이, 여우, 늑대…아이구 무서워라…그러니 개들에게 감사해야 해요. 개들은 여러분을 감시하는 게 아니라 지켜주는 거야요. 알겠어요? 살쾡이가 오면 누가 지켜주나? (사이) 또, 족제비가 오면 누가 지켜주나? (사이) 맞았어요. 여러분들 때문에 늘 걱정하는 나, 사육사 어른과 저 개들이지요. 그러니 지랄들 떨지 마시고 얌전하게 있는 거예요. 주는 대로 잘 받아먹고, 잘 커서 알이나 풍풍 낳아 주면, 누이 좋고 매부 좋고, 꿩 먹고 알 먹고 둥지까지 살라먹고, 좀 좋겠어요? 자, 다음 (관중 속으로 사라진다.)

왕초: (신참의 얼굴을 들여다보고 있다가) 그러고 보니 니는 주뎅이가 워찌 그리 뭉텅하냐? 뭘 훔쳐 먹다 걸렸냐? 아니면 지나가는 새보고 시야까시(편집자 주: 놀림, 조롱이란 뜻의 일본어) 걸다가 물렸냐?

신참: 아녜요. 잘렸어요.

왕초: 아니, 아무런 이유도 없이 부리를 잘려?

신참: 이유야 있지요. 알을 모조리 깨버렸으니까요.

왕초: 아니 워쩨? 니가 참말로 미친 닭 개새끼로구나. 아니 어쩌자고 지
    배 아파 낳은 알을 깨여?

신참: 차라리 통닭집으로 가고 싶었으니까.

왕초: 뭐여? 일부러 통닭집으로 가고 싶어서 알을 깼단 말이여? 이거 갈
    수록 태산이네 그랴.

신참: 통닭집이 차라리 더 나을지도 모르지요.

왕초: 뭣이 어쩌구 어쩨? 넌 도대체 워디서 굴러먹다 온 놈이냐?

신참: 거긴 일종의 감옥이에요. 모든 닭들이 꼭 우리 몸만한 크기의 공간
    에 갇혀 있지요. 몇 놈을 빼놓고는 모두들 몸을 움직일 수도 없고, 누
    울 수도 없고, 다리를 뻗지도 못 해요. 우리가 할 수 있는 동작이라곤
    고작 목을 빼서 앞에 놓이는 먹이를 쪼아 먹을 뿐이야요. 그리고는 싸
    는 거예요.

왕초: 이그 싸다니, 똥 말인감?

신참: 아니, 알. 우리의 유일한 기능은 알을 낳는 거야요. 말하자면 우리
    는 쌀겨, 곡식가루, 조개껍질 등을 분해해서 달걀로 재결합해 내는 기
    계들이예요. 이유야 그럴듯하지요. 생산 목표를 초과 달성해야 한다
    는 거예요. 그래서 거긴 낮과 밤도 없지요. 그래야 우리도 먹고 살 수
    나마 있다는 거예요.

왕초: 해가 뜨고 지질 않남?

신참: (도리질) 밤낮으로 전기 불을 켜놓는 거예요. 알을 밤낮 없이 낳게
    하기 위해서…

왕초: 이그, 무섭구만 그랴. 아니 어쩌다 그런 델 가게 됐담?

신참: 남의 일이 아네요. 남의 일이.

왕초: 그럼 내 일이란 말이여? 재수없게스리.

신참: 맞어요. 지금처럼 주는 먹이나 꼬박꼬박 받아먹으면서 알이나 낳아주게 되면, 곧 사육사의 욕심이 더 발동하게 되어 그런 닭장으로 우릴 몰아넣고 말 거예요.

왕초: 아이구, 이거 야단났구먼. 야들아, 뭣허냐? 빨리들 보따리 싸지 않고.

신참: 소용없습니다.

왕초: 소용없다니?

신참: 그 뒤뚱거리는 씨암탉걸음으로 설혹 닭장 밖으로 나갈 수 있다 하더라도 어림없습니다. 금방 저 개들에게 물려 죽고 말겁니다.

왕초: 아이고, 엄매, 이 사람아! 아까부터 사위스럽게 자꾸 죽는단 소리만 해 쌌지 말고, 무슨 살 방법을 좀 이야길 해보아! 이거 애간장 타 죽겠구만. (둘러보고) 야, 너 냉수 한 사발 떠오너라.

신참: (웃으며) 방법이 전혀 없지는 않습니다.

왕초: 방법이 있어? 아이구 이 사람아, 진작 말하지 않고! (둘러보고) 야, 그 냉수 그만 두그라, 그래 그 방법이 도대체 뭐고?

신참: 연습하는 겁니다.

왕초: 연습이라니?

신참: 날아다니는 연습 말입니다. 그래서 기회를 보아 날아가는 겁니다. 깊은 숲이나 넓은 벌판이 있는 곳으로.

왕초: 밖에는 삵괭이가 우글댄다던데…

신참: 삵괭이가 있지요. 그리고 늑대, 족제비도 있지요. 그러나 우리가 서로 협력해서 틈을 주지 않으면 그렇게 쉽게 우리를 낚아채진 못할 거예요. 닭장 속하고는 다르니까요. 또 설혹 공격을 받게 되더라도 모두 힘껏 삵괭이와 싸워보는 거예요. 그러다가 당해내질 못해 삵괭이에게 잡혀 먹게 되더라도 그건 지금처럼 닭장 속에 갇혀서 알이나 낳아 주다가, 때가 되면 싫다 좋다 한마디 못 하고 통닭집에 가는 것보다는 백 번 천 번 낫지요.

왕초: 그려. (모두들에게) 모두들 어떠냐? 매일 연습을 하다가 때가 되면 죽기 살기로 한번 훨훨 날아서 자유롭게 사는 것이 더 낫겠재? 아, 대답들 혀봐! (일제히 꼭끼요 꼭꼭꼭 하고 찬성)

해설자: 그 날부터 밤마다 우리는 몰래 나는 연습을 했습니다. 우리는 점차 잘 날 수 있게 되었고, 우리가 창공을 나는 새라는 사실을 차츰 실감하기 시작했습니다. 그런데 운동을 많이 한 탓인지 우리는 식욕이 부쩍 늘어났습니다. 사육사가 놀랄 정도로 먹어댔지요. 그러자 우리들의 몸무게도 늘어서 날기에 너무 무거워지는 현상이 또한 일어났습니다. 그래서 어느 날 우리 신참은 말했습니다.

신참: 나르는 연습은 많이 진전했습니다. 그러나 너무 많이 먹어 몸 또한 무거워져서 연습 효과를 무효로 만들었습니다. 그러니 모두들 나는 연습은 하되 음식은 최소한으로 줄이도록 합시다.

왕초: 아니, 나는 것이 먹는 것보다 더 중요한감? 나는 연습을 하는 것도 다 먹고 살자고 하는 짓인디.

신참: 신념을 가집시다.

왕초: 신념이 워떻게 생겨 먹은 거여? 노란 색이여, 빨간 색이여? 그거 한 근에 얼마나 하는 거여?

신참: 새 세계를 향한 신념 말입니다. 그 신념을 가짐으로써 우리는 굶을 수 있습니다. 우리는 새다 하는 신념. 자유롭게 살 수 있다 하는 신념. 먹는 것도 새로서 먹고, 굶는 것도 새로서 굶어야 의미가 있지, 안 그럴 바에야 차라리 날개를 다 잘라내 버립시다.

왕초: 너무 심한 소린 허덜말어! (주위를 둘러보며) 어떠냐 느그들? 굶을 수 있겄냐?

신참: 여러분! 저 지옥 같은 알 낳는 공장의 기계가 되겠습니까, 아니면 굶고 고통스럽더라도 한 번 새답게 날아보겠습니까?

(일동, 꼬꼬댁 꼭꼭꼭 꼬꼬댁)

해설자: 이렇게 해서 단식, 절식운동이 시작되었습니다. 사육사는 아마 모이가 시원치 않았나보다 싶었는지, 싱싱한 푸성귀를 곁들인 모이를 내놓기까지 했습니다. 하루가 지나고 이틀 사흘이 되자 뭔가 심상치 않은 낌새를 눈치 챈 개들이 연신 우리 주위를 끙끙거리며 다녔고, 사육사는 뻔질나게 닭장 우리를 드나들었습니다. 똥을 쳐내준다, 물을 갈아준다. 목욕할 모래를 넣어준다. 법석을 떨다가 그도 안 되니까 나중에는 입맛 나는 약까지 모이에 타 넣어주었습니다. 우리들은 그 달콤한 냄새 때문에 군침이 나왔지만, 정말 신념으로 참아냈습니다. 그런데 갑자기 예기치 않은 일이 벌어졌습니다. 사육사가 흰 옷을 입은 낯선 사람을 하나 데리고 이 닭장 속으로 들어섰습니다. 바로 용하다고 소문이 난 수의사입니다. "어서 오십시오 이것들이 왜 처먹지도

않고 밤이면 부스럭대고, 푸드득 거리는지 모르겠어요." 저는 이제부
터 사육사를 겸합니다. (청진기를 건 수의사 등장하여 관중 한 쪽 사람부터
검사한다. 털을 뽑아 보고 주물러 보고)

수의사: 흠, 언제부터 이렇게 됐습니까?

해설자: 며칠 됐습니다.

　(수의사 신참을 검사한다)

수의사: 쯧쯧쯧, 이놈 때문입니다. 이 미친 닭을 왜 이 우리 안에 넣었습니
　까?

해설자: 미친 닭이라구요? 힘이 좋아서 쌈닭으로 기를까 해서 사 온 것인
　디…

수의사: 안 됩니다. 죽여 버리시오.

해설자: (신참을 잡아 목을 틀어 바닥에 패대기를 친다.)

수의사: (왕초에게로 가서) 흠, 이놈도 안 좋은데, 역시 죽여 버리는 게 낫겠
　어요.

해설자: 씨를 좀 받으려고 남겨 놨더니만 그새 물이 들었구만, 나이 값도
　못하고 젊은 놈한테 놀아나서 펄쩍펄쩍 지가 무슨 새라고 나는 시늉
　을 한다더니만, 에라, 이놈아! 맛 좀 봐라! (달려들어 목을 잡아 틀어 역시
　바닥에 패대기를 친다.)

수의사: 그 밖에는 아직 다들 괜찮은 듯합니다. 이상한 듯하면 다시 연락
　하십시오. (퇴장한다.)

해설자: (허리를 굽실대다 주위를 돌아보며) 이놈들 처먹지만 않아 봐라. 모조
　리 통닭집에 보내고 말테니까. (침을 퇴퇴 뱉고, 손을 털며 퇴장한다.)

　(잠시, 죽은 두 시체만 조용하다, 해설자, 해설자로서 다시 등장한다.)

 우리에게 새로서의 모습을 일깨워 주고, 그로써 우리가 굶기까지 맹렬한 신념을 갖도록 해준 신참 닭도, 그리고 오랫동안 우리의 지도자로서 좀 주책은 없었지만 성품 좋게 우리를 격려하던 왕초 닭도 이처럼 간단히 꼬꼬댁 소리 한 마디 제대로 못한 채 무참히 죽어갔습니다. 우리는 잠자코 있었습니다, 한 발자국 두 발자국 뒷걸음치면서. 저녁식사가 들어 왔습니다. 우리는 슬금슬금 눈치를 살피면서 모이통에 가서는 누가 먼저라 할 것도 없이 미친 듯이 먹어댔습니다. 오랜만의 포식이 끝나자 누군가 노란 목소리로 말했습니다. "우린 새가 아니고 닭일 거야. 아냐, 영원히 닭이야." 모두들 조용히 있었습니다. 그런데 밤이 되자 누군가가 또 다시 날갯짓을 시작했습니다. 한편에서 "미친 닭"하자 잠시 주춤하는 듯 하더니 또 다시 날아오를 준비를 하는 것이었습니다. 그것이 누군지는 아무도 모릅니다. 어쩌면 여기에서 이야기하고 있는 나인지도 모르고, 또 저기 앉아 있는 장닭인지도 모릅니다. 아니면, 이 앞에 있는 이 병아리들 중 누구인지도 모릅니다. 아니, 그게 누구였던가는 상관이 없습니다. 여러분께 일러드리고 싶은 것은 '새는 난다'는 겁니다. 그걸 알리기 위해, 그것을 실감하기 위해 오늘 밤에도 부스럭대고, 꼼지락대는 날갯짓 소리가 그치지 않을 것이라는 이야기입니다. 지금처럼 말입니다. 감사합니다.

작품배경

이 작품은 『현대문학』에 게재된 오양호의 단편소설 「미친 닭」을 각색한 것으로서, 프랑크푸르트 한인교회가 1979년 부활주일에 예배 후에 행한 연극대본을 중핵으로 삼고 있다. (구성 이건용, 연출 김문환). 이 작품은 고난을 바탕으로 한 축제를 위한 것으로서 '우리 중 지극히 작은 자의 자유'를 주제로 한다. 1983년 부활절에 경동교회에서 실험극장의 단원들 도움으로 재연되었다. 〈문화가 산책〉에서 부분적으로 방영된 후, 연세대 체플에서 교목실의 초정으로 8회 공연되기도 했다.

1. 해설자는 교인들과 익숙한 사람이었으면 한다. 그렇지 않으면 이질감을 일으킬 수 있다. 평상복으로 연기하되, 사육사 때는 약간의 변화가 필요하다(검은 안경으로 바꿔 쓰고 가위를 든 것으로도 족하다.)

2. 신참과 왕초의 복장으로 "V"(victory) 숄 두 장을 맞붙인 판초를 권한다. 신참은 흰색 계통, 왕초는 고동색 계통(또는 잡색)을 입고 가슴에 복주머니를 달아도 좋다.

3. 신참과 왕초를 죽일 때 직접 손을 대지 않는 것이 좋다. 예, 목을 트는 동작과 몸이 비틀어지는 동작의 결합, 또는 칼로 치고 찌르는 동작과 칼에 맞아 죽는 동작의 결합.

4. 이 연극을 창조적 예배의 범주 안에 넣으면서 우리는 다음과 같은 구절에 대한 이해를 요청한다.

만일 신학자가 강의실이나 연구실에만 한정되기를 거부하고, 밖으로 나가 일반 거실이나 식당, 그리고 놀이터와 극장과 거리에서 신학을 해야 한다고 주장한다면 – 음악가, 화가, 그리고 시인들의 애씀을 통한 계시도 살아계신 하나님의 전체적인 계시의 한 부분을 이룰 수

잇다는 점에서 - 그러한 극적인 체험들을 매우 신중하게 받아들이지 않으면 안 된다.

딜리스톤, 김문환 편역,『20세기 기독교와 예술』p. 140.

(예수님 자신이) 비유로 말씀하신 까닭은 진리니까 어려운 것을 쉽게 말씀하려고 하셨다고 말할 수도 있겠지만, 이것이 그 까닭의 전부라고 생각하지는 않는다. … 교회언어(비유 포함)는 세상언어 속에 숨어서 표현된 비 생활언어이다.

이문영,『겁 많은 자의 용기』p. 233.

5. 이 연극만으로 독립된 예배를 드릴 경우(2부 순서가 아니라) 다음과 같이 앞뒤를 조정할 것을 권한다.

ㄱ. 다 같이 〈작은 새의 열망〉(유경환 시, 한용희 곡)을 노래 부른다(해설자의 지도로 배워가면서 해도 좋다).

작은 새의 열망

유 경환

한 용희

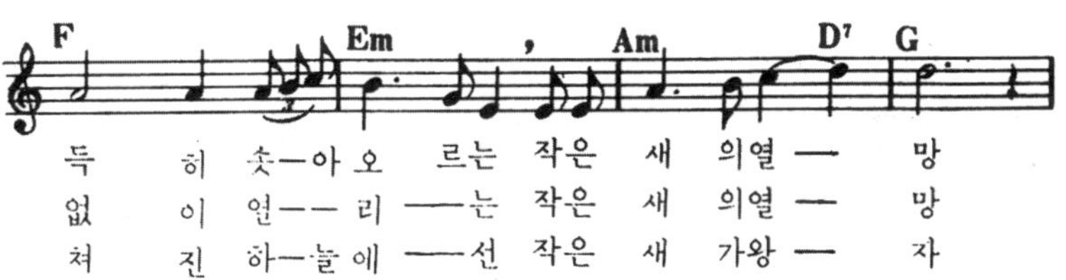

ㄴ. 연극(반원형으로 둘러앉을 수 있도록 장소를 배치한다. 아이들은 앞자리에)

ㄷ. 연극이 끝난 후 다 같이 〈기다리는 사람〉(김광협 시, 황철익 곡)을 노래 부른다.

기다리는 사람

ㄹ. 담임목사가 수고한 이들과 축제를 나눈 모든 이에게 감사하는 이
야기를 한 후 다음의 성경구절을 읽고 축도한다.

이제 사람의 아들이 영광을 받게 되었고 또 사람의 아들로 말미암아
하나님께서도 영광을 받으시게 되었다. 하나님께서 사람의 아들로 말
미암아 영광을 받으신다면 하나님께서도 몸소 사람의 아들에게 영광을
주실 것이다. 아니, 이제 곧 주실 것이다. 나의 사랑하는 제자들아, 내가
너희와 같이 있는 것도 이제 잠시뿐이다. 내가 가면 너희는 나를 찾아
다닐 것이다. 일찍이 유다인들에게 말한 대로 이제 너희에게도 말하거
니와 내가 가는 곳에 너희는 올 수 없다(요 13:31-33, 공동번역성서) 13.36).

내가 칼을 들어 목자를 치리니 양떼가 흩어지리라고 기록되어 있는 대로 오늘 밤 너희는 다 나를 버릴 것이다. 그러나 나는 다시 살아난 후 너희보다 먼저 갈릴래아로 갈 것이다(마 26:31-32, 공동번역성서).

나는 너희에게 새 계명을 주겠다. 서로 사랑하라. 내가 너희를 사랑한 것처럼 너희도 서로 사랑하여라. 너희가 서로 사랑하면 세상 사람들이 그것을 보고 너희가 내 제자라는 것을 알게 될 것이다(요 13.34-35, 공동번역성서).

이는 우리 주님의 말씀입니다. 다 같이 기도하겠습니다(축도).

ㅁ. 축도 후 앞에 부른 〈작은 새의 열망〉을 부르며, 밖으로 나와 준비된 고무풍선을 하나씩 받아 하늘에 띄운다. 마치 날아가는 새처럼 즐거운 음악이 계속되는 중에 '평화의 포옹'을 하며 준비된 음식과 음료를 나누면 더욱 좋겠다. 날씨가 화창하기를 바라면서.

5. 땅에 묻힌 씨알을 기리는 예배[6]

1. 서주

(예배 보조자들이 인도자를 선두로 강단에 올라가는 중 주악이 울린다. 각 사람은 촛불을 들고 있다.)

2. 개회찬송

인도자: 모두들 일어나셔서, 찬송가 212장을 부름으로써 오늘 예배를 시작하겠습니다.

---

[6] 이 예배안은 1980년 5월 29일 당시 독일의 수도 본에서 개최된 재독한인교회협의회의 광주민주화운동 희생자들을 위한 예배를 위해 마련된 것이다. 이 예배는 "투쟁으로서의 연국: 아시아 민중의 연극"(AMPO, Vol, 11, Nos 2-3)에 게재된 〈민중의 예배〉(J. Elias)를 참고로 하고 있다.

1. 어둔 밤 마음에 잠겨 역사에 어둠이 짙었을 때

계명성 동쪽에 밝아 이 나라 여명이 왔다.

고요한 아침의 나라 빛 속에 새롭다.

이 빛 삶 속에 얽혀 이 땅에 생명탑 놓아간다.

2. 옥토의 뿌리는 깊어 하늘에 줄기가 치솟을 때

가지 잎 억만을 헤어 그 열매 만민이 산다.

고요한 아침의 나라 일꾼을 부른다.

하늘 씨앗이 되어 역사의 생명을 이어가리. 아멘

(보조자들, 촛불을 준비된 촛대에 차례로 갖다 꽂는다. 찬송이 끝난 후 모두들 앉는다.)

3. 예배로의 부름

인도자: 형제들이여, 예배를 위해 마음을 예비합시다. 우리 속에 임재하시는 하나님을 마음으로 모십시다.

보조자들: 우리들 주변을 비추시는 빛 속에서 주님의 가르치심을 받아들입시다. 주님께서 우리에게 깨우치시려는 모든 것을, 조국의 정치적 경제적 사회적 현실을 직시합시다.

인도자: 한 알의 씨알이 땅에 떨어져 많은 열매를 맺는 진리 앞에 섭시다.

보조자들: "하늘 아래서 억울한 일 당하는 사람들을 다시 살펴보았더니, 그 억울한 사람들이 눈물을 흘리는데 위로해 주는 사람도 없더구나.

억압하는 자들이 권력을 휘두르는데 감싸주는 사람도 없더구나."(전
4:1, 공동번역성서)

일동: "내 포도밭에 불을 지른 것은 너희들이다. 너희는 가난한 자에게서
빼앗은 것을 너희 집에 두었다. 어찌하여 너희는 내 백성을 짓밟느
냐?"(사 3:14-15, 공동번역성서)

인도자: "주님의 성령이 나에게 내리셨다."

보조자들: "주께서 나에게 기름을 부으시어 가난한 이들에게 복음을 전하
게 하셨다."

일동: "주께서 나를 보내시어

묶인 사람들에게는 해방을 알려주고

눈먼 사람들은 보게 하고

억눌린 사람들에게는 자유를 주며

주님의 은총의 해를 선포하게 하셨다."(눅 4:18, 공동번역성서)

(다 같이 〈우리 승리하리라〉를 부른다.)

우리 승리하리라

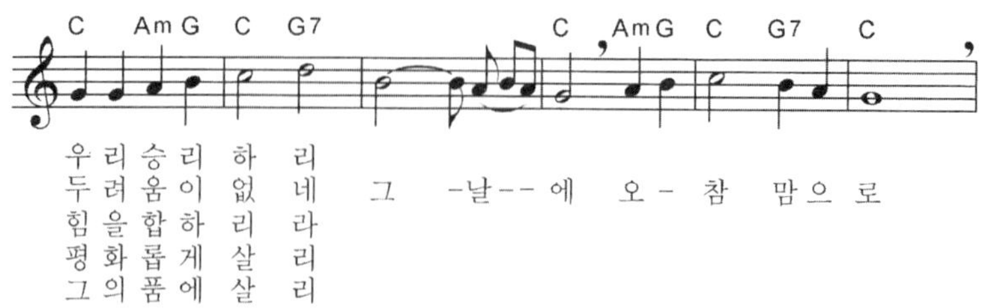

4. 기원

인도자: 다 같이 머리 숙여 기도합시다.

보조자들: 하나님 아버지, 이 예배에서 우리는 모든 억압으로부터의 완전한 해방을 위한 그리스도의 투쟁에 동참할 것을 고백하려 합니다. 우리로 하여금 우리 백성의 고통과 희망, 절망과 열망을 함께 나눌 수 있도록 우리 마음 문을 열어 주십시오. 특히 우리 형제들 중 억압받고 유린당하는 이들과 하나 되게 해주십시오.

일동: 약한 우리를 들어 힘없는 이들의 힘이 되게 하소서.

어둠의 권세를 이길 수 있도록 힘주소서.

참으로 자유롭고, 정의롭고, 평화로운 사회를

건설할 수 있게 하소서.

(짧은 오르간 연주로 다 같이 묵도한다.)

5. 인권을 위한 연도(連禱)

인도자: "하나님께서 말씀하셨다. 우리 모습을 닮은 사람을 만들자!"(창
1:26, 공동번역성서)

보조자들: 그러나 우리 중에 누가 하나님 형상을 보전하고 있습니까? 하
나님이 주신 인간의 권리가 모두 어디로 갔습니까?

일동: "여호와여, 이토록 곤경에 빠졌는데 모르는 체 하십니까?"

악한 자들이 으스대며 미약한 자를 박해합니다.

악한 자 우쭐대며 하는 말

"벌은 무슨 벌이냐? 하나님이 어디 있느냐?"

"내가 망하는가 두고 보아라."

보조자들: 마을의 길목을 지켰다가 죄 없는 자 쳐 죽이고 두 눈을 부릅뜨
고 가엾은 사람을 노립니다.

불쌍한 놈 기다리다가 그물 씌워 끌고 가서 죄 없는 자를 치고 때리며
가엾게도 거꾸러뜨리고 하는 말이 "하나님은 상관없지. 영영 보지 않
으려고 얼굴마저 돌렸다." (시 10:1-11, 공동번역성서)

일동: 누가 우리 중에 하나님 형상을 보전하고 있습니까?

하나님이 주신 인간의 권리가 모두 어디로 갔습니까?

인도자: 오, 주여! 우리의 눈을 여사 당신을 보게 하소서.

일동: "일어나소서. 여호와 나의 하나님, 저들을 내리치소서.

가련한 자들을 잊지 마소서.

이 서러움, 이 억울함을 당신은 보셨습니다.

저 악하고 못된 자들의 팔을 꺾으소서.

저들의 죄 사정없이 물으소서. 깨끗이 벌하소서.

다시는 이 땅에 겁주는 자 없게 하소서."(시 10:12-18, 공동번역성서)

인도자: 스스로 하나님인 체하는 자들에게 빼앗긴 당신의 형상을 되찾을

수 있도록.

보조자들: 오, 주여! 우리를 살아있게 하소서.

일동: 우리에게 말씀하소서.

"잠에서 깨어나라.

죽음에서 일어나라.

그리스도께서 너에게 빛을 비추어 주시리라."(엡 5:14, 공동번역성서)

(찬송 368장을 1절은 남성 독창자가, 2절은 함께 부른다.)

1. 뜻 없이 무릎 꿇는 그 복종 아니요

   운명에 맡겨 사는 그 생활 아니라

   우리의 믿음 치솟아 독수리 날듯이

   주 뜻이 이뤄지이다 외치며 사나니.

2. 약한 자 힘주시고 강한 자 바르게

   추한 자 정케 함이 주님의 뜻이라

   해 아래 압박 있는 곳 주 거기 계셔서

   그 팔로 막아 주시어 정의가 사나니.

6. 성경봉독

사무엘상 17장: 다윗과 골리앗에 관한 성경이 낭독되는 동안, 현재 저질러지고 있는 사건을 상징하는 영상과 마임이 함께 진행된다.

7. 응답송

(마임을 하던 출연자들이 마지막 동작 자세에서 그대로 부른다. 마임이 없는 경우 보조자들이 정면을 향해 서서 부르도록 한다. 또는 여성 독창도 좋다. 찬송가 369장)

십자가를 질 수 있나 주가 물어보실 때
죽기까지 따르오리 저들 대답하였다.
우리의 심령 주의 것이니 당신의 형상 만드소서
주 인도 따라 살아갈 동안
사랑과 충성 늘 바치오리다.

8. 오늘을 위한 말씀

"다만 정의를 강물처럼 흐르게 하라"(암 5:24, 공동번역성서)
(설교를 위해서는 다음과 같은 성경구절을 아울러 참고로 한다.)

“목청껏 소리 질러라. 네 소리 나팔처럼 높여라. 내 백성의 죄상을 밝혀주어라.”(사 58:1, 공동번역성서)

9. 땅에 묻힌 씨알을 위한 기도

인도자: 원수들아 우리가 이 꼴이 되었다고 좋아하지 말라.

지금은 쓰러졌지만 일어설 날이 온다.

지금은 어둠 속에서 세우지만,

야훼께서 우리의 빛이 되어주실 날이 온다.

마침내 우리에게 밝은 세상을 보이시면,

그제야 우리는 눈이 열려,

여태 해 오신 일이 옳았음을 알게 되리라.

그제야 원수들도 눈이 열려,

“너희 신이라는 야훼가 어디 있느냐?”며

빈정거리던 일을 오히려 부끄럽게 여기리라.

원수들이 길바닥의 진흙같이 되는 꼴을

이 눈으로 보게 되리라.(미 7:8-10, 공동번역성서)

다 같이 기도하겠습니다.

(준비된 기도문을 낭독하거나, 합창 또는 중창으로 〈복 있으라〉가 노래되는 중에 묵도한다.)

10. 헌신

(찬송 406장을 부르는 동안, 헌금한다.)

1. 내 마음 드리네. 갈릴리의 주님께
   나를 위해 죽으신 갈보리의 주님께
   내 마음 줍니다. 아낌없이 오늘날
   멀리 있는 형제와 이웃 형제들에게
2. 내 마음 드리네. 만유 주 하나님께
   천한 인간 위하여 아들 주신 하나님
   내 몸을 바치네. 참된 평화 위하여
   우리 몸을 주님과 하나 되게 하소서.

인도자: 하늘에 계신 우리 아버지! 우리의 이 작은 정성을 당신의 뜻에 따르고자 하는 우리의 신실한 믿음의 표시로 받아주시고 축복해 주옵소서.

일동: 살고자 하는 이는 죽고, 죽고자 하는 이는 사는 당신의 진리를 따르는 형제들에 대한 사랑의 표시로 받아주시고 축복해 주옵소서.

11. 송영

(일동 찬송가 2장을 부른다.)

1. 전능왕 오셔서 주 이름 찬송케 하옵소서.

　영광과 승리의 성부여 오셔서 우리를 다스려 주옵소서.

2. 강생한 성자여 오셔서 내 기도 들으소서.

　주님의 백성을 축복해 주시고 거룩한 마음을 주옵소서.

3. 위로의 주 성령 오셔서 큰 증거 주옵소서.

　전능의 주시여 각 사람 맘에서 떠나지 마시고 일하소서.

4. 성삼위 일체께 한없는 찬송을 드립니다.

　존귀한 주님을 영광 중 뵈옵고 영원히 모시게 하옵소서.

　(찬송을 부르는 중에 보조자들은 성찬을 준비한다.)

12. 성찬 (또는 애찬)

인도자: 거룩, 거룩, 거룩! 거룩하신 아버지시여! 온 하늘과 온 땅이 당신의 영광으로 가득합니다. 우리 주 예수 그리스도께서 죽임을 당하시기 전에 당신의 희생을 기념할 수 있도록 우리에게 당신의 살과 피를 나누어 주신 것을 감사드립니다. 잡히시던 날 밤에 이 떡을 들어 아버지께 감사한 후 떼시고 제자들에게 나누어 주시면서 말씀하셨습니다. "이것은 당신들을 위해 주는 내 몸이니 받아먹고 나를 기억하시

오."

다시 잔을 들고 아버지께 감사한 후 제자들에게 나누어 주시면서 말씀하셨습니다. "이것은 당신들을 위해 흘린 내 피니 받아 마시고 나를 기억하시오."

일동: 오 하나님, 주님의 죽음과 부활과 다시 오심에 대한 확신 속에 먼저 간 형제들을 기억하면서 당신께 영광을 돌립니다. 우리로 하나 되게 하시고, 서로에 대한 사랑에 신실하게 하시고, 그리스도의 승리를 확신하게 하소서.

(예찬을 나눈다. 배찬 중 찬송가 78장을 부른다.)

1. 곧 오소서 임마누엘, 오 구하소서 이스라엘

   메시야 오시기까지 그 포로생활 고달파.

   기뻐하라 임마누엘 곧 오시리, 오 이스라엘

2. 곧 오소서 지혜의 주, 온 만물 질서 주시고

   참 지식의 길 보이사, 갈 길을 인도하소서.

   기뻐하라 임마누엘 곧 오시리, 오 이스라엘

3. 곧 오소서 희망의 주, 만백성 한 맘 이루어

   시기와 분쟁 없애고 참 평화 채워주소서.

   기뻐하라 임마누엘 곧 오시리, 오 이스라엘.

13. 축복

인도자: 형제들이여! 우리의 예배가 산 예배가 되도록 합시다. 우리의 기
도가 현실이 되도록 합시다. 주님이 우리와 함께 하시길 축원합니다.
일동: 모든 권세와 영광이 아버지께 영원히 있사옵나이다. 아멘.

(보조자들이 준비된 국기를 중심으로 V자를 그리면서 찬송가 363장을 부르며 퇴
장한다. 일동 찬송가 363장을 같이 부르며 차례로 그 뒤를 따른다.)

1. 어느 민족 누구에게나 결단할 때 있나니
   참과 거짓 싸울 때에 어느 편에 설건가
   주가 주신 새 목표가 우리 앞에 보이니
   빛과 어둠 사이에서 선택하며 살리라

2. 악이 비록 성하여도 진리 더욱 강하다
   진리 따라 살아갈 때 어려움도 당하리
   우리 가는 그 앞길에 어둠 장막 덮쳐도
   하나님이 함께 계셔 항상 지켜주시리

6. 빛과 하나 되어[7]

시 교독 1 .... (〈해〉, 박두진 작) .... 다 같이

(여)

해야 해야 솟아라

해야 솟아라

말갛게 씻은 얼굴 고운 해야 솟아라

고운 해야 솟아라

(남)

산 넘어 산 넘어서 어둠을 살라 먹고

산 넘어서 밤새도록 어둠을 살라먹고

(다 같이)

해야 솟아라 해야 솟아라

---

[7] 이 예배안은 1985년 기독교 100주년 기념 축제 "빛과 하나 되어"를 바탕으로 김문환이 선린회의 광복절 기념 예배를 위해 재구성한 것이다.

말갛게 씻은 얼굴 고운 해야 솟아라

고운 해야 솟아라

(여)

달밤이 싫어 싫어

눈물 같은 골짜기에 달밤이 싫어

아무도 없는 뜰에 달밤이 싫어 싫어

(다 같이)

해야 솟아라 해야 솟아라

말갛게 씻은 얼굴 고운 해야 솟아라

고운 해야 솟아라

(남)

늬가 오면 늬가 나오면

나는 나는 청산이 좋아라

훨훨훨 깃을 치는 청산이 좋아라

청산이 있으면 홀로래도 좋아라

(다 같이)

산 넘어 밤새도록 해야 솟아라

어둠을 살라먹고

해야 솟아라

말갛게 씻은 얼굴 고운 해야 솟아라

달밤이 싫어

달밤이 싫어 싫어 싫어

해야 솟아라

해야 솟아라

찬송 .... (시온의 영광이 빛나는 아침) .... 다 같이

시온의 영광이 빛나는 아침 어둡던 이 땅이 밝아오네
슬픔과 애통이 기쁨이 되니 시온의 영광이 비쳐오네

성경 1 .... (요 1:9-13) .... 인도자

참 빛 곧 세상에 와서 각 사람에게 비추는 빛이 있었나니 그가 세상에 계셨으며 세상은 그로 말미암아 지은 바 되었으되 세상이 그를 알지 못하였고 자기 땅에 오매 자기 백성이 영접하지 아니하였으나 영접하는 자 곧 그 이름을 믿는 자들에게는 하나님의 자녀가 되는 권세를 주셨으니 이는 혈통으로나 육정으로나 사람의 뜻으로 나지 아니하고 오직 하나님께로부터 난 자들이니라.

성경 2 .... (삼상 16:1-13) .... 돌아가며

(하늘 소리): 사무엘아! 사무엘아!

(사무엘): 예, 하나님, 제가 여기 있습니다.

(하늘 소리): 네가 어찌하여 그토록 슬퍼하느냐?

(사무엘): 우리 임금 때문입니다. 우리 임금 사울 왕이 이 나라를 잘못 이끌었습니다.

(하늘 소리): 사무엘아, 나 보기에도 사울은 임금으로서 합당하지 못하다. 그러나 언제까지 슬퍼하고만 있겠느냐? 이제 내가 너를 베들레헴의 이새에게 보내리니, 내가 그의 아들 중에서 새로운 왕 될 자를 택했음이라. 너는 곧 가서 그의 머리에 기름을 부을지니라.

(사무엘): 야훼 하나님, 분부대로 저는 이새의 집에 와 있습니다.

(이새): 보십시오. 저의 자식들을 다 불러 모았습니다. 제 맏아들 엘리압은 키가 크고 용모가 뛰어납니다.

(사무엘): 그렇군요. 하나님, 엘리압에게 기름을 부으리이까?

(하늘 소리): 사무엘아, 용모와 신장만으로 판단 말라. 내가 보는 것은 사람과 같지 아니하니, 사람은 외모를 보거니와 나 야훼는 사람의 중심을 보느니라.

(사무엘): 이새여, 다른 아들도 보여 주십시요.

이새: 막내가 남아 있습니다만, 아직 나이 어리고 또 들판에서 양들을 지키고 있어서…

(사무엘): 그 막내아들을 데려 오십시오.

(다윗): 다윗입니다.

(사무엘): 다윗아, 야훼 하나님께서 너의 머리에 기름을 부으라 하신다.

(다윗): 아멘

묵상 1 .... 인도자

그렇습니다. 하나님은 이새의 여러 아들 중에서 막내를, 가장 나이 어린 아들을 택해 기름을 부으셨습니다. 하나님은 그의 용모가 뛰어나서,

키가 커서, 힘이 강해서 택한 것이 아닙니다. 하나님은 그러한 외모가 아니라 그 중심을 보시는 분입니다. 비록 다윗이 어릴지라도 마침내 그가 골리앗과 싸워 이긴다는 사실을 잊지 맙시다. 우리 하나 하나가 다윗처럼 되도록 기도합시다.

기도 .... 다 같이

하나님, 우리는 나라 잃은 백성입니다. 저희 한 명 한 명 다윗처럼 되게 해주십시오. 예수 이름으로 기도합니다.

묵상 2 .... 인도자

1919년 3·1운동 당시 사람들은 애타게 다윗을 찾았습니다. 마침내 골리앗에 대항해서 한국 백성은 다윗처럼 나섰습니다.

성경 3 .... (삼상 17:33-39) .... 돌아가며

(사울 왕): 블레셋의 군대는 많고 그 장수 골리앗은 무서운 거인이다. 나, 사울왕도 그 골리앗과 맞서 싸웠으나 당해내지 못하였다. 다윗아, 그런데 어린 네가 어찌 그와 맞서 싸울 수 있겠느냐? 너는 노래나 부르는 아이라던데?

(다윗): 그렇습니다. 저는 노래하는 아입니다. 그러나 저는 야훼 하나님을 찬양합니다. 제가 노래할 때 야훼 하나님께서는 항상 저와 함께 계십

니다. 저를 보내 주십시오.

(사울 왕): 다윗아, 너의 담대한 용기가 가상하구나. 그러나 너는 한 번도 전쟁은커녕 거친 일도 해보지 못하지 않았느냐?

(다윗): 아닙니다. 저는 일하는 아입니다. 비록 제가 형들보다 작고 힘도 없지만, 형들이 집안에서 편히 지낼 때 저는 들판에서 양을 쳤습니다.

(사울 왕): 하지만 너는 아무 무기도 없지 않느냐? 내 투구와 갑옷을 입고 가거라.

(다윗): 아닙니다. 그 갑옷으로는 골리앗을 이길 수 없습니다. 오직 하나님을 믿는 힘, 그 힘과 이 돌팔매로 충분합니다. 들판에서 일할 때 사나운 짐승이 양을 물어 가면 저는 끝까지 쫓아가 이 돌팔매로 그 짐승을 때려눕히고 양을 구해 왔습니다. 나는 하나님의 정의와 사랑을 위해 싸우는 아입니다.

묵상 2 .... 인도자

우리는 골리앗을 물리치지 못했습니다. 그러나 실패한 것 같은 3·1운동은 우리 민족의 저력과 긍지를 영원토록 드높인 다윗의 사건이었습니다.

찬송 ....(어둔 밤 마음에 잠겨)........................... 다 같이

어둔 밤 마음에 잠겨 역사에 어둠이 짙었을 때

계명성 동쪽에 밝아 이 나라 여명이 왔다

고요한 아침의 나라 빛 속에 새롭다

이 빛 삶 속에 얽혀 이 땅에 생명 탑 놓아간다.

시 교독 2 ·················· (〈울 엄니 나를 낳아〉, 정희성 작) ····················· 다 같이

(남)

울 엄니 나를 낳고

해방이 되니

이제는 좋은 세상

찾아 올랑가

정한수 떠놓고

빌고 빌더니

(여)

어쩌다 허리는

다치셨는지

꾸정 물은 나가고

맬강 물은 들어오라고

어린 시절 모래흙에 새긴 노래여

(남)

이리를 쫓고 나면

승냥이가 막아서니

울 엄니 나를 낳아

이런 세상 살라고

아버지를 땅에 묻고

억새처럼 쇠셨는가

(여)

외진 땅 쑥 구렁에

내 형제를 내가 묻고

무덤가 욱은 쑥만

쥐어뜯느니

(다 같이)

울 엄니 나를 보고

잘한다고 하실랑가

울 엄니 나를 보고

잘 산다고 하실랑가

성경 3............................. (신 9:4-6, 공동번역성서) .... 인도자

너희 하느님 야훼께서 그들을 너희 앞에서 몰아내신 다음에 행여나
너희가 착해서 그 분이 너희를 이끌어 들여 이 땅을 차지하게 하셨거니
속으로 엉뚱한 생각을 품지 않도록 하여라. 야훼께서 그들을 너희 앞에
서 몰아내신 것은 그들이 나쁘기 때문이다. 행여나 너희가 잘하기 때문
에 너희 하느님 야훼께서 이 기름진 땅을 너희에게 주시는 줄로 알지
말아라. 사실 너희는 고집이 센 백성이다.

기도 .... 다 같이

　자비하신 하나님, 우리는 생각과 말과 행실로 주님과 이웃에게 죄를 지었으며, 또한 자주 의무를 소홀히 하였나이다. 주여, 우리 죄를 용서하시고, 우리로 하여금 예수 그리스도 안에서 새로워지게 하소서.

찬송 .... (오소서 오소서 평화의 임금) .... 다 같이

오소서 오소서 평화의 임금

이건용 작사, 곡

묵상 .... 인도자

　누구든지 그리스도 안에 있으면 그는 새로운 피조물입니다. 보시요 낡은 것은 지나가고 새것이 되었습니다. 희망과 좌절, 기쁨과 고통으로

뒤엉킨 역사 속에 들어와 계시는 예수 그리스도의 모습, 상처받고 피 흘리며, 그러나 어둠의 역사를 빛의 역사로 바꿔 나가시는 예수 그리스도를 바라봅시다. 그분은 처음 천지가 창조되기 전부터 하나님과 함께 계셨습니다. 모든 것은 그분에게서 생명을 얻었으며, 그 생명은 사람들의 빛입니다. 진리와 정의와 사랑을 위해 싸우다가 고난을 당할 때, 어둠의 역사는 적개심과 증오심을 불러일으킵니다. 그러나 빛의 역사는 오히려 그 고난 속에서 증오와 불의를 이기시는 그리스도와 함께 있다는 확신에 기뻐합니다. 빛이 비치면 어둠은 이기지 못합니다. 이 빛 안에서 새 하늘과 새 땅을 향하여 그리스도와 함께 나아갑시다.

우리는 빛의 백성, 빛과 함께 하나 되어 빛과 함께 나아가며 빛과 함께 승리하리라! 이 빛으로 자유와 정의가 강물처럼 넘치게 합시다.

찬송 .... (하나님 모습대로) .... 다 같이

하나님 모습대로

강원용   나인용

억 압 과 폭 력없 는 내 일을 위 해
불 의 와 부 정없 는 내 일을 위 해
속 박 과 체 념없 는 내 일을 위 해
좌 절 과 전 쟁없 는 내 일을 위 해
손 에손 을 굳 게잡 고 일 터 로가 자
손 에손 을 굳 게잡 고 일 터 로가 자
손 에손 을 굳 게잡 고 일 터 로가 자
손 에손 을 굳 게잡 고 일 터 로가 자

예배와 예술의 만남[8]

들어가며

이 글에서 필자는 교회 내지 예배와 예술의 만남에 대한 어떤 일반적인 해명을 의도하지 않는다. 그보다 필자 자신이 약 15개월의 준비기간에 걸쳐 기획했던 한국 기독교 100주년을 기념하는 대공연 〈빛과 하나 되어〉를 구체적인 사례로 제시하면서, 교회 내지 예배와 예술의 만남에 대해 읽는 이들의 더욱 진척된 이해를 촉구하고자 한다. 우선 이 공연이 이루어지게 된 구체적인 배경에 대한 설명이 필요하겠기에, 공연 프로그램에 수록된 내용 중 일부를 간추리는 것으로부터 이 글을 시작한다.

100주년 사업의 취지를 설명하는 짧은 글을 통해 한국교회는 100년의 역사 동안 겪은 온갖 고난에도 불구하고 세계선교사상 그 유례를 찾

---

8 이 글은 「기독교사상」 (서울, 대한기독교서회) 1985년 8월호(통권 제326호). pp. 238-247에 수록되었던 김문환의 글이다.

아볼 수 없을 정도로 끊임없이 성장해왔다는 사실과 함께, 조국이 시련기에 처했을 때 이 민족이 나아가야 할 바른 길을 제시하지 못하고 분열과 무사안일에 빠져 있던 사실도 솔직히 고백한다. 이에 따라 100년 동안에 이루어 놓은 믿음의 유산들을 정리하고 더욱 바르게 전승시키기 위해 개신교 20개 교단과 24개 기독교 기관이 힘을 합해 갖가지 기념사업들을 전개하기로 한 것이다. 이 대공연은 그러한 기념사업의 하나이다.

한국 기독교 100년에 대한 반성과 선교 2세기가 지향할 새로운 전망을 예술 특히 축제 형식을 통해 표현해 보고자 함에 있어서 주최 측은 예컨대 시편에서 보이는 하나님 백성들의 축제정신을 상고한다.

> 신도들아, 모여서 춤을 추며 그의 이름을 찬양하여라. 나팔소리 우렁차게 거문고와 수금타며 북치고 춤추며 현금을 뜯고 피리 불며 징을 치고 그를 찬미하여라.
>
> 시편 149~150편, 공동번역성서

그러나 축제정신은 구약시대의 전유물이 아니다. 강원용 목사(한국 기독교 100주년 사업협의회 대표회장 겸 축제준비 위원장)는 "안식일을 주일로 바꾼 것은 예수님의 부활을 기념하기 위함이요, 주일예배는 축제의 예배였다"고 강조한다. 중세교회가 무덤을 찾아온 세 명의 여인과 천사의 대화를 사제들과 회중의 노래를 통해 부활절 예배순서 속에 넣음으로써 서양 연극사의 중요한 계기가 마련되었던 것은 어쩌면 당연한 일일 것이다. 그러나 우상 숭배적 요소들을 배척하고 내면적인 신앙을 강조한 개신교의 전통은 음악과 시를 제외한 여타의 예술들에 대해 냉담하였고, 한국교회가 직·간접으로 영향 받은 청교도 전통은 이를 죄악시하기에 이르렀다.

그렇다고 유사 이래 초월적인 존재와의 만남을, 후세에 예술이라고 특칭하게 된 인간 활동의 원형적인 표현을 통해 감사해 온 한국 백성의 열기가, 구체적으로 말한다면, 권위주의적 사상체계에 속하는 유교적 통치시대에서도 구비전통과 전승을 통해 스스로를 지켜오고 가꾸어 온 한국 백성의 표현 욕구 내지 예술의욕(Kunstwollen)이 이러한 새로운 도전으로 인해 완전히 사라져 버릴 수는 없다. 함부로 말할 계제는 아니지만, 적어도 필자의 견해로는 일부 비판의 대상이 되고 있는 한국교회의 기복 주의적, 열광 주의적 경향은 이러한 좌절된 예술의욕과 직접 간접으로 연관을 가지고 있다고 본다.

1. 예술과 예배

이번 행사에서 유독 '예술'을 강조한 것은 일부 왜곡 표현되는 예술 의욕을 한 층 승화된 형식으로 수렴해 보고자 하는 취지가 알게 모르게 그 저변에 흐르고 있기 때문이다. 굳이 프로이트(Sigmund Freud)를 들먹이지 않더라도 예술은 일단 초자아의 압력에 직면한 인간의 기본 욕구를 퇴영 현상으로부터 구출하여 더욱 승화된 방법으로 표현할 수 있는 통로로 이해될 수 있기 때문이다.

여기에서 '예술이란 무엇인가?' 라는 미학의 원론적 문제를 새삼스럽게 제기할 여유는 없다. 그러나 모든 예술 활동에서 현실 인식과 현실 초월의 계기를 발견할 수 있다는 것은 어떠한 예술 이론도 부인하지 못한다. 그러기에 모든 예술은 주어진 현실에의 안주를 거부한다. 어떤 방식으로든지 예술은 현실에 대한 비판적 시각을 유지하고 있으며, 동시에 더 나은 세계에 대한 열망을 함축하고 있다.

우리의 신앙 역시 인간이 지닌 개인적 집단적 이기심의 한계를 지적하고 이로부터 돌이켜 궁극적 존재에로 향할 것을 엄격히 요청한다. 다시 말해, 모든 신앙고백은 '죽을 수밖에 없는 죄인'을 '그럼에도 불구하고 스스로를 버림으로써 구원해 주신 초월적인 존재에 대한 감사'일 수밖에 없다. 그러기에 신앙생활의 유일한 표준인 신·구약은 한결같이 '고난을 바탕으로 한 감사의 축제'를 강조했던 것이 아닐까?

바로 이 점에서 예술과 신앙고백은 서로 만나질 수밖에 없다. 십자가 없는 부활을 생각할 수 없듯, 고난을 외면하고 현실에 안주하려는 인간에게는 예술도, 신앙도 불가능하다. 그런데 왜 하필 총체예술인가?

2. 총체예술

총체예술이라는 개념은 아직 확정되어 있지 않다. 그럼에도 불구하고 우리는 이 개념을 〈빛과 하나 되어〉의 기본적인 형식개념으로 차용하면서, 이에 가장 가까운, 가령 토탈 시어터, 총체연극 개념을 빌려 설명해 보고자 한다.

이상일 교수는 예술개념으로서의 토탈 시어터(Total Theatre)가 종합예

술이냐, 아니면 총체예술이냐 하는 질문을 스스로 제기하고, 이에 대해
다음과 같이 잠정적인 대답을 제시한다.

> 종합예술은 음악과 무용과 연극이 서로 그 개성을 조화시켜 전개되
> 는 예술 형태로 일컬어지고 있지만, 그 종합성은 어느 장르의 강세에
> 따라 다른 장르가 보조적인 역할로 그치고 마는 아쉬움이 있고, 그런
> 까닭에 잠재적인 장르 사이에 경쟁의식이 없지 않은 것이 위험부담으
> 로 떠오른다.[9]

여기에서 종합성이란 "여러 가지 이질적인 요소들이 글자 그대로 종
합되어 있을 때 붙일 수 있는데, 그때, 그 함께 어우러져 있는 종합성 가
운데 장르별의 이질적인 요소들은 서로 살아서 개성을 주장할 수 있고,
따라서 그 개성들이 어떻게 서로 보완 대립하면서 조화를 이루느냐"가
문제가 된다는 것이다. 이 교수 자신은 언급하지 않았으나, 총체연극(내
지 종합예술) 개념을 구체화한 인물 중 선구적인 존재라고 할 수 있는 바
그너(Richard Wagner)는 오페라를 예로 들어 비판하였다. 그것은 차치하
고, 우리는 "총체예술은 이질적 요소의 종합이 아니라 그 종합을 넘어
선 차원의 예술"로서 정의한 이 교수의 다음 대목에 관심하고자 한다.
다시 말해, 총체예술이란, "종합을 통한 예술의 새 형태와 종합 다음의
혼합과 융화를 거쳐 생겨나는 장르 간의 장벽 해소이다. 총체예술의 창

---

[9] 「한국연극」, 1985년 4월호, p. 19. 이 호는 토탈 시어터를 특집으로 삼으면서 다음의 글
들을 수록하고 있다. 이상일, "우리의 전통 연희와 서구의 토탈 시어터", 김정옥, "'집단창
조'와 나의 연출세계"; 김응수, "토탈 시어터/세계적인 현황"; E.T. 커비(김석만 역), "토탈
시어터/상형문자의 상징표현."

조는 따라서 장르 사이의 이질적 요소가 단순히 개성을 주장하지 않는 다는 정도가 아니라, 새 예술형태를 위한 보조적 수단 이상이 될 수 없다는 철저한 자기 소멸에서 이루어지는 예술"이라는 것이다. 다시금 바그너 자신이 주장한 종합예술작품(Gesamtkunstwerk)을 내용적으로 연상케 하지만, 그의 이러한 정의는 미국의 연극학자 커비(E.T. Kerby)의 토탈 시어터 이해와도 상통하면서, 공감될 만한 요소를 많이 지니고 있다. 커비는 이렇게 말한다.

> 토탈 시어터란 표현의 출처는 리하르트 바그너의 게잠트쿤스트베르크, 즉 모여진, 합해진, 전체적인, 또는 총체적인 예술작업이라는 개념에서 파생된 것으로 나타난다. 그러니까 모든 예술이 한데 만날 수 있는 마당으로서의 연극이 총체연극의 의미가 되는 것이다. 우리는 종종 음악이나, 동작, 음향, 장치, 조명 등등 구성요소의 목록이 나타내주는 그러한 총체성을 접하게 된다. 그러나 총체연극 속에서 다양한 모습을 지니면서 포괄적이며, 각 구성요소의 종합을 꾀하면서 집약적인 성질도 가진다는 것이 더 중요하다. 하나의 이상으로서의 총체성이 여러 가지를 다 받아들이는 포괄성을 지닌다 하여도, 실제적으로 양식의 특징을 두드러지게 나타내주는 점은 여러 매체의 집합에 있는 게 아니라, 각 요소들의 상관관계에 있다.[10]

커비는 이와 아울러 어떤 형식이 다른 형식보다 더 높은 총체성을 지

---

[10] 참조. E.T. Kerby, *Total Theatre: A Critical Anthology*(New York: E.P. Dutton & Co, Inc., 1969)의 서문. 주 9)의 김석만 옮김.

닐 수 있고, 뿐만 아니라 각각의 총체 연극적 표현은 별수 없이 문화적 변천과정의 투영이라는 성격을 지닌다는 것을 역사적 고찰을 통해 밝힌다. 그럼에도 불구하고, 그는 총체연극이 적어도 기법 면에서 "여러 예술이 만나는 장소가 되는 특별한 방법을 제시할 뿐 아니라, 이야기 전개가 아닌 종합적인 효과를 통해 정보를 제공하는 연극"으로서 정의될 수 있음을 시사한다.

"이야기 전개가 아닌 종합적인 효과를 통해 정보를 제공하는 연극"이기를 희망하기에 그것은 자연히 때로 "희곡 또는 대본이라는 문학적 작업의 충실한 재현이라는 연극의 상투적 방식을 부정하고, 연기자와 연습장의 현장으로부터 연극적 창조가 싹 터 오르기를 바라"기도 한다.[11] 다시 말하자면, 총체연극은 서구연극, 특히 리얼리즘 연극의 단순한 논리적 전개 및 그와 연관되어 있는 "연극을 이루는 중심기호가 희곡"이라는 관념을 거부하면서, 은연중에 연기자를 중심기호로 내세운다. 이는 "문학성의 지배로부터 벗어나 연극성의 지배를 재현하려는 구호"라고도 표현된다.[12] 이러한 사고는 결국 연극의 중심기호가 광대라면, 그리고 광대는 인간이며 인간이란 애당초 토탈한 성격을 지닐 수밖에 없다면, 가장 인간적 표현인 연극은 토탈할 수밖에 없다는 결론으로 귀착한다.

이렇게 규정되는 총체연극이 적어도 연극계에서 왜 갑자기 화제의 대상이 되고 있는지를 한두 마디로 요약할 수는 없다. 혹자는 "타 예술과의 경제적 측면이나 미학적인 측면의 도전만으로 기인되는 게 아니

---

[11] 김정옥, 「한국연극」, 1985년 4월호, p. 21.
[12] 같은 책, p. 22.

라, 관객의 흥미를 끄는 타 예술과의 경쟁에서 (정통연극이) 패배한 결과"
로 이러한 경향이 출현했다고도 본다.[13] 뿐만 아니라 그것은 특히 제3
세계에서 이루어지고 있는 "전통연희의 현대적 복권"[14]의 일환일 수도
있고, 그와 연관되는 "제3의 연극"에 대한 욕구, 즉 "우리의 연극적 유산
과 서구적 연극의 만남", "단순한 접목이 아니라, 오히려 충돌하는 지점
에서 (생겨나는) 새로운 연극"에 대한 열망의 표현일 수도 있다.[15]

총체연극에 관한 이 모든 설명들에서 발견되는 공통적인 특징은, 뉘
앙스 차이에도 불구하고, 결국 그것이 "언어로써 표현될 수 없는 어떤
원초적인 통일성에의 접근"을 시도한다는 것이다. 그러나 이러한 통일
성은 주어져 있는 것이라기보다는 우리 자신의 탐구를 통해 찾아져야
한다. 이것이 이른바 공산주의 체제에서 현실적으로 이루어지고 있는
'집체예술'과 우리가 관심하는 '총체예술'의 기본적인 차이일 수 있다. 이
미 주어진 규칙 속에서나마 어떻게 다양성을 표현해 볼 수 있겠느냐 하
는 문제가 관심의 초점이 되는 한, 그것은 고작 연역적 창조는 될 수 있
을지언정, 우리가 관심하는 진정한 예술, 즉 귀납적 창조는 되지 못한
다.[16]

---

[13] 김응수, 같은 책, p. 24.

[14] 이상일, 같은 책, p. 20.

[15] 김정옥, 같은 책, p. 21.

[16] 1984년 8월 캐나다에서 개최된 세계미학대회에서 벨기에 학자 J. van Ballaer는 "스포
츠, 예술 그리고 창조성"이라는 흥미 있는 연구를 발표하였다. 그 요지를 본다면, 다음과
같다: 정상급의 스포츠가 예술 작품으로 간주될 수 있는가 하는 질문은 스포츠와 예술
의 본질적인 구성요소들을 좀 더 추상적인 차원에서 조사할 수 있는 시발점으로 여겨진
다. 우리는 스포츠의 영역 안에는 통제적 규칙들과 다른 구성적 규칙들이 존재한다는
것을 발견한다. 이러한 구성적 법칙이 바로 놀이와 같이 연관된 활동들로부터 스포츠를
구별해 낼 수 있게끔 만들지 못한다는 것이 이 연구의 주요한 문제의식에 속한다. 여기
에서 중요하게 다루어져야 하는 것이 바로 창조성의 존재 여부라는 것이다. 창조성의

이미 "이 세상에 속해 있지 않은 '하나님 나라'의 진리를 어떻게 우리 인간의 한정된 언어와 의식으로 제대로 전달할 수 있는가"(강원용 목사) 하는 물음 속에서 우리는 종합예술 내지 총체예술에 대한 교회적 요청이 정당화될 수 있는 근거를 발견한다. 그러나 이에 대한 응답은 결코 간단치 않다. 비록 100년의 역사를 내세우지만 다른 종교들에 비해 축적된 상징적 표현이 너무나도 부족하고, 결례가 되는 표현이 되겠지만, 교황과 같은 슈퍼스타도 없는 개신교회가 더구나 총체예술적 표현을 위한 연합사업의 경험이 아주 없다시피 한 상태에서 어떻게 이러한 부름에 응답할 것이냐 하는 문제가 이 일에 처음 관계된 모든 사람들로 하여금 크게 고민하게 만들었다. 그때 우리를 사로잡은 기본 지침은 ― 감히 우리를 사로잡은 성령의 역사라고 해도 좋을 것이다 ― 우리의 온갖 노력과 정성을 다해 그리스도만이, 보이지 않는 중에 이 공연의 밑바닥에서부터 점차 떠올라 홀로 영광 받으실 수 있도록 하자는 것이었다. 그리하여 우리는 한국 기독교 100년 역사 동안, 아니 선교 이전의 역사로부터 오늘에 이르는 동안 한국 기독교회와 함께 십자가를 져 주신 그리스도를 '어둠을 비추는 빛'으로 상징하면서 그 빛의 역사를 총체적으로 표현하기로 결정한 것이다. 후에 〈빛과 하나 되어〉라고 바꾸기로 했으나, 그것은 애초의 제목이었던 〈빛의 역사〉 보다 더 진솔한 표현 이상도, 이하도 아니다.

좁은 지면에서 대본이 완성되고, 또 음악, 무용, 미술, 연기 등의 역량

논리적 지위에 관한 연구는, 그것이, 마치 규칙들처럼, 두 가지 상태로 존재할 수 있다는 것을 드러낸다. 따라서 우리는 귀납적 창조성과 연역적 창조성을 구별하게 되고, 나아가 스포츠에서는 연역적인 창조성만이 가능하지만, 예술에서 중시되는 것은 귀납적 창조성이라는 결론을 갖게 된다. 이는 예술의 존립을 위한 필요조건이기도 하다.

들이 어떻게 대본에 담겨 있는 기본 취지를 형상화해 나갔는지에 대해 세세히 설명할 수 없음을 유감으로 생각한다. 그러나 한 가지 오해만은 해명되어야 할 것 같다. 그것은, 총체연극이란 분명히 대본보다는 연기자가 중심기호가 된다고 했는데, 이번 공연에서는 대본이 여전히 중심기호가 되고, 더구나 연기 부분은 다른 부분, 예컨대 무용에 비해 상대적으로 주변적이지 않았느냐 하는 질문 내지 힐문에 대한 답이 될 수도 있을 것이다.

현상적으로 볼 때, 이러한 힐문은 일견 정당하다. 그러나 앞에서의 논의가 연극 쪽에서 이루어진 발언이라는 사실은 차치하고, 〈빛과 하나되어〉의 무용이 음악을 바탕으로 하고 있고, 그 음악은 다시금 대본 전체의 흐름은 물론 주로 여러 편의 시들을 바탕으로 하고 있으며, 그 시들은 또한 한국 기독교 100년 역사를 묘사한 여러 에피소드들 내지 단락들의 대사들을 집약하며, 그 대사들 역시 이반, 이강백이라는 두 극작가의 손을 거쳤지만, 그럼에도 불구하고. 어느 개인이 아니라 총체성을 전제로 한 공동체적 작업의 결실임을 감안한다면, 앞서의 지적은 크게 후퇴하지 않으면 안 될 것이다. 개신교 20개 교단이 제가끔 갖는 특색은 이 작업에서 큰 제약이 되었다. 그러나 우리는 이러한 제약을 도전으로 받아들이면서 이에 창조적으로 응전하려 애썼다. '창조적'이라는 말 속에 '비판적'이라는 의미가 얼마나 함축되었느냐 하는 것은 각자에 따라 다른 평가가 이루어지겠지만, 우리의 기본 입장이 적어도 어느 한 교단의 입장을 연역적으로 풀어나간 것이 아니었음은 틀림없다. 우리로서는 한국 기독교를 구성하는 여러 지체들이 진실로 한 몸을 이루어 나가야 한다는 요청에 대해 다양한 예술적 표현을 집약함으로써 응답하고자 한 것이다. 그러기에 우리의 경우 '총체예술 축제'는 '온몸으로 정성을 다해 드리는 산 예배'라고 풀이될 수밖에 없다.

3. 예배의 기본구조

"예배라니? 그것이 어떻게 예배가 될 수 있다는 것이냐?" 하는 질문을 던질 사람들도 상당히 많을 줄 안다. 그러나 우리는 다시 한 번 반복해서 강조할 수밖에 없다. 〈빛과 하나 되어〉는 상징적으로나 실질적으로나 '온몸으로 정성을 다해 드리는 산 예배'였다. 예배학을 전공하지 않은 필자로서 감히 예배에 대해 용훼하는 것은 분명 비난받을 만하다. 그러나 적어도 개신교회의 예배에서 공통되는 요소와 그 배열순서가 어떤 것이며, 그것이 어떤 의미를 가지고 있는지에 대해서 필자 나름대로 가지고 있는 이해에 대해서마저 침묵해야 한다면, 그것은 지나친 요구이다.

예배는 '예배에로의 부름'으로 시작된다. 그 '부름'은 회중들로 하여금 그들의 세상적 현실적 생활의 고뇌가 어디로부터 유래하며 그것이 이 예배에 참여하는 것과 무슨 관계가 있는가를, 자신들이 왜 교회에 나왔는지에 대한 목적의식을 마음으로부터 깨닫게 해 준다. 그러기에 그것은 참회의 기도와 '그럼에도 불구하고' 우리를 구원해 주시는 하나님에 대한 찬양으로 이어질 수밖에 없다. 이러한 참회와 찬양이 이루어질 때 우리는 비로소 하나님의 말씀을 받들어 읽고 또 들을 수 있게 되는 것이다. 그것은 일종의 선포행위이다. 그러나 이처럼 하나님의 말씀을 들는 무리들은 결코 개별적인 존재가 아니다. 그들은 단순한 집합도 아니다. 그것은 분명히 말씀 앞에서 하나가 된 (또는 되어야 하는) 공동체의 일원이다. 그러기에 한 사람의 고통이나 기쁨은 그 하나에 머물 수가 없다. 그 고통과 기쁨은 공유되어야 한다. '광고'나 '성도의 교제'는 바로 이를 위한 것이다. 그러나 우리는 때로는 게으름으로, 때로는 무관심으로, 또 때로는 무능력으로 인해 모든 지체들의 고통을 진정 내 것으로 삼거나 그 고통을 덜어 줄 수 없음을 잘 안다. 그러기에 '목회기도' 또는 '중보기도'는 교인들의 요구를 대표하여 하나님께 진실하게 간구할 수밖에 없다. 이제 우리는 우리의 인간적 한계를 넘어서게 하시는 하나님의 은총으로 더욱 굳게 결속된 성가대로 바로 그 기쁨을 노래하는 것이다. 이제 우리는 무엇을 해야 할까? '설교'는 바로 목회자 자신을 포함해서 우리가 따라야 할 진리에 대한 해설이며, 따라서 그것은 우리가 해야 할 구체적인 활동들의 지침을 마련해 준다. 이제 남은 것은 그 말씀에 따르고자 우리를 바치는 일뿐이다. '헌금' 순서가 늦게 들어 있는 것은 오로지 하나님에게 우리 전부를 바치는 행위로 이해되지 않으면 안 된다. 이제 우리는 벗어나고자 했으나 그럴 수도 없고 그래서도 안 되는 우리의 구체적인 생활 속으로 되돌아간다. 그러나 옛 사람이 아니다. 우리의 발걸음 하나하나에는 하나님이 함께 하신다. 그러기에 '축도'는 반드시 여러분이 아니라 "우리"를 위해 "성부 성자 성령의 이름으로" 이루어진다. 하나님의 이름을 빌린 이가 삼위일체보다 더 두드러져 보인다면, 이보다 더 큰 불경은 없을 것이다.

함부로 그려 보았지만, 대략의 순서는 크게 어긋나지 않았을 것이다. 때로 순서가 조금 바뀔 수 있으나, 그것이 적어도 전통적 의미에서의 튼튼한 연극적 구조를 지니고 있다는 사실만은 부정할 수 없다. 그러나 보스턴 대학 신학대학원에서 종교 연극에 대한 학위 프로그램을 창설했던 에렌스버거(Harold Erensburger)의 지적대로, 여기에서 운위되는 '연극적 구조' 내지 '연극적'이라는 말이 '쇼'와 혼동되어서는 안 된다. 캐나다 선교사로서 이 방면에 조예가 깊은 오애숙 교수는 "가령 회중들이 예배에서 하나님 앞으로 인도되는 것보다 성가의 아름다움이나 설교의 스타일이나 목회자의 화려한 의상 같은 것에 더 신경을 쓰게 된다면, 그 예배는 결국 하나의 '쇼'가 되어 버리고 만다. 반면에 예배의 모든 순서가 회중이 하나님을 경험하도록 인도하는 것이라면, 그 예배는 극적인 것이 되는 것이다"라고 이를 요약한다.[17]

오늘날 대부분의 개신교회가 드리는 예배가 이러한 예배정신에 의해 이루어지고 있음을 누구도 부인할 수 없을 것이다. 그러나 때로 형식만이 남아 아무런 감동도 일으키지 않는 예배도 있고, 예배라는 이름 아래 인간들이 영광 받는 그릇된 사례 또한 없지 않음도 우리는 부인할 수 없다. 그러기에 끊임없이 예배 갱신에 대한 요구가 있었고, 그러한 요청은 알게 모르게 결실을 맺어 왔다.

4. 〈빛과 하나 되어〉의 구조

같은 맥락에서 〈빛과 하나 되어〉의 기본 순서를 적어 본다. 이는 오케

---

[17] 오애숙, "예전(禮典)의 극적 성격", 「세계와 선교」 (한신대).

스트라로 연주되는 서곡이 앞으로 전개될 작품의 전체 내용을 암시하고 무용이 이에 맞추어 조용한 묵상을 유도하는 것으로 시작된다. 창세기로부터 계시록에 이르는 하나님의 역사가 무엇인가를 찾는 서장 '빛의 근원을 찾아'가 박두진의 〈해〉에 붙인 합창과 무용으로 마무리될 때, 그것은 다름 아닌 '예배에의 부름'이었다. 그리스도의 탄생을 축하하는 크리스마스는 원래 태양신을 위한 이교도의 축제였다. 우리의 동지(冬至) 역시 비슷한 성격을 가질 수 있다. 밤이 제일 긴 날이 지나고 이 긴 어둠을 헤치고 일어서는 "말갛게 씻은 얼굴 고운 해"를 기리는 마음이 기독교 경신(敬信)에 의해 재해석되어서는 안 된다는 법칙이 어디에 있는가? 우리는 비록 경어체로 쓰이지는 않았으나, 그러기에 더욱 절실한 심정으로 어둠을 비출 빛에 대한 열망을 여기에서 읽는다.

어둠을 살라먹고 해야 솟아라.

서장은 그러기에 당연히 빛과 우리의 관계를 살피는 '빛이 동방에 비치니'로 연결된다. 그 서두에 관중이 부르는 찬송이 이를 상징한다.

어둔 밤 마음에 잠겨 역사에 어둠 짙었을 때에/계명성 동쪽에 밝아 이 나라 여명이 왔다/고요한 아침의 나라 빛 속에 새롭다/이 빛 삶 속에 얽혀 이 땅에 생명탑 놓아간다.

기독교의 복음은 우선 말씀으로 전해진다. 제1장은 그래서 말씀이 우리에게 어떻게 전해졌는지를 중심으로 이루어지면서, 그 말씀을 받아들이는 우리들의 자세를 살펴본다. 우리는 오직 그 말씀으로 상징되는 영광의 주를 받아들일 수밖에 없다. 시편 기자는 "문들아, 머리를 들라! 영광의 주가 들어 가신다"라고 노래하고, 우리는 "동대문, 남대문, 동문, 남문, 서문, 앞문, 뒷문 활짝 열어라! 하나님의 밝은 빛이 비쳐 온다"라고 노래한다. 한국 기독교가 초창기에 벌인 의료사업, 교육사업, 여성해방 등의 선교 사업을 보여 주는 에피소드는 한없는 은혜에 감사하는 찬양의 일부일 뿐이다. 그것은 〈만복의 근원 하나님〉하는 '송영'의 다른 형태일 뿐이다.

이제 우리는 마음을 비우고 우리에게 구체적으로 들려주시는 말씀에 귀를 기울인다. 하나님은 우리의 가장 절박한 소원이 무엇인지를 아시기에 그에 적절한 말씀을 들려주신다. 제2장 '횃불은 타올랐으나'는 이를 전해준다. 김다림의 시를 가곡으로 처리한 중에 들어 있는 "열방들이 이 나라를 괴롭히고 불의한 자들이 당신의 이름을 더럽히니"하는 구절을 하나님께서는 들으시고 우리에게 다윗의 역사를 상고하라 하신 것이다. 그리고 이에 못지않은 한국 초대교회의 일제에 대한 항거를 상고하라 하신 것이다. 물론 "우리는 골리앗을 물리치지 못하였습니다. 그러나 일시적으로 볼 때 실패한 것 같은 3 1운동은 우리 민족의 저력과 긍지를 영원토록 드높인 또 하나의 다윗의 사건이었습니다" 하는 대사는 그러한 말씀을 듣는 우리들의 '응답송'인 셈이다. 구체적으로 윤동주의 시 〈십자가〉는 조용한 것 같으나 무서운 결의를 함축하고 있다.

제3장 '불씨를 살리려고'는 그 말씀에 비추어 본 교회 공동체의 구체적인 모습이다. 그러나 신비주의 운동, 신사참배 문제를 둘러싼 한국교회의 고뇌는 어느 한 지체의 것일 수만은 없다. 우리에게는 그 어려움,

그 고통을 함께 나누면서 한계상황 속에서 나와 우리를 하나로 만들어
주십사 기도하는 길만이 남아 있다. 하나님은 이 기도를 들어 주시어
우리에게 해방을 주신 것이다. "바빌론에서, 앗시리아에서 해방되던 때,
빼앗겼던 법궤를 되찾았을 때의 그 기쁨"을 우리에게 주셔서 한 공동체
로 묶어 주신 것이다. 찬송밖에 더 무엇을 드리랴! 만세와 사물놀이에
이어 관중과 출연진은 찬송 248장을 함께 부른다.

　시온의 영광이 빛나는 아침/어둡던 이 땅이 밝아오네/ 싸움과 죄악
의 참혹한 땅에 찬송이 하늘에 사무치네.

　그러나 우리는 과연 하나가 되었던가? 제4장 '빛을 되찾은 후'는 이 질
문과 연관된다. 창으로 불린 정회성의 시의 한 구절은 이렇게 말한다.
"이리를 쫓고 나면 승냥이가 막아서니 울 엄니 나를 보고 잘 산다고 하
실랑가." 물론 남북 분단은 외세에 의한 것이다. 그러나 그것이 전부인
가? 우리는 그 이후의 모든 사회정치적 혼란과 악순환을 모두 외세의
탓으로만 돌릴 수 있는 것인가? 과연 한국교회는 이러한 과정에서 이루
어진 급속한 성장을 자만할 수만 있는가? 대사의 한 부분은 이렇게 묻
는다. "오랫동안 고난 속에서, 그리고 가난하게만 살아온 우리들이 물질
적 풍요의 시대를 맞을 때, 참된 교회는 어떤 모습이어야 하는가. …" 이
에 대한 답변을 우리는 그리스도에게서 찾을 수밖에 없다. 솔로몬과 예
언자 아히야의 논쟁 끝에 이어진 베드로, 요한, 바울의 증언은 우리가
그것을 통해 그리스도의 음성을 듣고 그리스도의 참뜻을 알아들을 때
의미를 가진다. '설교'가 권면으로 끝날 수밖에 없으므로, 제4장은 선교

2세기를 맞는 한국교회, 아니 한국 백성 모두에게 간절하게 권면한다. "빛이 비치면 어둠은 이기지 못합니다! 한국 기독교 100년의 역사를 비춰 온 이 빛 안으로 들어오십시오! 이 빛 안에서 새 하늘과 새 땅을 향하여 그리스도와 함께 나아갑시다!"

종장 '빛과 하나 되어'는 그러기에 촛불 행진이 중심이 된다. 기술적인 곤란으로 인해 촛불을 직접 사용하지 못했으나 자신의 몸을 살라 빛을 발하는 촛불이 되고자 하는 결의마저 대체된 것은 아니다. 이는 곧 "나누어진 우리나라를 하나 되게, 갈라진 우리 교회를 하나 되게, 어둠 속의 북한 교회를 자유롭게, 자유와 정의가 이 땅에 강물처럼 넘치게" 하기 위한 '헌신'을 상징한다. 이런 현상을 각오하는, 바로 우리들이 서로가 서로를 위해 드리는 "오 빛이여, 영원무궁토록 밝게 비추소서!" 하는, 단순하지만 간절한 기도의 노래와 함께 100분에 걸친 〈빛과 하나 되어〉는 끝을 맺는다.

나가며

장황해졌으나, 필자는 이 〈빛과 하나 되어〉가 앞에서 말한 예배정신에 의해 관통되고 있음을 밝혀 보고자 한 것뿐이다. 지나치리만큼 예배적인 성격을 띠었다는 생각마저 드는 이 작품을, 그럼에도 불구하고, 여전히 세속적인 '쇼'로 보았던 사람들이 많았다면, 그것은 어디까지나 '살아 있는 예배', '몸으로 드리는 산 제사'를 드리려고 준비했던 사람들의 과욕으로 보고 너그러이 용서하기 바랄 뿐이다. 이는 "어떻게 감히 십자가 위에서 뛰고 노느냐"하는 비난에 대해서도 마찬가지이다. 우리는 말로만 많이 해 온 "주님의 십자가의 품 안에 나를 받아 주십시요" 하는 기도가 상납된 것을 기뻐했을 뿐이다. 우리는 법궤가 되돌아왔을 때 웃옷을 벗어 던지고 맨몸으로 춤을 추었던 다윗 앞에서 부끄러워해야 한다.

같은 맥락에서 여러 가지 제약으로 관중 참여가 너무나 제한되었던 것을 송구스럽게 생각한다. 공연이 예술적인 목적을 위해 건립된 공간이 아닌 잠실야구장에서 열린 탓에 좌석도 불편하고, 특히 청각적인 효과에서 많은 차질이 생겨 공동적인 참여에 큰 불편이 초래되었던 것을 행사를 총괄했던 사람으로서 무척 송구스럽게 생각한다. 기술과 예술의 조화에 대한 더욱 전문적인 배려는 앞으로 있을 대규모 국제 행사들을 위해서도 가장 심각하게 고려되어야 할 항목 중 하나이다.

행사로서의 〈빛과 하나 되어〉는 끝을 맺었다. 그러나 이 공연에 참여했던 모든 사람들이 이를 통해 어떤 의미로나 '온몸으로 정성을 다해 드리는 산 예배'를 조금이라도 더 이해 내지 희망하게 되었다면, 그 빛이 각종의 행사문화 속에서 진정한 문화가 질식당하고 있는 중에 이루어진 이 노력이 어떤 의미를 가질 수 있으려면, 그러한 작은 불씨들이 앞으로 계속해서 우리의 예배를 새롭게 하고 교회를 새롭게 할 수 있어야 한다.

7. 베드로의 배반

(등장인물: 화자(낭독자), 베드로, 두 남자, 두 여자)

본문: 누가복음 22장 54~62절(공동번역성서)

목표: 이야기를 눈으로 볼 수 있도록 만든다

시간: 충분한 연습을 위해 두 시간 정도

장소: 교회, 주일예배

집단: 견신례 받는 청년들

화자: (54절을 읽는다) 그들은 예수를 잡아 대사제의 관저로 끌고 들어갔
다. 그때에 베드로는 멀찍이 떨어져서 뒤따랐다. (남자들과 여자들이 떠
들썩하며 좌우로 몰려 들어온다. 베드로는 조심스럽게 그들을 따르다가 중앙에
멈춰 선다.)

화자: (55절을 읽는다) 그때 그들은 마당 가운데서 불을 피우고 둘러앉았

다. (낭독이 진행되는 동안 남자들과 여자들이 중앙으로 온다. 추운 듯이 손을 비비고 몸을 떤다. 그들은 눈에 보이지 않은 불을 둘러싸고 차츰 둥글게 원을 그리고 앉는다.)

화자: 그리고 베드로도 그들 곁에 앉았다. (모두가 그를 쳐다본다.)

화자: (56절을 읽는다.) 그때 어떤 여종이 베드로를 유심히 들여다보며 "이 사람도 예수와 함께 있었어요"하고 말하였다. (여자 하나가 일어서서 베드로의 얼굴을 뚫어지게 바라본 후, 그로부터 한걸음 물러서서 손가락을 내뻗어 그를 가리킨다.)

화자: (57절을 읽는다.) 그러나 베드로는 그 말을 부인하면서 "여보시오, 나는 그런 사람을 모르오" 하였다. (화자가 성경을 읽는 동안 베드로는 일어서서 자신을 가리키고는 머리를 흔든다. 그리고는 무슨 소리를 들은 듯이 몸이 굳어진다.)

화자: (58절을 읽는다.) 얼마 뒤에 또 어떤 사람이 베드로를 보고 말했다.

남자: (일어선다. 베드로를 가리키며) 당신도 그들과 한 패요.

베드로: 제기랄, 나는 그런 사람 아니오. (베드로 몸이 굳어지면서 무슨 소리를 듣는다.)

화자: (59절을 읽는다.) 그 뒤 한 시간쯤 지나서 또 다른 사람이 "이 사람은 분명히 예수와 함께 있던 사람이오. 이 사람도 갈릴리 사람이 아니요?" 하며 몰아세웠다. (아까와 다른 남자, 화자가 성경을 읽는 동안 일어서서 팔을 내뻗어 베드로를 가리킨다. 베드로는 이제 세 사람에 의해 둘러싸였다.)

베드로: 제기랄, 무슨 소리를 하는 거요? 도대체 내게서 뭘 바라는 거요?

화자: 베드로의 말이 채 끝나기도 전에 닭이 울었다. (남자와 여자들 베드로를 쏘아본다. 머리를 흔들며 각 방향으로 헤어져 간다. 베드로는 머리와 두 팔을

떨군 채 서 있다.)

화자: 그제야 베드로는 "오늘 닭이 울기 전에 나를 세 번 모른다고 할 것
이다"라고 하신 주님의 말씀을 생각해 내었다. 그리고는 밖으로 나가
슬피 울었다. (베드로 몸을 숙인 채 퇴장한다. 마지막 낭독부터 조용한 음악을
틀어도 좋다.)

| 생각할 점 |

이 짧은 동작연극(Bewegungsspiel)은 주일예배의 성경봉독을 위한 것
이다. 독일에서는 이미 50년대에 특히 예배를 위한 텍스트들이 발전된
바 있다. 그 텍스트들은 예배 진행 중에 삽입되어 장면을 꾸미도록 되
어 있다. 무엇보다도 성경봉독이 장면을 곁들인 코러스적 연극 수단에
의해 형성된다. 이를 연극 및 언어 모테트(motet)라고 부르는 사람들도
있다. 오늘날에는 이러한 형식들이 예배에서 더 이상 낯설지 않을 정도
로 즐겨 실행되곤 하는데, 불행히도 좋은 본보기가 많지 않다. 그러나
예배를 위한 성경 본문을 장면으로 보여주도록 한 집단을 촉발하는 모
범이 반드시 항상 밖으로부터 들여져야 하는지는 매우 의문스럽다. 한
집단이 함께 그와 같은 장면을 발전시켜 볼 가능성도 얼마든지 존재한
다. 이때 그러한 시도를 위한 시간이 하나의 본질적 요소로 작용한다.
그 과정에서 성경 본문은 차츰 구체적으로 육화되어야 한다.

연극적으로 잘 다듬어져야 하지만 그렇다고 너무 꾸미는 태가 나서

는 안 된다. 베드로의 특징을 나타내 보이려고 성경에는 "여보시오"로 세 번 반복된 것을 투덜거리는 투로 바꾸어 보았으나, 예배 분위기에 어울리지 않으면 달리해도 무방하다. 또한 닭 우는 소리를 넣을 경우 음악과 함께 아주 먼 곳에서 들리는 듯 한 효과를 내야 한다.

필자 자신의 청년 시절에 이와 관계된 명상을 적어본 것이 있어 졸작이지만, 장면 구성이나 심리묘사에 도움이 될 듯 하여 소개해 본다. "차라리 이 가슴을 찍어라"라는 제목을 달고 있다. 앞의 연극적 낭독 후에 조용한 음악과 함께 낭독해도 좋을 것이다.

싸늘한 새벽 공기에
하루살이처럼
슬며시 화톳불 곁으로 다가섰습니다.
— 이제 좀 살 것 같군.
여보시오. 거 장작 좀 더 넣어요.

몰라요. 아, 정말 모른 대두.
그런 나사렛 목수아들 따위를
이 늙은이가 알게 뭐요?
못 믿겠다니?
이렇게 세 번씩이나 모른다는 대두.

쇠사슬에 묶인 채

바라보는 눈길

차라리 그 부리로

이 가슴을 찍어라

그렇게 소리 지르지 말고

세 번 아니라

삼백 번이라도 찍어라

차라리 돌덩이나 될 것을,

나 베드로여!

(청소년들을 위한 작은 규모의 예배인 경우, 설교 대신 '배반'에 대한 토의를 유도해도 좋을 것이다. 이 때 제비뽑기로 세 사람의 베드로를 골라내는 것도 한 방법이다. 이 때 제비를 뽑은 후, 잠시 침묵시간을 갖도록 하는 것이 좋다.)

8. 사마리아 사람의 비유

목표

사마리아 사람의 비유를 자선 행위를 권장하는 교훈으로 받아들이는 것보다는 본래의 맥락에서 이해하기 위한 시도이다. 누가복음 10장 25 절부터 다 적어야 할 것이나, 지면 관계로 생략하고 30절부터만 적어본 다.

본문: 누가복음 10장 30-37절(공동번역성서)

예수께서 이렇게 말씀하셨다. 어떤 사람이 예루살렘에서 예리고로 내려가다가 강도들을 만났다. 강도들은 그 사람이 가진 것을 모조리 빼앗고 마구 두들겨서 반쯤 죽여 놓고 갔다. 마침 한 사제가 바로 그 길 로 내려가다가 그 사람을 보고는 피해서 지나가 버렸다. 또 레위 사람 도 거기까지 왔다가 그 사람을 보고 피해서 지나가 버렸다. 그런데 길을 가던 어떤 사마리아 사람은 그의 옆을 지나다가 그를 보고는 가엾은 마음이 들어 가까이 가서 상처에 기름과 포도주를 붓고 싸매어 주고는 자기 나귀에 태워 여관으로 데려가서 간호해 주었다. 다음날 자기 주머니에서 돈 두 데나리온을 꺼내어 여관 주인에게 주면서 '저 사람을 잘 돌보아 주시오. 비용이 더 들면 돌아오는 길에 갚아드리겠소.' 하며 부탁하고 떠났다. 자, 그러면 이 세 사람 중에서 강도를 만난 사람의 이웃이 되어준 사람은 누구였다고 생각하느냐?" 율법교사가 '그 사람에게 사랑을 베푼 사람입니다.'하고 대답하자 예수께서는 '너도 가서 그렇게 하여라'하고 말씀하셨다.

배경 설명

이 이야기는 너무나 유명하여 자칫 그 의미를 놓치기 쉽다. 학자에 따라서는 이 비유의 의미를 단순히 불행당한 사람에 대한 동정을 가르친 것이 아니라, 원수를 원수로 갚지 않는 결단을 촉구한 것이라고 해석하기도 한다. 그 경우 사마리아 사람들과 이스라엘 사람들 간의 오랜 악연이 설명되어야 할 것이다. 참고로 사마리아 사람과 이스라엘 사람의 관계를 역사를 통해 알 수 있는 재료를 첨부해 둔다.

사마리아인은 일반적으로 남쪽 유대인들이 북쪽 사마리아 지역에 살고 있는 사람들을 가리키는 말이다(왕하 17:29). 그런데 이 둘 간의 적대 감정은 역사적으로 아주 오랜 뿌리를 가지고 있다. 그 적개심의 역사는 주로 일곱 단계를 거쳐 더욱 악화된 것으로 설명된다.

첫째 단계는 솔로몬이 죽은 이후 히브리 왕국이 남 왕국 유다와 북 왕국 이스라엘로 양분된 것과 연관된다. 이후 주전 8세기에 북 왕국(후에 사마리아)이 앗수르에 의해 멸망되자, 많은 사람들이 포로로 잡혀가는 한편, 앗수르 이민들이 대개 이 북 왕국 지역에 정착하기 시작했다. 이로 인해 문화와 종교가 혼합되기 시작했고, 잡혼이 성행하기에 이르렀다. 이로 인해 남쪽 지역 사람들은 북쪽 지역 사람들을 불순하게 여겼고, 같은 종교의 신봉자로 여기지도 않았다. 이것이 양쪽 지역 사람들 사이에 장벽이 쌓이게 된 시초가 된다.

둘째 단계는 주전 6세기, 정확히 말해, 주전 587년에 이르러 남 왕국의 수도 예루살렘이 바빌론에게 정복되고, 많은 유대인들이 바빌론으로 유배당하게 된 것과 연관된다. 약 70년 후 파사왕 고레스의 칙령에 의해 그들은 고향으로 돌아갈 수 있게 되었다. 사마리아 사람들이 성전 재건에 참여할 수 있게 해줄 것을 간청하나, 앞에서 말한 이유로 인한 감정이 작용하여 거절당한다. 그러자 사마리아 사람들은 성전 재건을 방해하기 위해 다리오 왕에게 편지를 보내 유대인들이 예루살렘에 요새를 쌓고 있다고 거짓 고발을 하기에 이른다(스 6:1). 뿐만 아니라 많은 사람을 죽이고 느헤미야의 생명까지 위협하였다. 이 소동으로 인한 공포 때문에 유대인들은 성전 재건 작업을 거의 포기하기에 이른다.

셋째 단계는 주전 4세기에 이르러 사마리아인들이 별도로 자신의 성전을 건축하는 것과 연관된다. 알렉산더 대왕(주전 323년 사망) 시대에 사마리아 사람들은 그의 호의에 힘입어 예루살렘 성전을 모범으로 삼아 그리심 산에 자기들의 성전을 건축한다(요세푸스,『고대사』). 유대인들에게 예루살렘 이외의 지역에 성전을 건축하는 일은 율법을 범하는 일이기 때문에 양자 간의 적개심은 더욱 깊어진다. 요한복음 4장에 있는 예수와 사마리아 여자와의 대화는 그 여인이 여느 여자라기보다는 그 나름대로 종교적인 조예가 있는 존재처럼 여겨지도록 예배에 관한 질문을 던지는 것을 핵심으로 삼고 있는데, 그가 말하는 "우리 조상은 저 산에서 하나님께 예배드렸다"고 한 말은 바로 이와 같은 사정을 배경으로 한다.

넷째 단계는 주전 2세기에 와서 유대인들이 안디오커스 에피파네스로부터 극심한 박해를 받는 것과 연관된다. 이 때문에 드디어 주전 175년에 마카비 반란이 일어나게 되지만, 사마리아 사람들은 유대인과 동족이 아니라고 주장하고, 심지어 그리심 산 성전을 제우스 헬레니오스라고 불러도 좋다고 할 정도였다. 스스로를 메데스와 페르시아로부터 건너온 이민자라고 한 이들의 요구를 안티오커스가 받아들여 그들의 성전을 이교화시켰는데, 이는 유대인들을 더욱 격분시켰다. 마카비 전쟁 이후 유대 지도자 힐카너스(주전 135~104)가 세겜과 그리심 등의 여러 성읍을 정복하던 중 사마리아 성읍 역시 무자비하게 파괴시켜 적개심의 역사에 한 페이지를 덧붙였다.

다섯째 단계는 주전 1세기 로마시대에 폼페이가 사마리아를 유대 세력으로부터 해방시킨 것과 연관된다. 이로 인해 사마리아에는 더욱 이방의 영향이 강해졌다.

여섯째 단계는 주후 6년과 9년 사이에 유월절 한 밤중에 사마리아 사람들 중 일부가 죽은 사람들의 뼈를 예루살렘 성전 뜰 전체에 뿌린 사건과 연관된다. 이러한 성전 모독사건(요세푸스, 『고대사』)이 유대인의 분노를 가중시켰을 것은 두말할 나위가 없다.

마지막 단계는 로마총독 쿠마누스(48~52년) 시대에 갈릴리와 사마리아 경계인 게마(혹은 기네) 마을에서 유월절을 지키려고 예루살렘으로 올라가는 유대인 일행 중 한 사람을 그 마을 사람들이 살해한 사건과 연관된다(요세푸스,『유대전쟁』). 살인 소식이 예루살렘에 전해지자 무리들이 유월절 절기까지 포기한 채 사마리아로 몰려들어 주민들을 대량 학살하고 마을을 불 질러 버렸다. 총독이 군대를 이끌고 내려가 지도자 중 하나인 엘레아질의 추종자들을 투옥 내지 살해하여 사마리아인들의 원한을 갚아 주었다.

(참고: J. Massyngbaerde Ford, *My Enemy is my Guest: Jesus and Violence in Luke* (N Y : Orbis Books, 1934, pp, 80-83),

의미 해석

예수의 자비로운 사마리아 사람의 비유는 이와 같은 상황들을 염두에 두어야 그 의미가 제대로 파악될 수 있다. 즉 이 비유는 선한 행동을 한 여행자에 대한 유쾌한 이야기가 아니라, 사회적 인종적 및 종교적 우월성을 비판하는 일종의 고발이기도 하다. (G.V. Jones, *The Art and Truth of the Parables*(London: S.P.C.K., 1964, p. 258.) 말하자면, 오랜 박해와 차별을 받아 온 사마리아 사람의 행동이기에 이 비유는 그 의미가 심장한 것이며, 그것이 단순히 지식의 상태가 아니라 행동을 통해 구체화되고 있기에, 우리에게 지침으로 작용할 수 있다.

누가는 사회로부터 멸시와 천대를 받은 소외자들에게 특별히 많은 관심을 갖고 있는 복음기자로서, 사랑의 대상, 즉 사랑과 자비를 베풀어 주어야 할 상대와 대상으로서의 '이웃'보다는 사랑과 자비를 베풀어주는 사람, 즉 사랑의 주체로서의 '이웃'을 강조한다. 즉, 이 비유의 초점은 불쌍한 사람을 돕는 데 있는 것이 아니라, 불쌍한 사람을 돕는 사마리아 사람에게 있다는 것이다. 이런 맥락에서 이 비유의 중요한 점은 유대인과 사마리아 사람의 관계 문제로서, 일반화한다면, 더 좋은 위치에 있는 사람이 자기보다 못한 사람을 돕는 이야기가 아니라, 오히려 그 반대의 경우이다.

진행방법

『예수비유개론』(*An Introduction to the Parables of Jesus*(Philadelphia: The Westminster Press, 1981)을 쓴 R. H. Stein은 이 선한 사마리아인의 비유를 독일의 상황에 맞게 현대적으로 의역된 다음의 자료를 소개하고 있다(pp. 80-81.)

한 독일 사람이 히틀러를 지지하는 정치 집회에 참석하기 위해 베를린으로부터 프랑크푸르트로 내려가고 있었다. 그런데 그가 라이프치히에 이르렀을 때 노상강도들을 만나 실컷 얻어맞아 길에서 죽어가고 있었다. 마침 나치당의 한 관리가 그곳을 지나가다가 그 사람을 보고는 마음속으로 "우리 당에서는 저런 일을 저지르는 놈들을 다루는 방법을 알고 있지"라고 말하면서 그냥 지나쳐 버리고 말았다. 잠시 후 한

루터교 목사가 그곳을 지나가다가 그것을 보고는 마음속으로 "인간의 타락이 어느 정도인지 이제는 놀랄 것도 없구나"라고 말하면서 역시 그냥 지나가버렸다. 그러나 한 유대인이 마침 그곳을 지나가다가 그 사람을 보고는 불쌍히 여겨서 그를 들쳐 업고 자기 동네로 데리고 갔다. 그리고는 동네 사람들에게 "나는 여기 머물러 이 사람을 돌볼 시간이 없네. 지금 우리 식구들이 독일 놈들에게 잡혀 아우슈비츠 수용소로 끌려가고 있는 중이라 나는 당장 그리로 가 보아야 하네. 여기 이렇게 내가 돈을 놓고 갈 테니 자네들이 이 사람을 좀 치료해주기 바라네. 돈이 더 들면 내가 나중에 다 지불하겠네."

또한 미국 남부지방 흑인들로 하여금 성서를 쉽게 이해할 수 있도록 완전히 의역한 *The Cotton Patch Version of Luke and Act* (Clarence Jordan 저)에는 이 비유가 이렇게 설명되고 있다.

어떤 백인 하나가 애틀랜타로부터 알바니로 여행하고 있었는데, 몇 명의 악당들이 그의 길을 가로막았다. 그들은 그의 지갑과 새 양복을 빼앗고 난 후 그를 때려 눕혀 고속도로 변에 던져 버리고는 그의 차를 몰고 달아났다. 그런데 마침 한 백인 설교자가 같은 길로 내려오고 있었는데, 그 사람을 보고는 속력을 더 내서 재빨리 지나가버렸다. 잠시 후 백인 성가 지도자가 그 길로 내려오다가 일어난 사고를 보고는 그 역시도 속력을 내어 그곳을 피해 버렸다. 그 후 한 흑인이 그 길로 여행하다가 그 사람이 있는 데까지 와서는 동정심으로 인해 눈물을 흘렸다. 그는 차에서 내려 최선을 다해 그의 상처를 싸매주고 자신의 물통에서 물을 덜어내 피를 닦아주고 그를 뒷좌석에 실었다. 그는 알바니로 달려가 그를 병원에 데리고 가서 간호원에게 "이 사람을 고속도로에서 데리고 왔는데 최선을 다해 돌보아 주십시오. 여기 내가 가지고 있는 돈 5달러가 있습니다. 그러니 그가 지불해야 할 돈은 다 받게 될 것입니다. 그가 다 지불할 수 없다면 내 봉급날에 내가 당신께 다 갚겠습니다"라고 말했다.

우리의 상황에 맞춰 이 비유를 의역한다면, 그것은 어떻게 될까? 우리에게도 상당히 짙은 지역감정의 문제가 있고, 이데올로기적 갈등의 문제가 있다. 이와 같은 상황에서 이 비유는 어떻게 읽혀져야 하는지가 우리의 초점이 된다. 위 두 개의 예를 읽고 나서 우리 상황에 맞춘 이야기를 만들게 한다. 나름대로 이야기가 정리되면 이에 적합한 장면을 구성케 한다. 이 때 가면을 만들어 사용해도 좋고, 큰 주걱을 이용해서 인형을 만들어 사용해도 좋다. 인형이나 가면을 사용할 경우 직접적인 연기보다 상상을 좀 더 객관화할 수 있게 된다.

9. 여해 강원용 목사 6주기 추도기도 모임

2012. 7. 4(수, 여해의 음력 생신날 5. 15)

오후 3시~5시 30분

대화문화아카데미 평창동 프로그램 센터

1. 이 기도 모임은 성공회 낮 기도를 바탕으로 한다. 강 목사 추도용이기에 성공회 기도문 중에서 〈별세자를 위한 본기도〉 중 신자 본기도를 약간 손질하여 서두로 삼았다. 생전에 강 목사는 성공회 예전에 대해 퍽 호의적이었기에 이를 시도한다.

2. 낭독은 2부로 나누고, 사이에 영상을 보이는 방식을 제안한다. 올해는 '여성사회'를 중심으로 기획되었기에 자료영상 중 여성에 관한 강 목사의 육성이 담긴 영상을 활용한다. 낭독과 영상이 겹치면 어수선한 느낌이 일 것임으로 낭독 후 영상을 보며 묵상하고 앞을 짐작하는 쪽을 권한다. 낭독 내용은 강원용 자술 『사이·너머』 첫 부분(출생~해방)을 바

탕으로 한다.

3. 낭독 후에 찬무로 마무리하면 좋을 듯하다.

4. 중간집단 교육과정을 거쳐 창단된 빛바람 중창단이 강 목사 작사로 된 곡들을 노래한다. 빛바람 중창단은 청중의 뒤에 위치해 노랫소리가 뒤에서 앞으로 울리도록 한다.

5. 주의 기도는 교파마다 조금씩 말이 달라 성공회 노래기도로 한다.

(악보 참조)

주의 기도

(앞 무대 한가운데 흰 천이 깔린 책상이 있고 책상 위에 흰 십자가가 세워지면 의식이 시작된다.)

1. 시작 찬송.................. (하나님 모습대로 1, 2절). .... 빛바람 중창단
2. 시작 송가... 인도자와 일동

   • 하나님, 우리를 어서 구원하소서.
   * 주여, 우리를 어서 도와주소서.
   • 영광이 성부와 성자와 성령께
   * 처음과 같이 지금도 그리고 영원히, 아멘.

3. 추모기도... 인도자

   주 하나님, 인자와 자비로 주님의 전능하심을 특별히 나타내셨나이다. 비오니, 6년 전에 우리 곁을 떠난 강원용 목사를 추모하여 드리는 이 기도와 간구를 받으시고 이 세상에서 주님을 믿고 의지한 그를 돌아보사 영화로우신 하나님 앞에 있을 처소를 허락하신 줄 믿습니다. 성부와 성령과 함께 한 분 하나님이신 우리 주 예수 그리스도를 통하여 기도하나이다.

4. 시편 121편 교독... 인도자와 일동

   1. 이 산 저 산 쳐다본다. O 도움이 어디에서 오나?

2. 하늘과 땅을 만드신 분, ○ 주님에게서 나의 구원은 오는구나.

3. 네 발이 헛디딜까 주, 너를 지키시며 ○ 졸지 아니하시리라.

4. 이스라엘을 지키시는 이, ○ 졸지 않고 잠들지도 아니하신다.

5. 주님은 너의 그늘, 너를 지키시는 이, ○ 주께서 네 오른 편에 서 계
   신다.

6. 낮의 해가 너를 해치지 못하고 ○ 밤의 달이 너를 해치지 못하리라.

7. 주께서 너를 모든 재앙으로부터 지켜 주시고 ○ 네 목숨을 지키시
   리라.

8. 떠날 때에도 돌아 올 때에도 ○ 너를 항상 지켜 주시리라. 이제로부
   터 영원히.

◉ 영광이 성부와 성자와 성령께 ○ 처음과 같이 지금도 그리고 영원
   히, 아멘.

5. 특송 ·· 빛바람 중창단

6. 낭독 1부 ·· 맡은 이

7. 특주 ············· 12현 가야금 독주: 〈정한수〉(강은수 작곡) ········ 연주 윤송이

8. 낭독 2부 ·· 맡은 이

9. 찬무 ·· 지도: 조기숙 교수

10. 주의 기도 ··· 일동

■ 우리 구세주 그리스도께서 가르치신 대로 기도합시다.

◉ 하늘에 계신 우리 아버지, 온 세상이 아버지를 하나님으로 받들게
하시고 아버지의 나라가 오게 하시며, 아버지의 뜻이 하늘에서와 같이

땅에서도 이루어지게 하소서. 오늘 우리에게 필요한 양식을 주시고, 우리가 우리에게 잘못한 이를 용서하듯이 우리의 잘못을 용서하시고, 우리를 유혹에 빠지지 않게 하시고, 악에서 구하소서. 나라와 권세와 영광이 영원토록 아버지의 것이옵니다. 아멘

11. 본기도...인도자와 일동

  • 주여, 우리 기도를 들으시며
  ⦿ 우리 부르짖음이 주님께 사무치게 하소서.
  • 기도합시다.
  하늘에 계신 성부여, 구하노니, 주님의 성령을 우리 마음에 보내시어 주님의 뜻대로 행하게 하시며, 비탄 중에 있는 우리를 위로하시고, 모든 잘못에서 건져주시며, 진리로 인도하여 주소서. 우리 주 예수 그리스도를 통하여 기도하나이다.
  ⦿ 아멘
  • 주님을 찬미합시다.
  ⦿ 하나님께 감사합니다.

12. 합창.......................... (하나님 모습대로 3,4절)........ 빛바람 중창단과 일동

10. "생명의 하나님,
우리를 정의와 평화로 인도하소서"
-세계교회협의회 세계총회 '개회식' 계획안-

제1장 생명의 창조

장면 주제: 요한복음 1장 1-4절(공동번역성서)

한 처음, 천지가 창조되기 전부터 말씀이 계셨다. 말씀은 하나님과 함께 계셨고 하나님과 똑같은 분이셨다. 말씀은 한 처음 천지가 창조되기 전부터 하나님과 함께 계셨다. 모든 것은 말씀을 통하여 생겨났고 이 말씀 없이 생겨난 것은 하나도 없다. 생겨난 모든 것이 그에게서 생명을 얻었으며 그 생명은 사람들의 빛이었다.

(천지 창조를 상징하는 영상들이 천장에 매달린 화면들과 전면, 측면을 에워싼다. 낮과 밤, 하늘과 땅, 바다와 물, 낟알을 내는 온갖 풀과 씨 있는 온갖 과일나무, 해와 달과 별, 물고기와 온갖 새, 집짐승과 길짐승과 들짐승, 그리고 최후에 사람이 창조된다. 마지막으로 창조된 남녀가 생명의 환희를 춤춘다. 신비로움을 강조하기 위해 사막(絲幕)이 쳐진다. 남녀의 2인무가 끝난 후 제10차 총회 로고가 영사된다.)

참고: 칸영화제 황금종려상을 수상한 테렌스 맬릭 감독의 〈생명의 나무〉첫 장면. 1910년대 미국 서부 농장 생활을 그린 〈천국의 나날들〉로 1979년 칸영화제 감독상을 받은 지 32년 만에, 그리고 〈뉴 월드〉 이후 6년 만에 맬릭 감독은 〈더 트리 오브 라이프〉를 제작했다. 1950년대 미국 텍사스를 배경으로 가족과 소년의 성장을 다룬 영화다. 인생에 환멸을 느낀 아들 잭이 유년 시절을 돌이켜보며 아버지와의 뒤틀린 관계를 회복하는 과정에서 삶의 근원과 의미를 탐구하게 되는 내용이다. 첫 장면이 천지창조를 장엄하게 펼쳐 보인다.

■1장이 끝나면 공식 순서가 진행된다. 공식 순서는 추후에 추가한다. 공식 행사가 끝나면 2장이 시작된다.

제2장 분노하시는 하나님

　대낮에 해가 사라지고 땅이 컴컴해진다. 낮은 밤처럼 어둠이 되고 바닷물이 올려졌다. 땅에 쏟아진다. 폭풍과 회리바람이 불어 닥친다. 산마루의 풀이 시들고 가축들이 풀 뜯던 목장이 탄다. 메뚜기 떼가 푸른 풀을 모조리 갉아 먹어 빈들만 남는다. 지하수가 모조리 말라 온 땅이 타고 거센 불길이 인다.

　고함소리 천지를 뒤흔들고 나팔소리 요란하다. 일등 국민이라 으스대더니, 죄 없는 사람을 빚돈에 미투리 한 켤레 값에 팔아넘기더니, 벌금으로 받은 술을 사당에서 처마시고, 아비와 아들이 한 여자에게 드나들더니, 상아 침상에서 뒹굴고 보료 위에서 기지개 켜더니, 몸에는 값비싼 향유 바르고 제 멋에 겨워 끽끽대더니, 바른말하는 사람을 입을 틀어막아 성문 밖으로 내쫓더니, 되는 작게, 추는 크게 만든 가짜 저울로 속여 등겨까지 팔아먹더니, 궁궐 빗장 부서지고 고래 등 같은 집 돌무더기가 된다. 쇠꼬챙이 박힌 타작기가 백성들을 짓부순다. 곡식이 마구 불태워진다. 사람들이 마구 팔려간다. 동기간에 정이 끊겨 서로 칼을 겨누며 달려든다. 임신한 여인의 배를 가르고 뼈까지 태워 재를 만든다. 사자를 피하려다 곰을 만나고 집안으로 피해 벽을 짚다가 뱀에게 물린다. 백성들은 사로잡혀 포로 신세가 되고, 사로잡혀 간 그 더러운 땅에서 죽어간다. 간 데마다 버려진 시체 더미, 흙에 묻힌 천덕구니 목이 죄인다. 장터마다 터지는 울음소리 아이고, 아이고 곡하는 소리.

깜깜하다. 깜깜하다.

한 가닥 빛도 없다.

언제런가, 그 언제런가 정의가 강 같이 흐르는 날!

서로를 위한 마음 개울처럼 흐르는 날!

쑥밭 된 도읍들을 다시 세우고 내 손으로 가꾼 과일

따먹고, 언덕마다 무르익은 곡식이 물결치고,

이 땅에서 다시는 뿌리 뽑히지 않을 날!

합창: 분노의 시

시편 21, 94, 110편(공동번역성서)

이건용 작곡

복수의 하나님, 나타나소서. 일어나소서!

세상을 재판하시어 교만한 자에게

마땅한 벌을 내리소서!

주여, 저들이 당신의 백성 짓밟으며

당신의 민족 괴롭힙니다.

그들은 나무 찍는 나무꾼처럼

모든 문들을 도끼와 망치로 짓부수며,

당신의 성소에 불을 지르고,

주의 이름을 모신 성막을 뒤엎고 더럽힙니다.

주여, 저들이 과부와 나그네를 목 조르고

고아를 살해하며 말합니다.

"하나님은 죽었다. 하하하하. 하나님은 죽었다."

당신의 손으로 모든 원수를 덮치소서!

당신 오른손 들어 악한 자들을 덮치소서!

당신께서 몸소 나타나시는 날,

그들을 가마 속에 던지소서!

뜨거운 불길로 그들을 불사르소서!

이 땅에서 그들의 씨를 말리소서, 어험!

당신의 오른편에 주님 계시니

그 분노의 날에 모든 왕들을 무찌르리라.

복수의 하나님, 힘을 떨쳐 일어나소서!

우리는 당신 힘을 기리며 노래하리이다.

할렐루야! 분노의 날, 할렐루야!

(찢는 듯 한 굉음과 함께 사막이 열리고 부산지역 연합합창단이 위의 아모스서 또는 시편을 주제로, 타악기를 주로 한 반주 음악을 배경으로 노래한다. 화면에는 인류 역사상 온갖 추악한 전쟁 장면들이 투사된다. 합창의 중간 쯤 무용단의 창작무용이 펼쳐진다. 이때 아시아 각국의 가면들을 중심으로 한 의물들이 둘러싼다. 투쟁은 점점 격렬해져 드디어 전쟁으로 치닫는다.)

제3장 생명의 회복

장면 주제: 요한복음 14장 5-7절(공동번역성서)

그러자 토마가 "주님, 저희는 주님이 어디로 가시는지도 모르는데 어떻게 그 길을 알겠습니까?" 하고 말하였다. 예수께서는 "나는 길이요 진리요 생명이다. 나를 거치지 않고서는 아무도 아버지께 갈 수 없다. 너희가 나를 알았으니 나의 아버지도 알게 될 것이다. 이제부터 너희는 그분을 알게 되었다. 아니 이미 뵈었다"라고 말씀하셨다.

(전쟁의 종말은 죽음이다. 온갖 광란이 지나간 후 국립묘지의 십자가들만이 눈과 귀를 사로잡는다. 클로즈업에 의해 그 중 하나가 확대된 후 이 십자가가 생명의 나무로 변신한다. 생명나무로부터 생명의 열매들이 떨어지면서 죽어 있던 사람들이 가면을 벗은 채 서서히 살아나 되찾은 생명의 환희를 기뻐한다.)

제4장 새 하늘과 새 땅

장면 주제: 요한계시록 21장 1-4절(공동번역성서)

그 뒤에 나는 새 하늘과 새 땅을 보았습니다. 이전의 하늘과 이전의 땅은 사라지고 바다도 없어졌습니다. 그때 나는 옥좌로부터 울려나오는 음성을 들었습니다.

"이제 하나님의 집은 사람들이 사는 곳에 있다. 하나님께서는 그들과 함께 계시고 그들의 하나님이 되셔서 그들의 눈에서 모든 눈물을 씻어 주실 것이다. 이제는 죽음이 없고, 슬픔도 울부짖음도 고통도 없을 것이다. 이전 것들이 다 사라져 버렸기 때문이다."

(천장으로부터 에큐메니컬 엠블럼이 서서히 내려온다. 온갖 조명이 찬란하게 이를 비추고 한국의 취타대가 대회 주제가를 연주하는 가운데 WCC 회원교회의 기들이 입장한다. 깃발 춤을 추는 중에 모든 출연자가 등장하여 원무를 이룬다.

해설

개최일시: 2013년 10월 27일

개최장소: 부산 벡스코

주제: "생명의 하나님, 우리를 정의와 평화로 인도하소서."

성경

여기에 나의 종이 있다. 그는 내가 믿어주는 자, 마음에 들어 뽑아 세운 나의 종이다. 그는 나의 명을 받아 뭇 민족에게 바른 인생길을 펴 주리라. 그는 소리치거나 고함을 지르지 않아 밖에서 그의 소리가 들리지 않는다. 갈대가 부러졌다 하여 잘라 버리지 아니하고, 심지가 깜박거린다 하여 등불을 꺼버리지 아니하며, 성실하게 바른 인생길만 펴리라. 그는 기가 꺾여 용기를 잃는 일 없이 끝까지 바른 인생길을 세상에 펼리라. 바닷가에 사는 주민들도 그의 가르침을 기다린다.(사 42:1-4)

부주제

믿음 안에서 함께 누리는 생명: 교회 일치와 선교

(Life Together in Faith: Unity and Mission)

소망 안에서 함께 누리는 생명: 세계의 정의, 평화, 화해

(Life Together in Hope: Justice, Peace and Reconciliation in the world)

사랑 안에서 함께 누리는 생명: 공동의 미래

(Life Together in Love: a Common Future)

그러므로 믿음과 희망과 사랑 이 세 가지는 언제까지나 남아있을 것입니다. 이 중에서 가장 위대한 것은 사랑입니다.(고전 13:13, 공동번역성서)

제10차 총회는 예수 그리스도를 고백하는 모든 교회의 교제의 폭을 넓히고, 경제위기, 생태위기, 영적위기 등 21세기 세계가 당면하고 있는 문제에 대한 하나님의 부름에 귀 기울이고, 하나님께서 주시는 생명이 충만한 문명을 향한 복음적 대안과 비전을 제시하는 역사적 총회가 될 것임.

구성기본지침

1. 성경의 교훈을 기본으로 주제의식을 풀이하여 모든 사람이 기독교적 세계관을 보편적으로 이해할 수 있게 한다.
2. 아시아적 표현 양식을 바탕으로 한국 문화의 정수가 우러나오도록 한다.
3. 아날로그적 요소와 디지털적 요소가 무리 없이 배합된 총체예술을 통해 예술적 감동을 극대화한다.
4. 한국 내지 아시아의 예술 역량을 최대로 활용한다.
5. 이 안은 받아들여지지 않았고, 김문환이 문화관광위원장을 사퇴함으로써 무산되었다.

문화선교를
위한
씨알이고자

문화선교를 위한 씨알이고자[1]

1. 유전신앙의 품속

모태신앙이라는 말이 있다. 본인의 결단에 의해 신앙생활을 시작한 것이 아니라, 부모님이 기독교인이어서 기독교인으로 태어나서 그렇게 성장한 경우를 일컫는 말인 줄 안다. 그렇게 보면, 내게는 유전신앙이나 세습신앙 같은 신조어가 필요할지 모른다. 왜냐하면 단지 1세대가 아니라, 무려 3세대를 거슬러 올라가야 나의 기독교인으로서의 뿌리가 밝혀질 수 있겠기 때문이다.

연동교회 역사에서 게일선교사의 이름이 상당한 비중을 차지하는데, 나의 외증조부(盧春實 장로)는 그와 함께 전도사역을 하셨으며, 그 어른이 왕십리 장로교회를 설립하는 주역이 되신 것도 연동교회와의 인연 속에서 이루어진 역사이다. 그 교회가 지금은 둘로 나누어진 것으로 안

---

[1] 이 글은 안준배 편, 『한국 기독교성령백년인물사』(2)에 수록된 바 있다. 약간의 가필을 했다.

다. 그 어른은 교회 청년들 중 하나(김석제 집사)를 택해 당신의 따님(노은신 권사 후에 노은상으로 개명)과 혼례를 올리게 하셨는데, 이 어른이 왕십리를 떠나 종로구 효제동에 정착하시면서 우리 집안은 다시 연동교회와 인연을 맺게 되었다. 내 어린 시절 기억에는 연동교회 계단에서 놀던 장면이 어렴풋이 남아있다. 그러나 자세한 사정은 모르겠으나, 우리 가족은 동대문 감리교회로 옮겨 아버지(김동욱)는 성가대장을 맡으셨고, 노래를 좋아하는 어머니(송옥균 권사)를 닮았는지 큰형(김인환 장로)과 큰누나(김옥환 권사)는 고등학생 시절에 이미 성가대원으로 참여했다. 아버지는 해공 신익희 선생을 도와 국민대학을 설립하는 일에 참여하여 초대이사 겸 교무과장을 맡아보기도 하셨지만, 성동중학에서도 교편을 잡으셔서 내게는 아직 취학 전이던 어린 나이에 대학생들 품에 안겨 찍은 야외모임 사진과 함께 아버지의 출근용 지프로 성동중학에 놀러갔던 기억이 남아있다. 한국전쟁이 터지면서 아버지가 납치당하게 되자 외아들을 잃은 할아버지는 시름 끝에 피난지인 대전에서 돌아가셨기만, 할아버지와 돌림자가 같은 김만제 목사께서 섬기시는 교회에서 우리 가족은 피난생활 중에도 교회 출석을 게을리 하지 않았다.

수복이 되어 서울에 올라와서 다시 동대문 감리교회에 출석하였으나, 당시 감리교단은 이른바 성화파와 호헌파의 갈등에 휩싸였고, 그 중심에 동대문교회가 있었던 관계로, 교회는 양분되어 심지어 강대상에선 반대편 목사에게 오물을 뒤집어씌우는 추태마저 벌어졌다. 집안의 어른이신 할머니가 조화철 목사 편에 서서 충신교회를 세우는 데 합심하도록 독려하는 바람에 우리 가족은 동대문교회를 떠나게 되었다. 이성봉 목사를 모신 부흥집회와, 새 건물을 짓기 위해 전 교인이 늘어서서 벽돌을 이어 나르던 기억도 남아있다. 이 목사의 용모와 풍채가 돌아가신 할아버지와 흡사한데다가 가끔 노래가 섞인 부드러운 설교 말씀이 은혜로워 나는 어린 나이에도 새벽부터 밤까지 이어지는 집회에 열성으로 참여하던 중 성경 본문을 제일 먼저 찾아 읽어 칭찬 받기도 했다. 성탄을 맞아 성극을 하면서 마리아를 맡은 여학생의 모습에 마음이 설레기도 했던 사춘기를 보내면서, 나는 차츰 동대문교회로 되돌아갈 생각을 키우다가 고등학교 입학을 계기로 이미 그 곳으로 돌아간 작은형(김주환 목사)의 뒤를 따라 갔다. 그는 감신대에 입학하여 배재교목으로 은퇴할 때까지 성직에 충실했다.

서울고등학교를 다니던 시절에 학교에서는 합창반, 웅변반을 거쳐 밴드부에 가담했던 관계로 방과 후에도 남아서 전체 연습에 이은 개인 연습에 충실했어야 했는데, 그보다는 교회에 가서 합창과 중창 연습, 그리고 학생회지 발간에 더 열을 올리었다. 그러면서 교회 밖으로 일종의 연합운동에 관심을 보이면서 충신교회와 복음교회 학생들과 문학의 밤을 꾸미면서 4중창으로 제법 인기를 모으기도 했다.

대학에 입학 후 곧 해군에 자원입대하여 군복무 중에도 신병훈련소 시절부터 통제부교회에 출석하여 고등학생 성가대를 지휘하는가 하면, 4중창단을 꾸려 인근 도서지역 위문에 나서기도 했다. 그때 알게 된 여학생들 중 하나가 후일 아내(서미다수)와 숙대 응용미술학과 동기가 되어 인연이라는 말뜻을 새기게도 한다.

제대 후 복학하면서 다시 동대문교회에서 교회생활을 했는데, 한 때는 성가대 지휘를 맡기도 했다. 당시 동대문교회에는 송정률, 마경일 두 분 목사를 거쳐 예산교회에서 오래 시무하신 오경린 목사가 담임목사였는데, 감신대의 홍현설 학장, 박봉배 교수가 출석하여 강단에 서기도 했다. 김형석 교수, 유동식 교수의 강연을 들은 곳도 그 곳이었고, 도건일 목사와의 만남도 그 곳에서 이루어졌다. 후일 경동교회 부목사로 부임한 박영배 목사도 감신 실습교사로 그 곳에서 맺은 인연이 오늘날까지 이어지고 있다. 불트만의 비신화론 신학을 접하고 깊은 인상을 받았으면서도 파이프를 문 그의 사진에 충격을 느낄 정도로 나는 아직 순진했다.

비교적 지적이면서도 친밀하게 느껴지는 분위기 속에서 수요예배 찬송반주를 맡는 한편, 김리교청년회(MYF) 연합합창단의 총무 일을 맡기까지 열심을 부리는 한편, 나는 서울대 문리대 미학과 학생으로서 교내의 연극과 음악을 비롯한 여러 문화 활동에 참여하여 비교적 주동적으로 역할을 했다. 그러나 신사훈 교수의 권위주의적 지도력도 그렇거니와 기독자 대학생의 역할은 대학 안에서 하나의 섹트로 만족하기 보다는 대학 자체를 대학답게 만드는 데 기여해야 한다는 생각으로 기독학생회보다는 종교 간의 대화활동과 유네스코 학생활동에 더 열성적이었다.

청량리 감리교회로부터 성가대 지휘자로 부름 받아 어느 정도 정을 붙여가던 중 부흥강사로 활약하는 담임목사가 부임하면서 나는 차츰 그 교회로부터 거리감을 느끼게 되었다. 드디어 강모 강사를 초빙하여 부흥집회를 개최하는 중 그가 반말조로 원로장로를 비롯한 교인점검으로 한 시간을 보내는 행태를 참아내지 못해 그 길로 청량리교회를 떠나고 말았다.

대학시절부터 주도적인 역할을 해온 유네스코 한국위원회의 청년담당 간사 역할에도 회의를 느낄 정도로 더 본격적인 사회구원에 더 많은 관심을 기울이게 된 그간의 변화와도 무관하지 않았다고 이 생뚱맞은 행각을 스스로에게 설득해왔다. 마음을 정하지 못하던 중 강원용 목사의 부름을 받아 크리스챤 아카데미로 직장을 옮기면서 교회도 기독교 장로회 경동교회로 옮겨갔다. 이로부터 30년 넘게 나는 경동교회를 거점으로 문화선교에 열성적으로 관여했다. 말하자면, 신앙생활의 제2기를 맞은 셈이다. 1971년, 내 나이 26살 때 일이다. 1969년 서울신문 평론 공모에 당선되어 24살의 약관의 나이로 연극 평론가가 되어 오늘에 이르렀고, 1971년에는 생활 시집『아픔에 의해』를 발간하였다. 그 이듬해 강 목사 주례로 결혼하면서 본격적으로 청년기와 중년기를 맞이했다.

2. 사회구원과 문화선교

크리스챤 아카데미는 당시에 한국지성의 바로미터라는 별명이 통할만큼 한국사회의 제반 문제에 대한 여론 환기에 주력하는 한편, 중간매개 집단 육성 강화라는 교육 프로그램을 통해 한국사회의 건전한 발전에 기여코자 힘을 썼다. 나는 주로 수유리 아카데미 하우스에서 개최된 대화 모임의 실무 책임을 맡는 한편, 수원의 사회교육원에서 실시되던 교육 지원에도 관여했다. 특히 탈춤과 노래 개발을 통해 사회구원을 위한 공동체적 의식 고취에 힘썼던바, '내일을 위한 집'이라는 교육원의 이름을 따서 〈내일을 위한 노래〉라는 노래집을 엮어내기도 했다. 이미 유네스코 한국위원회에서도 세계의 청년들이 즐겨 부르는 노래들을 골라 한글가사를 만들었던 경험이 있었는데, 이는 대한감리회 교육국에서 발행했던 〈좋은 노래〉와 〈즐거운 노래〉라는 노래집으로부터 자극을 받은 결과이기도 했다. 마경일, 안신영, 조돈환 목사 등이 이 일에 열성적이었는데, 조돈환 목사는 동대문교회와 MYF합창단을 지휘함으로써 나의 대학시절과 깊은 인연을 맺고 있었기에 더욱 친밀한 인간관계를 이어갔다.

크리스챤 아카데미에서는 주로 세계교회협의회와 아시아교회협의회 등에서 나온 노래집들 중에서 곡을 골라 역시 내 손으로 한글가사를 만든 외에 국내 저명 시인, 작곡가, 노래보급 활동가들을 모아 '시곡동인회'를 조직하여 새로운 노래들을 만들기도 했다. 유경환, 한용희, 이영조, 황철익, 이건용, 이경열 등등의 이름이 떠오른다.

이와 같은 활동과 함께 경동교회의 축제예배들을 빼놓을 수 없다. 토착화신학에도 깊은 관심을 갖고 있던 강원용 목사는 유동식 교수의 사고와 연결되면서 추석을 추수감사절로 지키는 변화를 위해 이에 걸 맞는 축제예배를 정착시키는 작업을 시도했는데, 이를 뒷바라지하는 일은 당연히 내 몫이었다. 대학 시절 김지하 시인등과 연극 활동을 펼치면서 창작 탈춤에 출연한 인연과 함께, 교회 안의 이강백, 나영수, 황철익, 이정희 등의 인력뿐만 아니라, 허규, 윤호진 등 외부 인력까지 참여하여 비단 추수감사절 뿐 아니라, 고난절과 수난절, 교회창립주일(12월 첫 주일)과 성탄절의 절기축제예배까지 일 년 내내 그 준비와 실행에 부산했다. 문화선교라는 조어도 내 손을 거친 것이지만, 이런 유형의 작업에 많은 사람들이 호응했다. 청년시절의 안준배 목사도 그들 중 하나였다.

크리스챤 아카데미와 경동교회 외에도 이화여대가 또 하나의 문화선교 무대였으니, 이 일에는 당시 교목실 위원 중 하나였던 이경열 선생이 연결고리 역할을 했다. 김활란, 김옥길 두 분 총장의 지원으로 이대 강당에서 펼쳐진 〈횡재〉와 〈복음의 축제〉는 그렇게 해서 이루어졌다. 나는 극본과 가사를 만드는 외에 기획을 비롯한 총괄 업무를 맡아 동분

서주했는데, 특히 후자는 마태복음을 대본으로 한 뮤지컬 〈가스펠〉의 한글 제목이다. 현영학, 서광선 등의 이름이 함께 떠오른다. 이는 유신 치하라는 정치 상황에서 이루어진 저항문화운동의 일환으로 받아들여 져 나 자신이 여러 가지 우여곡절을 겪어야 했다.

긴박해진 상황과 갓 서른을 넘긴 자신의 미래 설계를 위해 고민하던 끝에 나는 강 목사의 배려로 독일개신교회가 만든 교회일치 장학재단 의 장학생으로 독일로 건너가 7년간 유학생활을 보내게 된다.

프랑크푸르트 대학을 택해 비판이론을 연구하는 한편, 때마침 한인 교회를 담당하게 된 손규태 목사와 함께 교회생활을 이어갔다. 그와는 한국신학연구소 간사 시절부터 내외간에 친숙하게 알고 지낸 사이였 다. 그전에 6개월간 머물렀던 보쿰에서는 장성환 목사를 도와 넓은 교 구 탓에 주일예배를 인도하거나 성탄축제를 규모 있게 꾸미기도 했지 만, 독일 유학생활은 프랑크푸르트 한인교회와 불가분하게 연결되어 있다. 거기에서도 축제예배에 대한 기본관심은 이어져서 국내에서 탄 압받은「미친 닭」이라는 단편소설을 각색하여 〈새는 난다〉라는 제목으 로 공연하기도 했다. 이 작품은 후에 경동교회와 연세대 채플을 위해 다시 꾸며지기도 했다.

「예술과 윤리의식」이란 논문으로 박사학위를 취득한 후 7년간의 유 학생활을 마치고 귀국하여 서울대학교 인문대학 미학과 교수로 일하면 서 경동교회에서 문화선교를 위한 작업을 계속하는 한편, 강 목사가 기 독교 100주년 기념 축제 책임을 맡게 되면서 〈빛과 하나되어〉(1985)를 기획하게 되었다. 이반, 이강백, 표재순, 이건용, 문일지, 윤정섭 등의 공 연 전문가들과 기독자 연예인들과 각 교회 성가대들의 연합 성가대가 올림픽 경기장에서 100분간에 걸쳐 펼친 이 총체예술 축제는 그 형식과 함께 한국교회사와 성경이 밝혀주는 구원사를 엮은 내용으로 인해 이후에 이어지는 유사한 축제공연들의 전범이 되기도 했다.

이와 같은 작업은 드디어 서울올림픽 개폐회식으로도 연결되었다고 할 수 있겠는데, 나 자신이 이에 기획담당 상임위원으로 참여하게 되면서 인류역사를 펼쳐 보이는 내용을 엮는 한편, 앞에 말한 공연 전문가들 대부분이 다시 힘을 합칠 계기를 마련했다. 그러나 1987년의 유월항쟁이 상징하듯 민주화가 본격화되면서 교회의 문화선교도 새로운 방향을 모색하지 않을 수 없게 되었으니, 이른바 축제신학은 정치신학을 바탕으로 해서야 올바른 의의를 발휘할 수 있기 때문이다. 아울러 사회가 점점 더 전문화되면서, 교회 내 인력들도 전과 같이 교회활동에 전념할 수 없게 되었는데, 경동교회의 경우 강 목사의 은퇴까지 겹치면서 축제예배의 열기는 이래저래 식어갔다.

강 목사가 은퇴한 후 김호식, 이동준 목사가 부임했고, 협동목회라는 취지 아래 김경재 목사가 협력하기도 했으나, 거목 밑의 그늘이 컸던 탓인지 경동교회는 담임목사 없이 2000년을 맞이할 위기에 직면했다. 나로서는 당시 세계교회협의회 총무감이라고 소문난 박종화 목사가 여러 가지 면에서 적임이라 생각하여 청빙에 적극 나섰고, 많은 교인이 호응하여 1999년 첫 주일에 박 목사의 취임예배가 이루어져 오늘에 이르렀다. 그날은 경동교회 창립기념일이기도 하여 더욱 뜻 깊었다.

그러나 "새 술은 새 부대에"라는 말이 있듯이, 60년을 바라보는 경동교회의 진로 역시 새로운 전환이 필요하리라는 판단과 때마침 딸(김기리)이 대한성공회 서울교구 최초의 여성사제로 서품 받은 것을 계기로

나 역시 교적을 대한성공회 서울주교좌성당으로 옮기었다. 경동교회와 주교좌성당은 1년에 한 차례씩 교환예배를 할 정도로 어떤 면에서는 서로 익숙한 편인데다, 이미 60세를 넘긴 나로서도 좀 더 성찰적인 예전이 신앙생활에 오히려 도움이 된다는 판단이 섰기 때문이다. 나의 노년기는 그렇게 시작되었다. 2004년 나는 보관문화훈장을 받고, 2010년 교수직에서 은퇴하였다. 성공회 내부에서도 사회선교 못지않게 문화선교에 대한 관심이 일고 있는 편이지만, 많은 개신교회들, 특히 보수교회들이 자칫 열광적인 분위기에 휩싸이는 현상이 눈에 띄는 오늘의 시점에서 성공회의 예전은 깊이 숙고해야 할 만한 시사점이 적지 않다고 생각한다. 한국 기독교교회협의회에 문화영성위원회가 새로 발족한 것과 연관해서도 의미 있다고 생각하는데, 뒤늦게 성공회대학교 신학전문대학원에 입학하여 신학박사 학위를 받게 된 것이 이와 같은 작업에 어떤 방식으로든 기여할 수 있게 된다면, 더 없는 은혜가 될 것이다. 2013년에 있을 제10차 세계교회협의회의 개회식과 '문화의 날' 준비를 전담할 문화관광위원회의 위원장을 맡게 된 것도 그와 같은 맥락에서 감사한 일이다. 그러나 이 직책은 애써 마련한 개회식 기획안이 받아들여지지 않고 나 역시 사임함으로써 무산되고 말았다. 그 때신에 한국교회의 소개와 환영 순서가 들어선다는데 나로서는 자세한 계획을 알지 못한다.

지금은 사위(고석영 사제)와 딸 사이에서 낳은 외손녀와 아들(김기민)과 며느리(조윤경 강사) 사이에서 낳은 두 친손녀까지도 성공회에 출석하지만, 이들이 장차 어떤 교단에 속하게 되든지 6대째 이어지는 기독교 가정의 전통이 그들과 그 이웃의 삶을 좀 더 풍성하게 만드는 데 도움이 될 수 있는 하늘의 은혜가 내려지기를 기도할 뿐이다.